애즈 어 서비스다!

BEING — AS — A SERVICE—

비 트 경 제 의 게 임 체 인 저

애즈 어 서비스다!

김경훈 황선민 이정헌 김돈정 안동욱 김영권 박영충 지음

페이퍼로드
paperroad

거의 모든 비즈니스의 게임체인저:
애즈 어 서비스 이야기

김경훈 | 현 한국트렌드연구소장

1994년 『한국인 트렌드』를 출간하며 국내 트렌드 연구의 시작을 알렸다. 『트렌드 위칭』,
『핫트렌드 시리즈』 등 20여 년간 꾸준히 트렌드 연구를 진행하였으며 2005년, 한국트렌드
연구소를 설립하여 연구와 교육을 병행했다. 2015년부터 각 분야 전문가들과 트렌드 연구
모임 빅퓨처를 이끌고 있으며 연구 성과를 꾸준히 발표하고 있다.

1.
디지털 생태계의 게임체인저가
등장하다

폭풍이 거세면 어느 항구든 정박해야 한다. 인터넷에서 시작한 디지털 폭풍이 1990년대부터 몰아닥쳤다. 거의 30년이 지났지만 폭풍은 잠잠해질 줄 모른다.

제조 산업의 거함 토요타 자동차가 모빌리티 사업인 킨토(KINTO)를 시작한 것은 2019년 3월이다. 킨토는 차를 사는 대신 3년, 5년, 7년 등 기간을 정해놓고 빌려주는 것을 전문으로 하는 차량 구독 서비스 회사다. 토요타 자동차는 동종 업계 중 일본 최대 규모인 약 4만 대의 자동차를 확보해서 자동차 공유(카 쉐어링) 서비스에도 나섰다. 이전까지 자동차 공유 업체 1위였던 파크24가 보유한 2만3천 대의 거의 두 배에 달하는 수준이다. 1년에 거의 천만 대씩 차를 판매하는, 세계에서 가장 큰 자동차 회사가 왜 직접 이런 일을 할까? 토요타만이 아니다. 유럽과 미국의 글로벌 자동차 회사들과 2020년에 세계에서 8번째로 차를 많이 파는 회사로 성장한 현대자동차도 제조업이 아닌 서비스 산업의 영역으로 뛰어들고 있다.

이러한 사업 영역을 모빌리티 애즈 어 서비스(Maas, Mobility as a

service)라 한다. 이동을 편리하게 해주는 서비스란 뜻으로 이해할 수 있다. 전 세계 제조업에서 자동차 산업의 비중은 매우 높다. 그런데 자동차 분야의 어벤저스 히어로들이 모두 서비스업으로 이탈하고 있다. 애즈 어 서비스(as a service)가 기존 자동차 산업에 혁신을 요구하고 있다.

싱가포르, 홍콩 등을 중심으로 중화권을 무대로 삼는 DBS 은행은 알리바바나 텐센트 같은 중국 인터넷 기업이 기존 금융업을 파괴하기 시작하자 위협을 느꼈다. 그래서 여러 조치들을 취했는데 그 내용을 들여다보면 한국의 거대 은행들과는 차원이 다른 파괴적 혁신에 가깝다.

DBS 은행은 싱가포르, 홍콩의 소매와 중소기업 거래를 접었다. 그런데 이 분야는 DBS 은행 매출의 44%나 차지하고 있었다 (2017년 기준). 대신 성장해가는 중인 인도네시아의 소매 및 중소기업 분야에 진출하기로 한다. 그리고 결정적으로 매출의 52%를 차지하고 있는 중국, 타이완 대상의 영업과 프라이빗 뱅킹, 법인 뱅킹 등에서 전격적인 디지털화를 감행하기로 했다. 모든 은행 시스템을 클라우드화하고 모든 고객 접점을 디지털화하는 전략적 결정을 내린다. '심장부까지 디지털화하겠다', '직원 22,000명을 모두 스타트업으로 변화시키겠다'와 같은 슬로건이 내걸렸다. DBS 은행의 피유시 굽타 CEO는 '파괴에 대처하는 가장 좋은 방법은 먼저 스스로를 파괴하는 것'이며, 'DBS 은행은 소프트웨어 기업'이라고까지 말한다. 이런 혁신은 성과로도 이어졌는데 동남아 제1의 은행으로서의 자리를 굳히는 것과 동시에 세계 최고의 디지털뱅크로도 선정(2016년, 2018년 『유로머니euromoney』 지 선정)되었다. 개혁을 진행하면서 주가도 무려 44%나 올랐다(2017년).

DBS 은행 사례는 뱅킹 애즈 어 서비스(Baas, Banking as a service, 이하 BaaS)의 상징 같은 장면이다. 금융업은 원래 서비스업에 해당하는데 서비스를 또 서비스로서 접근한 것이 뱅킹 애즈 어 서비스다. 애즈 어 서비스는 금융권에도 엄청난 영향을 미쳤다.

말 그대로 '애즈 어 서비스'는 서비스'로서' 변신한다는 의미를 가진다. 그런데 서비스로서 변신한다는 의미는 산업마다 조금씩 다르다. 금융업인 '뱅킹 애즈 어 서비스'에서는 서비스가 지능적 금융(Intellectual Banking)을 뜻하지만, 제조업인 자동차 산업에서 '모빌리티 애즈 어 서비스'는 사람들의 이동성(Mobility)을 서비스로 제공한다는 뜻이다.

생산자는 차를 판매하고, 소비자는 이동을 위한 도구인 차량을 소유하는 것이 자동차가 발명된 이래 변하지 않는 전통이었다. 그런데 그 방식을 버리고 이동의 필요가 있을 때만 그때 그때 이용할 수 있도록 서비스를 제공하는 변화가 생겼다. 서비스에는 봉사, 공짜, 덤 같은 뜻이 있다. 그리고 서비스 산업은 상업·금융업·보험업·운수업·통신업·관광업·광고업처럼 용역(생산과 소비에 필요한 노동)으로 수요자의 일을 도와주는 업종들로 이루어져 있다. 그런데 자동차 회사가 운수업도 하고 관광업도 하고 유통도 한다면 이는 제조업에서 서비스업으로 업종을 변경하는 것이다.

애즈 어 서비스는 자동차 산업의 본질에 영향을 주고 있다. 지구를 지키는 것이 본업인 마블 어벤저스 대원들을 내가 위험에 처했을 때마다 이용료를 지불하고 부를 수 있다면 어떨까? 내가 호출하면 슈퍼맨이 망토를 휘날리며 날아오고, 아이언맨이 수트를 입고 찾아와 지켜준다. 이른바 보안(security)을 서비스로 제공하는 시큐리티 애즈 어 서비스(security, 보안)가 되는 셈이다. 업종을 변경한 것이다.

애즈 어 서비스의 느릿한 성장사

그런데, 이러한 현상을 부르기에 게임체인저(Game changer)가 가장 적합한 용어는 아닐 수도 있다. 보통은 흐름을 바꾼 사건이나 제품처럼 특정한 대상이 있을 때만 이 용어를 사용하기 때문이다. 애플의 아이폰이나 마이크로소프트에서 윈도우의 등장처럼 게임체인저로 불리는 것은 세상의 변화를 이끌었으면서 동시에 구체적인 상품 혹은 사건이었다. 그러나 딱히 적당한 용어를 달리 찾기도 쉽지 않다. 애즈 어 서비스는 1990년대 후반부터 다양한 산업에 등장했는데 애즈 어 서비스 분야가 자리 잡기 시작하면 기존 산업의 본질에 영향을 주었다. 흔히 말하듯 업의 본질, 이 산업은 이러이러하다는 상식을 깨뜨렸다. 이런 면에서는 게임 체인저라는 용어가 꽤 적합하다 할 수 있을 것이다.

애즈 어 서비스의 역사를 보면 인터넷에서 소프트웨어를 제공하는 비즈니스로서 탄생했다. 디지털 경제의 성장과 함께 첫

발을 내딛은 셈이다. 기업들이 필요로 하는 소프트웨어를 클라우드 세계에 세팅해놓고 소비자에게는 제품이 아닌 이용권을 판매했다. 일반인들에게도 PC를 살 때 마이크로소프트의 윈도우라는 제품 구매는 거의 필수에 가깝다. 그리고 용도에 따라 필요한 프로그램도 미리미리 구입해 들여야 했다. 같은 식으로, 기업들도 이전에는 거액을 들여 필요한 소프트웨어를 구매해야 했다. 그런데 이런 관행에 변화를 일으킨 것이다. 출발이 화려했던 것은 아니지만 곧 이목을 끌었다.

이렇게 시작한 애즈 어 서비스 분야는 사스(Saas, Software as a service)라고 불렸다. 1999년 마크 베니오프(Marc russel benioff, 1964~)가 설립한 세일즈포스가 디지털 폭풍 속에서 애즈 어 서비스라는 항구에 도착한 첫 번째 회사다. 세일즈포스는 기업용 고객관계관리 소프트웨어를 인터넷을 통해 사용할 수 있도록 서비스하는 회사다. 디지털 경제에서 소프트웨어가 소유하는 제품이 아닌 서비스로 둔갑하는 순간이었다.

그런데 애즈 어 서비스는 다른 게임체인저들에 비해 전파 속도나 영향력이 초기부터 강렬하지는 않았다. 뒤에서 다시 이야기하겠지만, 애즈 어 서비스는 특별한 제품이나 사건이라기보다는 경제의 기본 패러다임에 가깝기 때문이다.

2006년이 되었을 때 아마존닷컴이 아마존 웹 서비스(Amazon Web Service, 이하 AWS)를 내놓았다. 곧 이 서비스는 Iaas(Infrastructure as a service), 즉 인프라 애즈 어 서비스라고 불렸다. 디지털 경제의 인프라라고 할 수 있는 것들을 여기에서 서비스했기 때문이다. Iaas는 가상 클라우드 컴퓨팅 환경에서 하드웨어 자원, 네트워킹, 데이터 저장(스토리지) 공간 등을 제공하는 서비스다. 이후 아마존은 프로그램(어플리케이션 등) 개발에 필요한 하드웨어, 소프트웨어 등을 구축해 서비스하는 플랫폼 애즈 어 서비스(Platform as a service)에도 진출했다(AWS Elastic Beanstalk). 이 분야에서는 마이크로소프트도 애저(Microsoft Azure)라는 이름으로 사업을 하고 있다.

AWS는 아이디어, 열정, 능력만 있으면 엄청난 돈을 들여 컴퓨팅 자원을 마련하고 데이터 창고를 빌리고 복잡한 프로세스를 거치지 않아도 디지털 비즈니스를 구축할 수 있도록 지원했다. 물론 AWS가 처음부터 성공한 것은 아니다. 그러나 지속적인 투자의 결과는 달콤했다.

2020년 AWS의 영업이익이 135억 달러에 이르렀는데, 이것은 세계 최대 전자상거래 기업인 아마존닷컴이 1년간 벌어들인 총 영업이익의 61%나 되었다. 다시 말해 아마존은 세계 최대의 온라인 쇼핑 업체답지 않게 애즈 어 서비스에서 더 많은 이익을 남기고 있는 것이다.

그 뒤 시간이 흘러 애즈 어 서비스는 자동차 산업으로 영역을 확장한다. 자동차 산업에서 모빌리티 애즈 어 서비스 논의가 본격화된 것은 2012년 무렵이다. 미국 샌프란시스코에서 열린 'E-모빌리티 애즈 어 서비스' 컨퍼런스에서 스마트폰, 공유 자동차 서비스, 전기 자동차, 자율주행차 등을 디지털 네트워크로 연결하는 교통 네트워크가 논의되었다. 그 후의 결과는 앞서 이야기한 대로다. 지금은 대부분의 글로벌 자동차 회사가 모빌리티 애즈 어 서비스에 투자하고 있다.

이 간략한 역사에서도 드러나듯 애즈 어 서비스는 다른 혁신적인 기술들에 비해 천천히, 느릿느릿하게 영역을 넓혀 나갔다. 그리고 지금, 우리는 애즈 어 서비스가 자본주의적 산업의 본질을 변화시키고 있는 현상을 목도하고 있다.

장르의 시대에서 문제의 시대로 가다

20세기는 장르의 시대였다. 산업혁명은 절정기를 맞이했고 새로운 기계, 새로운 산업이 등장하면 장르가 탄생했다. 효율적인 관리를 위해 이름들이 붙었다. 각 이름들은 영희나 철수처럼 서로 다른 개성들에 붙여진 것이다. 예를 들어, 우리가 제조업과 서비스업이라고 부르는 것들 사이에도 분명한 차이가 있다. 즉 생산을 통해 물질적인 제품을 제공하는 산업과 주로 용역을 통해 비물질적인 생산물을 제공하는 산업이라는 차이다.

1940년대 이후 제조업과 서비스업은 산업에서 가장 기준이 되는 분류 기준이었다. 1차 산업(자연에서 직접 생산), 2차 산업(공장에서 생산), 3차 산업(인간 노동 서비스)으로 나누는 산업 표준분류표는 1940년대부터 등장했고 지금도 창업하면서 업종 신고를 할 때 한국 표준산업분류표에 맞게 코드를 입력해 자신의 정체성을 드러내야 한다.

그런데 애즈 어 서비스는 어떤 영역에서 시도되든 그 정체성에 영향을 준다. 애즈 어 서비스 영역에서는 자동차 산업도 자동차를 만들어 파는 산업이 아니다. 인간의 이동성(mobility)을 도와주는 산업이다. 기업은 자동차를 생산하는 것이 아니라 이동성을 생산한다. 이 이동성은 제조가 아니라 서비스의 영역이지만 제조가 없이 서비스만 있는 것도 아니다. 어쨌든 인간이 가진 문제(problem)의 하나인 이동의 영역에 해답을 주어야 한다. 즉, 원래의 정체성이 무엇이었든 인간의 문제를 중심으로 산업이 재조직되는 것이다. 애즈 어 서비스는 마치 도깨비 방망이 같다. 황금을 만드는 것은 아니지만 마이더스의 손이라고 할 수도 있다. 갖다가 대면 새로운 산업이 된다. 사실 애즈 어 서비스라는 분야가 스스로 다 한 건 아니다. 본질적으로 애즈 어 서비스는 디지털화, 디지털 트랜스포메이션이라는 거대한 변화의 산업 버전이라고 할 수 있다.

돈에 대해 생각해보자. 누구나 우리가 자본주의 시대를 살고 있다고 인정한다. 하지만 자본주의 시대가 누구에게나 넉넉한 자본이 있는 시대는 아니다. 그래서 사람이든 조직이든 대체로 돈 문제가 가장 큰 골칫거리다. 그런데 이 분야는 이미 금융이라는 장르로 산업이 조성되어 있다.

그러다 뱅킹 애즈 어 서비스(BaaS)가 등장했다. 2010년대 중반 한국에서도 핀테크(FinTech) 열풍이 분다. 디지털 테크놀로지를 기존 금융 서비스에 결합했더니 서비스가 달라졌다. 더 빠르고, 소비자 친화적이며, 편리해졌으며 지능적인 서비스를 제공하기 시작했다. 핀테크는 계속 발전하고 있고 돈, 재정, 투자 문제를 처리하기 위해 금융전문가가 아니라 디지털 플랫폼과 로봇 어드바이저나 AI 프로그램이 등장한다.

요즘 들어 거대 금융기업이 외부 테크놀로지 기업과 제휴하여 자신들의 서비스를 외주 주는 것에 대해 BaaS라고 부르기도 하지만 본질적으로는 핀테크 기업들이 기존 금융업을 뒤흔들며 제공하는 서비스들이 모두 BaaS에 해당한다.

Baas 기업에게 이미 만들어진 장르인 금융업은 굴레, 혹은 관행에 불과하다. Baas 기업들은 영업 점포 하나 없이도 소비자의 문제를 충분히 해결하며, 웬만한 절차는 자동화되어 극히 간편해진 금융 업무들을 디지털 플랫폼에서 해결한다.

기존 금융업의 거인들도 자동차 산업의 MaaS에서처럼 Baas로 줄을 서기 시작했다. 예컨대 거대 투자은행인 골드만삭스는 개인 소비자를 위한 서비스형 플랫폼 '마커스(Marcus)'를 출시했다. 2020년에는 아마존닷컴과 제휴하여 아마존 이용자들이 마커스를 이용해 대출을 할 수 있게 되었으며, 동시에 애플과 제휴해 애플 카드를 내놓았다. 기술 예측 기업인 가트너(Gartner)에 따르면 2024년쯤에는 로봇 어드바이저가 관리하는 자산이 전 세계적으로 1조2천억 달러에 이를 것이라고 한다.

우리가 '돈 문제'를 고민할 때, 어떤 장르의 기업이 도움을 주는지가 정말로 중요한가? 과거 금융업과 달리 BaaS에서는 중요하지 않다. 돈 문제를 해결해주는 곳이 오늘 물건을 산 쇼핑 사이트인 아마존이어도 좋고, 금융인 하나 없는 테크놀로지 기업이면 또 어떤가?

디지털 테크놀로지의 진화가 수많은 문제 해결사들을 등장시켰고, 이제 어떤 분야든 공급자는 20세기에 비해 최소 몇 배 이상씩 증가했다. 장르는 20세기의 유물일 뿐 지금은 문제(problem)만 풀 수 있다면 누구든 장르를 넘나들 수 있는 시대다. 이것을 문제중심사회(problem-dominated society)라고 부를 수 있다. 문제중심사회는 공급과잉 상태에서 수요자의 문제를 해결하기 위해 장르를 불문하고 모든 공급자들이 자유경쟁을 하는 사회다.

이 문제중심사회로의 이행 과정에서 애즈 어 서비스는 게임체인저다. 진출하는 산업마다 그 산업의 본질, 경계를 허물어뜨린다. 상대적으로 현란한 기술적 진화들에 비해 느려 보이지만 더 깊고 본질적인 변화를 추진해내고 있다.

애즈 어 서비스는 마치 좋은 밭에 날아온 씨앗처럼 쑥쑥 자랐다. 햇볕도 충분하고 적당히 비도 왔으며 바람도 선선했다. 디지털이다(Being Digital)! 1995년에 디지털 시대를 예측한 책, 『디지털이다!』의 제목을 빌려 니콜라스 네그로폰테는 그렇게 말했다. 그래서 애즈 어 서비스다(Being as a service)! 이것은 이 책의 제목이자 이 책을 집필하는 우리의 선언이다.

2019년 12월에 시작된 코로나 팬데믹은 사람들의 물리적 접촉을 제한하면서 디지털 플랫폼에 기반을 두는 애즈 어 서비스에게 엄청난 거름이 되었다. 변화는 방향과 속도로 판단할 수 있다. 애즈 어 서비스는 산업과 비즈니스의 새로운 방향이었고 코로나 팬데믹은 그 방향의 변화에 가속도를 더했다. 이제 미래의 애즈 어 서비스가 궁금하지 않은가?

2.
애즈 어 서비스에도
정의가 필요하다

디지털 폭풍의 이름을 디지털화(Digitalization)라고 부르던 디지털 변환(Digital Transformation)이라고 부르던 도달해야 할 해안의 이름은 같다. 디지털 생태계(Digital Ecosystem). 모든 사물과 사람이 디지털로 연결되어 있어 빈틈이 없는 세계. 21세기가 끝날 때까지도 이 생태계는 계속 성장해갈 것이다. 그리고 그 해안가의 항구 가운데 하나의 이름은 애즈 어 서비스다.

그런데 이상한 점이 하나 있다. 애즈 어 서비스에 대한 제대로 된 정의가 없다. Saas, IaaS, PaaS, Maas, Baas 등에 대한 정의들은 있다. 그런데 애즈 어 서비스에 관해서는 없거나 극히 빈약한 설명만 있다. 왜 그럴까? 디테일에 집중하느라 그랬는지 다른 중요한 일들이 너무 많이 일어나서 그랬는지 정확한 이유는 모르겠다. 하지만 그 부분에서 이 책에는 최소한의 효용이 있을 것이다. 바로 그 정의를 시도할 참이니 말이다. 내용은 다음과 같다.

애즈 어 서비스: 자본주의의 모든 산업에서 기존 구조를 파괴하며 모든 수요자에게 자동화된 디지털 플랫폼을 기반으로 구현한

비소유적 메타 서비스를 제공하는 비즈니스 패러다임.

왜, 어떻게 이 정의가 내려졌을까? 그것이 가진 의미를 이제부터 알아보려 한다.

이 정의는 애즈 어 서비스에서 필수적인 3가지 요소를 포함한다. 비소유, 자동화된 디지털 플랫폼, 메타서비스가 그 3가지다. 디지털 생태계는 여전히 현재진행형이고 지금까지보다 앞으로더 많은 변화를 하게 될 것이다. 그 가운데 여러 형태의 비즈니스들이 등장할 것이며, 애즈 어 서비스는 그 비즈니스들 가운데 비교적 빠르게 모습을 드러냈다고 할 수 있다. 그래서 이미 등장한 각각의 개별적인 비즈니스들의 공통점을 추렸을 때 위의 3가지기요소를 추려낼 수 있었다. 그러니까 귀납적인 방법으로 정의를 내렸다고 할 수 있다. 경제학이나 경영학도 자본주의 경제가 시작되고 성숙하면서 귀납적인 방식으로 학문이 되었다. 변화가 생긴 후에야 그 변화를 정의한 것이다.

다음 세대의 삶이 될 비소유 이야기

정의에 등장하는 애즈 어 서비스의 3요소는 소유권, 시장, 소비자에 각각 대응한다. 이들은 신체에 필요한 단백질, 지방, 탄수화물처럼 경제의 필수 영양소다. 이 필수 영양소들이 소유-비소유, 시장-플랫폼, 소비자-메타 서비스로 대응, 혹은 대안이 되는 비즈니스가 애즈 어 서비스인 것이다. 각각은 또 애즈 어 서비스가 기존 비즈니스들과 비교해 인간의 경제적 삶의 기반이 되는 욕구(소유-비소유), 거래와 관계의 중심이 되는 공간(시장-플랫폼), 세상의 변화 방향을 정하는 주체(소비자-메타 서비스)에 대한 변화를 하는 비즈니스임을 의미하기도 한다.

왜 비소유인가?

소프트웨어 애즈 어 서비스(Saas)의 출발을 알렸던 세일즈포스의 CEO 마크 베니오프 이야기로 시작해보자. 이미 널리 알려진 이야기니까 간략하게 정리하겠다.

그는 IT 업계의 영웅이 될 만한 흥미로운 이야기를 보유하고 있는 인물이다. 1964년생인 그는 스티브 잡스의 애플에서 대학 시절 경험을 쌓았는데 잡스가 그를 신동 프로그래머라고 칭찬했다고 한다. 그에게도 스티브 잡스는 우상이자 스승이었다. 대학을 졸업한 후 데이터베이스 분야의 세계적 기업인 오라클에 입사했는데 3년 만에 오라클 최연소 부사장에 올랐다. 그때 나이가 26살에 불과했다. 이 정도로도 이미 평범한 인간의 레벨은 아니다.

13년 후, 오라클에서 여러 중역 자리를 거치며 산전수전을 거치며 30대 후반이 된 마크 베니오프는 고민에 빠졌다. 이야기에 따르면 퇴직을 하고 창업을 할지 계속 오라클에 다닐지를 고민하기 위해 영적 여행을 떠났다고 한다. 여러 영적 지도자와의 만남, 몇 가지 깨달음 등이 그를 일깨웠고 돌아온 후 세일즈포스를 세운다. 그는 '기업용 소프트웨어를 인터넷에서 전기처럼 빼

내 쓸 수 있게' 하고 '아마존처럼 인터넷에서 쉽게 사고', '비싸게 통째로 사는 대신 월 사용료를 내게' 하는 비즈니스 모델을 내세웠다. 세일즈포스의 메시지는 간략하면서 강력했는데 바로 'No Software'다. 기존 방식의 구매하는 소프트웨어가 아니라 새로운 소프트웨어라는 의미였다.

그러나 마크 베니오프가 아무리 천재적이었다고 해도 비소유 방식의 비즈니스를 그만의 독창적인 발명품이라 부를 수는 없다. 그의 세일즈포스가 존재하지 않았다고 해도 애즈 어 서비스 상품들은 세상에 나왔을 것이다. 애즈 어 서비스의 비소유 비즈니스는 디지털화의 도미노 현상이 일으킨 결과물이기 때문이다.

비소유는 소유하지 않는다는 뜻이다. 어제까지의 세계에서 경제와 경영의 기초는 소유였다. 갑자기 사람들이 인간의 본성이라고까지 이야기하던 소유욕을 버린 것일까? 99.9%의 확률로 우리는 대답을 추론할 수 있다. 그럴 리가 없다. 인간이 그렇게 쉽게 바뀔 리는 없으니까!

애즈 어 서비스에 나타나는 비소유는 불교의 무소유와 다르고 미니멀리즘(minimalism, 최소한의 소유)과도 다르고 휘게(hygge, 소박한 일상을 중시하는 북유럽식 라이프스타일)와도 다르다. 기업용 소프트웨어를 소유하는 대신 인터넷에서 이용권만 구입한다는 식의 비소유는 물질적으로 덜 가질수록 더 행복해진다든가 소박한 삶을 추구하는 철학과는 직접적인 인과관계가 없다.

소비자 입장에서는 저렴하고, 편리한데다 소유하는 것보다 더 좋은 가치를 부여하는 데 마다할 이유가 있을까?

디지털 생태계로 변하는 과정에서 가장 먼저 등장한 변화는 기존 상거래를 인터넷으로 옮기는 것이었다. 요즘 우리들은 아마존이나 쿠팡과 같이 진화한 거대 인터넷 쇼핑몰에서 물건을 구매한다. 소유에 기반을 둔 거래의 장소가 구체적인 공간에서 가상공간으로 바뀐 것이다. 그나마 아직 전체 구매에서 이런 거래가 차지하는 비중은 1/4 정도다.

구매 장소와 구매 방식의 변화를 간단한 통계로 살펴보자. 아래의 수치들은 전체 소매판매액을 통계청 조사에 기반해 간략화해본 것이다.

소매 유통업 통계표

	2011년	2020년	증가율
소매판매액	299조 원	475조 2천억 원	▲158.9%
온라인쇼핑	29조 620억 원(9.72%)	161조 1천억 원(27.2%)	▲554%
렌탈시장(온오프통합)	19조 5천억 원(6.525)	40조 1천억 원(8.445)	▲206%

출처 : 통계청, KT경제경영연구소

소매판매액이 1.5배가량 증가하는 동안 온라인쇼핑의 비중은 5.5배, 렌탈시장은 2배 정도 커졌다. 전체 소매에서 차지하는 비중도 온라인쇼핑은 9.72%에서 27.2%로 1/10 수준에서 1/4수준으로 증가했고, 렌탈시장은 6.52%에서 8.44%로 소폭 증가했다. 요약하자면 아직 1/4 수준이지만 온라인쇼핑은 곧 오프라인 비중을 따라잡을 기세고, 렌탈시장은 전체 소매액 증가보다는 빠르지만 온라인쇼핑에 비해서 상대적으로 느린 성장을 하는 중이다.

렌탈시장을 애즈 어 서비스와 동일시할 수는 없다. 애즈 어 서비스의 여러 장점 가운데 하나인 저렴한 이용비용을 공유하기는 한다. 그러나 렌탈은 비용 효율성에 초점을 맞춘 비즈니스 모델이다.

2010년경 등장한 서브스크립션 커머스(subscription commerce), 즉 구독경제는 새로운 서비스에 대한 가능성을 열었다. 월 10달러를 내면 화장품 견본 4~5개를 보내주는 '버치박스(birchbox)' 서비스가 처음으로 등장했다. 여러 제품을 써보고 마음에 드는 걸 고르면 할인 행사도 해주는 비즈니스 모델이다. 구매에 앞서 샘플을 써볼 수 있는 서비스를 이용권으로 판매하는 것이다. 구매+비구매, 소유를 위한 비소유 형식이 결합된 비즈니스다.

구독경제는 구독의 대상이 '경험'에 초점을 맞추는 사례들이 많다. 예를 들어 초창기 모델인 베스포케포스트(Bespoke post, 2011년, 미국 뉴욕에서 론칭)는 시가, 와인 등 취미생활과 관련한 물품들을 한 달에 한 번씩 랜덤으로 발송해주는 비즈니스였다. 여러 취미를 두루 경험해볼 수 있는 이용권을 정기 구독하는 모델이다. 구독경제는 비용에 초점이 맞춰진 렌탈과 달리 이용권, 즉 취미나 경험과 같은 요소들이 구매 대상에 추가적으로 포함되어 있다. 구독경제에서 상당한 비중을 차지하는 온라인 스트리밍 콘텐츠 이용권 시장(영화, 음악, 뉴스 등)은 아예 경험이 구독 대상이 되는 경우가 대부분이다. 렌탈, 그리고 구독경제는 애즈 어 서비스와 일정 부분 교집합이 있다. 그러나 똑같은 것은 아니다. 뒤에 소개하는 자동화된 디지털 플랫폼과 메타서비스까지 구비해야 렌탈이든 구독경제든 애즈 어 서비스로 불릴 수 있다.

소유하지 않아도 되는 가장 전통적인 모델이 렌탈이라면 소유하지 않아도 되는 대상이 물건에서 경험이나 취미로 확장된 경로의 비즈니스가 구독경제다. 애즈 어 서비스는 이러한 사회적 변화들을 포함하되 자동화된 디지털 플랫폼을 비즈니스의 핵심 요소로 구현하고 영리하고 맞춤화된 서비스를 제공함으로써 진일보한 구조를 갖춰가게 된다.

디지털 트랜스포메이션이 소유방식에 영향을 미치고 있는가? 소프트웨어, 디지털 인프라, 디지털 플랫폼과 같이 디지털 생태계 기본 구성요소들의 영역에서는 확실히 그러하다고 말할 수 있다. 디지털에 기반을 두고 제작된 글, 영상, 소리 등의 콘텐츠 분야에서도 비소유가 더 편하고 저렴하다는 장점이 효과를 보고 있다. 반면 일상의 물리적 공간에서 제공되어야 할 제품과 용역 시장에서의 비소유는 온라인쇼핑의 성장 속도를 따라잡지 못하고 있다.

비소유의 삶은 다음 세대의 삶이기도 하다

2010년에 등장한 세코 셀시스 지문인식 커피머신(Saeco Xelsis Digital id espresso machine)은 독특하다. 지문인식을 통해 사용자를 등록할 수 있다. 이 커피머신은 사용자가 원두커피나 우유의 양,

스팀 시간과 물 온도 등을 개인화하여 저장할 수 있다. 커피 애호가라면 자기만의 커피 노하우가 있을 것이다. 그 노하우를 등록하는 것이다. 만약 이 커피머신이 있는 카페의 단골손님이라면 언제든 내가 가장 좋아하는 커피를 주문할 수 있다. 글로벌카페 프랜차이즈에 이 커피머신이 있다면? 그러면 서울에서 등록하고 뉴욕에서도 같은 커피를 내려먹을 수 있을 것이다.

프랑스의 경제학자인 자크 아탈리는 1997년 디지털 노마드(Digital Nomad)라는 용어를 제안했다. 유목민(nomad)처럼 디지털 생태계를 살아가며, 언제 어디서나 디지털 네트워크에 접속할 수 있는 환경이면 일을 할 수 있는 사람들이다. 20여 년이 지난 지금은 한 달씩 이 나라 저 나라 떠돌며 살아가는 세계 각국의 디지털 노마드들이 실제로 다양하게 존재한다. 세코 셀시스 지문인식 커피머신은 이런 사람들에게 꽤나 매력적인 상품이 된다.

오늘날 디지털 노마드 무리는 여러 이름의 다양한 모습을 하고 있다.

플랫폼 노동자(Platform Workers) : 디지털 네트워크나 스마트폰 어플리케이션의 노동 플랫폼을 통해 일과 연결되어 일하는 사람들. 배달앱으로 일하는 배달원이나 우버앱으로 일하는 운전기사 등이다.

독립 노동자(Independent Worker) : 하나의 회사에 연연하지 않고 프로젝트, 일감 단위로 여러 회사와 자유롭게 계약 관계를 맺으며 일하는 사람들을 말한다.

　　클라우드 워커(Crowd Worker) : 인터넷 플랫폼에 보수가 있는 어떤 업무가 등록되면 누구나(crowd, 대중) 그 일에 적합한 사람이 맡을 수 있다.

　　프리 에이전트(Free Agent) : 자유계약 스포츠 선수처럼 일정 기간을 정해 이 회사 저 회사에서 일하는 사람들이다.

　　이런 사람들이 일하는 이런 경제를 긱 이코노미(Gig Economy)라고도, 플랫폼 경제(Platform Economy)라고도 부른다. 이 개념들은 아직 혼재되어 있다. 본질적인 것은 이들 모두 디지털 노마드에 속한다는 점이다. 디지털 노마드들은 노동과 보수 모두 디지털 네트워크와의 접속을 통해 실현시킨다.

　　디지털화는 계속 이와 같은 도미노 현상을 일으키고 있다. 디지털 시대의 이 유목민들에게 전통적인 정착형 삶과 정착에서 오는 소유 개념은 희박해질 수밖에 없다. 지문인식 커피머신이 제공해주는 서비스는 이들의 새로운 삶의 양식에 어울린다. 커피머신을 싸들고 전 세계를 돌아다닐 필요가 없으니까.

　　비소유 라이프가 다음 세대의 삶이라는 의미는 이런 것이다. 그러므로 비소유는 필연적인 변화의 방향이고 디지털 노마드들이 증가할수록 늘어날 것이다. 미국에서는 2025년경이면 전체 노동자의 절반이 기존의 조직 노동자에서 벗어날 것이라 전망하고 있다.

그러므로 비소유는 뭐랄까, 소유하지 않아도 되는 삶의 단계로 우리가 변화하고 있다는 표시에 오히려 가깝다. 물론 꼭 소유하고 싶은, 심지어 어쩔 수 없이 소유해야만 하는 것들도 있다. 그것은 갖고만 있으면 값이 올라가는 부동산이나 미술품일 수도 있고, 할아버지의 손때가 묻은 가죽의자일 수도 있다. 편리를 제공하는 전자제품일 수도 있고, 내 손으로 만들고 싶은 DIY용품이나 도구일 수도 있다. 디지털 원본 컨텐츠에 고유 인식 값을 부여해 똑같은 다른 복제본과 차이를 만들어 소유권을 발생시킨 NFT(Non-Fungible Token, 대체불가능한 토큰)처럼 디지털 세상에서도 소유는 여전히 인간의 욕망을 구현하는 수단이다. 여기서 말하고 싶은 건 비소유가 소유를 배척하거나 완전히 대체하지 않는다는 점이다. 단지 최초에 세탁기가 그랬던 것처럼 더 편하고 시간적 여유가 있는 변화된 삶의 방식에 맞도록 고안된 것이다.

그렇다고 비소유가 디지털 노마드만의 고유성을 갖는 것은 아니다. 비소유 방식이 증가하는 상황에서 강력한 동력의 하나로 디지털 노마드들이 존재한다는 뜻이다.

정착민에게도 유목민에게도, 미래의 비소유가 삶의 진일보한 생활양식으로 성장하는 데에는 두 가지 강력한 도구들이 영향을 줄 것이다.

첫 번째는 데이터의 활용이다. 라이프로그(lifelog)라는 것이 있다. 개인이 소지한 웨어러블 디바이스, 헬스케어앱 등을 통해 수집된 건강 데이터들을 말한다(4장 「데이터 애즈 어 서비스」 참조). 이 라이프로그를 활용하면 사용자는 단순히 건강에 관한 수치들만이 아니라 어떻게 그 수치들을 읽고 해석해서 내 건강에 도움을 줄 수 있는지에 대한 서비스를 받을 수 있다. 게다가 점점 발전하는 AI 기술이 이 데이터들을 사용하는 방법을 진화시킬 것이다. 디스크립트(descript)는 음성인식에 기반을 둔 편집도구인데 AI 기능이 들어가 오디오 파일을 텍스트로 변화시키는 데 드는 비용과 시간을 획기적으로 단축시킨다(5장 「인공지능 애즈 어 서비스」 참조). 디지털생태계에서 우리는 삶의 구석구석, 사소한 행동들을 기록으로 남기고 있다. 이 데이터는 데이터 처리 기술과 AI의 지능적 지원에 힘입어 우리 삶을 진일보시킬 수 있는 서비스로 다시 태어날 것이다.

두 번째는 아날로그의 물리적 삶에서 경험할 수 없었던 미개척지를 열어주는 디지털 기술들이다. 이 기술들이 제시하는 것은 디지털 경험(Digital experience)의 신세계다. 마이크로소프트의 XR 기기인 홀로렌즈2는 헤드셋 형태로 되어 있는데 현실과 가상 세계를 동시에 띄우고 그들 간의 상호작용을 지원함으로써 우리가 알고 있는 감각의 세계에 정보, 지식, 가상 경험을 결합시킨다(6장 「XR 애즈 어 서비스」 참조). 최근 급부상하는 메타버스의 경험도 놀랍지만 앞으로는 메타버스 안의 디지털 공간에서 후각, 미각, 촉각과 같은 물리적 세계의 감각을 직접 경험할 수 있는 날이 올 것이다. 이러한 디지털 경험의 세계는 새롭고 색다른 감각을 일깨움으로써 소유보다는 경험의 세계에 더 탐닉하게 만들 것이다.

디지털 생태계에서 비소유의 영역은 무한하다. 지금까지 소유의 대상이었던 것들을 모두 포함하면서 동시에 지금까지 없었던 데이터와 경험의 세계도 비소유 카테고리에 포함될 것이다. 따라서 비소유적 삶을 지원하는 애즈 어 서비스의 성장도 필연적이라고 할 수 있다.

만능키가 된 플랫폼 이야기

애즈 어 서비스를 구성하는 두 번째 요소는 자동화된 디지털 플랫폼이다. 사실 디지털 플랫폼은 디지털 생태계의 생산성 토대다. 모든 디지털 플랫폼이 애즈 어 서비스를 하는 것은 아니지만 모든 애즈 어 서비스는 디지털 플랫폼에 바탕을 두고 있다.

20세기 경제를 열어젖힌 것은 자동화였다. 포드 자동차는 띠 모양의 이동 수단인 컨베이어 벨트를 공장에 설치하고 자동차 부품들을 그 위에 올려놓았다. 컨베이어 벨트가 돌아가면 수많은 부품으로 이루어진 자동차가 조립된다. 1913년의 일이다. 헨리 포드는 이 일로 새로운 시대, 즉 현대를 창조했다는 이야기를 들었다. 물론 20세기가 현대일 때의 일이다.

21세기 경제를 열어젖히는 것도 자동화다. 이번에는 가상의 공간, 디지털 공간에 만들어진 플랫폼이 그 역할을 맡았다. 플랫폼은 사람이 원하는 것을 자동으로 처리하는 능력을 가진다. 디지털 생태계는 플랫폼 위에서 돌아간다. 컴퓨터 화면을 들여다보고 스마트폰을 만지작거릴 때, 페이스북에서 친구를 만날 때, 스마트 공장을 돌릴 때, 주차 위반 과태료를 내기 위해 경찰청 사이트를 이용할 때 우리는 늘 플랫폼에 접속하는 것이다. 컨베이어 벨트가 그랬던 것처럼 디지털 플랫폼은 자동화를 통해 엄청난 생산성 향상을 이뤄낸다. 그래서 컨베이어 벨트 이후의 20세기 현대가 그랬던 것처럼 디지털 플랫폼이 만든 21세기 현대도 과거로 되돌아갈 수 없다.

생산성 향상을 위한 자동화된 플랫폼 시대가 20년 전에 시작했다고 할 때 지금은 많은 것들이 바뀌고 새로 생겼다. 그러나 여전히 사춘기라고나 할까, 어른이 되었다고 보기는 어려운 방황들이 여전히 많다. 사춘기를 질풍노도의 시기라고 하지 않는가. 빠르게 부는 바람과 성난 파도. 아마도 숨 가쁘게 진화하고 있는 테크놀로지들이 질풍이라면 성공과 실패를 거듭하며 등장하는 플랫폼 서비스들이 성난 파도가 아닐까 싶다.

2019년 11월, 나이키는 이른바 D2C(Direct to Consumer)를 하기 위해 세계에서 가장 큰 시장 플랫폼인 아마존닷컴에서 탈출을 감행했다. DBS 은행이 금융업을 버리고 소프트웨어 회사로 변신했던 것만큼이나 과감한 선택이었다. 아마존에서 적지 않은 나이키 상품들이 팔릴텐데 더 늦기 전에 독립해버린 것이다. 그들은 직접 온라인 플랫폼을 통한 판매를 시도했고 코로나 시국에서도 매출 신장을 이뤄내 성공적인 변신을 해냈다.

이처럼 플랫폼 시대는 아직 혼전 중이다. 하지만 플랫폼에 관한 연구들은 거대 플랫폼들의 수익 모델과 성장 가능성에만 집중하는 경향이 있다. 물론 이들이 지배적인 영향을 미친다는 점에서 집중 분석이 필요한 분야인 건 맞지만, 지나치게 편중된 연구 때문에 좀 더 현실적인 변화들에 주의를 덜 기울일 수 있다.

예컨대 지금까지는 거대 기업, 방대한 네트워크가 필요한 분야에 진출한 IT 기업들의 전유물이 플랫폼이었다. 그런데 2021년 9월 2일 중소기업유통센터가 웨비나(웹 세미나)를 열었다. 주제는 '소상공인 디지털 전환, 플랫폼은 무엇을 할 것인가'였다. 중소기업은 물론이거니와 매장을 운영하는 상인도 플랫폼을 고민할 필요가 있고, 고민하지 않으면 안 된다는 이야기였다. 디지털 플랫폼의 활용은 고객과의 넓은 접점을 만들어낸다. 데이터를 통해 비즈니스와 고객을 분석하고, 일을 처리하는 프로세스를 자동화하여 다이내믹한 비즈니스를 만들어낼 수 있다. 이런 자동화된 디지털 플랫폼의 장점을 외면한 소상공인이나 중소기업의 미래는 사라질 수 있다. 따라서 역량이 있다면 직접 플랫폼 구축에 나서거나, 기존 플랫폼을 활용한 비즈니스에 나서야 할 것이다. 플랫폼 경제가 덩치를 키울수록 모든 생산자들도 나중에는 결국 플랫폼을 이용하게 될 것이다. 작은 점포를 운영하는 사람들까지 플랫폼을 활용할 수 있는 시대가 된다면(아마도 시간이 꽤 필요하겠지만) 그제야 우리는 플랫폼 시대가 성숙했다고 말할 수 있을 것이다.

그런데 플랫폼들을 어떻게 애즈 어 서비스 분야에 접목하는가? 몇 가지 사례로 생각해보자.

누구나 아는 페이스북의 사례가 있다. 누구나 참여 가능하고 28억 명이 넘게 가입한 지구상에서 가장 시끌벅적한 플랫폼이다. 2014년 2월, 페이스북은 가입자들이 가입한 날부터 올린 사진들을 편집해 자신들의 체험을 다시 경험하고 공유할 수 있는 메모리(memory) 서비스를 시작했다. 페이스북의 네트워크 서비스에다 사용자들만이 알 수 있는 자신만의 경험을 개인화하고 공유할 수 있는 서비스를 더한 것이다. 자신의 추억을 되살리고 친구들과는 경험을 공유하도록 지원하는 서비스다. 페이스북의 경우 거대 플랫폼이 역사와 엄청난 네트워크 효과를 바탕으로 부가적 서비스로 애즈 어 서비스를 선보인 사례라고 할 수 있다.

반면 새로 시작하는 기업들은 틈새시장을 공략한다. 생산자들을 위한 애즈 어 서비스 플랫폼도 있다. 생산자들도 생산에 필요한 수단(공장, 인력, 기계 등)을 필요로 할 때는 수요자다. 마플샵(Marpple shop)은 2020년 2월에 시작했다. 이곳은 대중문화에서 굿즈(Goods)라고 불리는 상품의 거래를 서비스하는 곳이다. 팬덤들의 존재로 커진 굿즈 시장에서 누구나 크리에이터가 되어 마플샵에서 판매를 할 수 있는데 제작에 드는 도구나 비용을 크리에이터가 감당하지 않아도 된다. 아이디어만 제공하면 마플샵에서 굿즈의 제조와 유통을 맡는 방식이다. 제품 생산에 들어가는 설비들을 갖고 있지 않아도(비소유) 마플샵(플랫폼)을 통하면 소비자를 만날 수 있고 이익을 창출할 수 있다.

북유럽 스타일의 영국 가구회사 메이드닷컴은 마플샵과 비슷한 듯 하지만 조금 다르다. 메이드닷컴은 협업하는 외부 디자이너의 디자인을 사이트에 올린다. 그러면 소비자들이 좋아하는 디자인을 선택하며, 더 많은 사람들이 좋아하는 디자인의 제품을 중국이나 베트남 공장에서 만들어 판매한다. 소비자가 아니라 생산자에게 애즈 어 서비스를 제공하는 것은 앞서 소개한 마플샵과 같지만 메이드닷컴만의 브랜드 특성이 강하다는 점은 차이점이다.

마플샵이 굿즈 거래 플랫폼으로 이런 저런 개성의 다양한 굿즈를 모두 유통한다면 메이드닷컴은 '북유럽 스타일'의 가구만 유통하고 있다. 결국 플랫폼의 내용은 비슷하지만 서비스의 내용에서 차별화가 된다. 이 사례들을 보면 기업이 가진 플랫폼 기술이나 형식이 비슷하다면 결국 서비스 차별화 경쟁으로 진행될 것임을 예감할 수 있다.

기술적 진화를 통한 차별화는 다른 모든 영역에서처럼 플랫폼 분야에서도 지능화, 즉 인공지능의 활약으로 판가름 날 것이다. 지능적 자동화라고 해야 할지 모르겠다. 미리 프로그램이 되어 있는 짜여진 자동화가 아니라 AI의 지능이 천재적으로 발휘된 자동화다. 한걸음 더 나아가 이 지능화는 개인화, 맞춤화로 이어질 것이다. 만약 개인화된 서비스까지 가능한 디지털 플랫폼이 일상적으로 사용된다면 애즈 어 서비스 분야에도 일대 혁신이 일어날 것이다. 한 사람 한 사람에게 인공지능 비서가 맞춤화된 서비스를 제공할 수 있는 것이다.

"우리는 모바일 퍼스트에서 AI 퍼스트 세계로 갈 것이다(We will move from mobile first to an AI first world)."

순다 피차이 구글 CEO가 2016년 5월 18일, 구글의 개발자 컨퍼런스에서 한 말이다. 사실은 몇 달 전 이미 구글의 임직원에게 발송된 '창업자의 편지'에 적었던 것을 공개적으로 언급한 것이다. AI 비서 분야에서 애플의 시리(Siri)가 2011년, 아마존의 알렉사(Alexa)가 2014년에 선을 보인 후 후발 주자였던 구글이 알파고와 이세돌의 대결 이벤트(2016년 3월)로 화제를 불러 모은 직후의 일이다. 이 말을 한 자리에서 그는 구글의 AI 비서인 구글 어시스턴트(Assistant)를 내놓았다.

6년이 지난 2021년에도 상황을 보면 아직 충분히 만족스럽지는 않은 것 같다. 왜냐하면 구글에서 구글 어시스턴트를 검색하면 기본 소개하는 페이지들과 함께 스마트폰에서 이 서비스를 비활성화하는 방법에 대한 포스트가 함께 뜨는 게 실상이기 때문이다. 하지만 다른 소식들도 있다. 구글 클라우드와 엔비디어의 합작(2021년 4월)이 그것이다. 'AI on 5G'라는 이름의 이 기술은 구글의 안토스(Anthos) 플랫폼과 엔비디아의 가속컴퓨팅 하드웨어 및 소프트웨어 플랫폼을 활용한다. 다르게 이야기하면 구글의 AI 기술과 엔비디아의 GPU 기술을 결합하여 5G 초고속 환경에서의 개인 사용자 기기에서 AI 프로그램을 작동할 수 있는 엣지 컴퓨팅(edge computing)을 구현하는 것이다. 엣지 컴퓨팅은 사용자의 기기 내부, 혹은 근처에서 바로 데이터를 처리할 수 있게 하는 기술이다. 2021년 6월 말 스페인 바르셀로나에서 개최된 모바일 월드 콩그레스(MWC, Mobile World Congress)에서 엔비디아는 나흘 내내 발표에 나서면서 이 기술이 실현되면 경제적 가치가 10조 달러(1경1,330억 원)에 이를 것이라고 주장했다.

애즈 어 서비스 분야에서 AI 자동화 플랫폼들이 본격적으로 활약한다면 그 영향은 엄청나게 클 것이다. 기술적 수준에서도 그렇지만 모든 서비스의 궁극적 목표라고 할 수 있는 개인 맞춤화에 가까이 접근하는 것이기 때문이다.

물론 완벽해지려면 개인화된 AI 플랫폼 기술만이 아니라 세상이 더 준비되어야 할 것이다. 오랜만에 차로 5분 거리의 재래시장에 장을 보러 갔다가 2킬로미터쯤 떨어진 근처에 사는 친구와 만나 도시 외곽의 분위기 좋은 카페에서 수다를 떨고, 오는 길에는 딸의 학원에 들러 같이 귀가하려는 주부가 있다고 해보자. 만약 AI 비서가 빈틈없고 가격도 적당한 모빌리티 애즈 어 서비스 시스템과 연결되어 있어 비트의 시간으로 원하는 시간에 원하는 장소로 이동하는 데 전혀 불편함이 없도록 서비스할 수 있다면 정말로 차가 필요하지 않을 것이다. 만약 내 옷장의 센서를 통해 내가 가진 옷과 스타일에 대한 데이터는 물론, 과거의 옷 구매나 반품, 재구매, 구매한 옷을 얼마나 자주, 어떤 장소에서 입었는지 등에 대한 데이터를 AI 비서가 수집할 수 있는 환경이라면 AI 비서는 나에게 최고의 개인 맞춤화된 패션 선택지를 제안할 수 있을 것이다. 하지만 이런 디지털화는 아직 먼 이야기다. 넓고 복잡하고 수없이 많은 관계와 연결되어 있는 물리적 지구를 뒤덮는 디지털 생태계로의 트랜스포메이션까지는 아직 갈 길이 멀다.

애즈 어 서비스 분야의 플랫폼은 서비스 경쟁의 플랫폼일 것이다. 이 책의 1장에서 6장까지의 본문도 결국 그 서비스들을 다루고 있다. 우리는 이 서비스들에 대해 초(超), 즉 뛰어 넘는다는 의미를 가진 메타 서비스라는 이름을 붙여본다.

서비스를 뛰어넘는 메타 서비스가 온다

이렇게 해서 애즈 어 서비스 비즈니스의 세 번째 구성요소인 메타 서비스에 관한 이야기까지 왔다. 비소유, 자동화된 디지털 플랫폼, 그리고 메타서비스다.

변화를 찾고 읽는 첫 관문은 관찰이다. 귀납적 탐구나 연역적 추론은 상향, 하향으로 방향이 다른 과학적 방법론이지만, 둘 모두 출발은 관찰이다. 그리고 관찰의 다음 과정은 질문이다. 새롭게 형성되는 분야일수록 관찰-질문의 프로세스가 필요하다. 과거의 방법론으로는 새로운 현상을 설명할 수 없을 때가 많기 때문이다.

애즈 어 서비스의 사례들을 관찰하다보면 이런 질문이 떠오른다.

"애즈 어 서비스를 과거의 서비스와 차별화시키는 가치는 무엇인가?"

비소유나 디지털 플랫폼에 비해 메타서비스의 범주는 훨씬
복잡하고 다양하다. 사업자들은 성공하기 위해 현실에서 불거지
는 다양한 문제들과 계속 씨름하고 그 문제들을 자빠뜨릴 방법을
연구했을 것이다. 그 결과 여기저기 패인 곳도 있고 부서지거나
마모된 부분도 있는 돌, 원형도 아니고 몇각형이라고 말할 수도
없는 모양의 돌이 된 것이다.

애즈 어 서비스 사례에 대한 관찰의 결과를 리스트로 정리해
보았다.

- 디지털 제품을 인터넷 클라우드 환경에서 사용하기 쉽게 구
성하여 이용권으로 제공하는 서비스.
- 기업이 디지털 장치나 구축 비용을 비싸게 지불하지 않아도
되도록 프로그램, 서버, 저장장치를 빌려주는 서비스.
- 자동차를 구매하지 않고도 언제든 자기 위치에서 이용할 수
있도록 해주는 서비스.
- 은행 지점까지 가지 않아도 예금, 적금, 대출, 신용관리, 송
금, 이체 등을 할 수 있는 서비스.
- 명품 브랜드의 가방을 일정한 비용만 내면 한 달씩 써볼 수
있도록 하는 서비스.
- 지난 시절 찍었던 사진을 특정한 주제나 시기에 맞춰 앨범처

럼 만들어 볼 수 있는 서비스.

· 고급 취향의 즐길거리를 랜덤으로 포장, 배달해줘서 내가 일일이 검색해서 구매하는 데 드는 시간을 아껴주는 서비스.

· 내가 즐겨보는 영상 콘텐츠를 분석해서 미처 찾아보지 못했던 흥미로운 영상까지 안내하는 서비스.

· 공장을 갖고 있지 않고 매장도 없지만 내 아이디어를 디자인에 담아 판매해볼 수 있도록 해주는 서비스.

· 음악이나 영화나 게임을 구매하지 않으면서 적은 돈을 내고도 보고 싶을 때 스트리밍으로 보게 해주는 서비스.

· 나와 같은 게임을 좋아하는 사람들과 즐겁게 대화를 하며, 외로운 나에게 잠시나마 친구를 만들어주는 서비스.

모든 애즈 어 서비스 사례에 공통적인 것은 앞에서 소개했던 비소유와, 디지털 플랫폼의 활용이라는 두 가지 요소다. 그렇다면 메타서비스를 관통하는 공통점은 무엇인가?

없다. 사용자의 데이터를 활용하는 서비스들이 많지만 꼭 그런 건 아니다. 취향을 최대한 반영하는 서비스들을 많이 볼 수 있지만 반드시 그렇지는 않다. 사용자들 간의 대화와 관계를 만들어주는 서비스들이 종종 있지만 모두가 그런 건 아니다. 사용자의 위치, 시간을 반영한 즉각적인 서비스처럼 편리함을 제공하는 서비스들이 눈에 띄지만 모든 서비스에 해당하지는 않는다.

그렇다면 비슷한 유형의 서비스들을 범주화할 수는 있을까?

공통된 한두 가지를 추출해낼 수는 없지만 적어도 리스트를 만들어볼 수 있을 것이다. 명탐정 셜록 홈즈는 현장에 남겨진 발자국 두 개의 보폭에서 범인의 키를 추리해낸다. 사실에서 이론을 도출하지 그 역은 아니다. 그러니 사실들의 리스트에서 메타서비스의 정의를 추론해보자.

내가 관찰한 바에 따르면 애즈 어 서비스의 사례들은 지능화, 사회적 관계 지원, 단순화, 맞춤화, 개인화의 다섯 가지 서비스 가운데 한두 개, 혹은 서너 개의 서비스를 제공하고 있다.

　　지능화 : 뛰어난 알고리즘을 적용해 자동화된 디지털 플랫폼의 성능을 향상시켜 훌륭한 서비스를 제공할 수 있다. 현재로선 많은 자원을 투입할 수 있는 거대 플랫폼 기업의 애즈 어 서비스 사례에서 많이 발견할 수 있다. 유튜브에서 많이 발견하는 "알 수 없는 알고리즘이 나를 여기로……"와 같은 댓글들이 이 지능화 서비스의 결과를 말해주는 사례다.

　　사회적 관계 : 생산자와 소비자를 만나게 하는, 생산자끼리 소비자끼리 따로 만나게 하는 커뮤니티 기능을 제공해 플랫폼 바깥의 주체들이 스스로 관계를 맺고 거기서 가치가 창출되도록 서비스하는 사례들이 많다. 게임회사인 엔씨소프트가 크로스플레이(여러 종류의 단말기를 넘나들며 게임할 수 있다) 플랫폼인 퍼플(purple)에 커뮤니티 기능을 넣고 외국 게이머들과도 소통할 수 있도록 인공지능 통번역 서비스도 제공하는 것과 같은 것들이다.

단순화 : 시간을 절약해주고 공간을 효율적으로 활용하게 하며 어떤 일을 처리하는 데 드는 프로세스를 간소화시킴으로서 사용자의 복잡성을 덜어주는 사례들이다. 아마존 웹 서비스는 기업이 디지털화하는 데 드는 구축 비용과 설치 및 적용을 위한 복잡한 절차를 클릭 몇 번으로 해결할 수 있도록 지원한다.

맞춤화 : 사용자의 위치 기반 서비스, 사용자의 시간 운용을 고려한 서비스, 사용자 데이터를 분석해서 취향과 기호에 맞추는 서비스 같은 것들이다. 대체로 각종 데이터 분석을 활용하는 사례들이지만 마켓컬리의 새벽배송처럼 잠들기 전에 음식 재료를 주문하면 아침 조리 시간 전에 문 앞에 가져다주는 시간 최적화의 맞춤화도 있다.

개인화 ; 사용자의 개인적 취향과 기호, 신체적 특성에 대해 분석하거나 사용자가 직접 참여하여 주문하고 주문 즉시 조립하여 제공하는 등 개인별로 차별화되어 있는 니즈에 최적화시켜 제공하는 서비스 사례들이다. 사용자의 피부톤에 대한 DNA 분석을 통해 개인화된 화장품을 제공하는 서비스 같은 것들이다. 소비자의 능동적 참여를 유도하는 개인화도 많이 활용되고 있다.

비소유를 소개하면서 언급했던 것처럼 이 서비스들은 일일이 소유하지 않아도 삶을 업그레이드 시켜주는 것들이다. 이렇게 생각하면 삶의 개선이 이 서비스들의 유일한 공통점이다. 그러나 모든 가치 있는 서비스는 삶을 개선하므로 이것을 애즈 어 서비스만의 특징이라고 보기는 어렵다.

이 리스트들을 보면 환상적이다. 완벽한 메타서비스를 제공받는 삶은 환상적인 삶이다. 인간 문명이 여기까지 올 수 있었다는 것도 환상적이다. 모두가 디지털화, 디지털 트랜스포메이션의 진척도에 달려 있고 기술의 진화에 더 의존해야 하지만 아무튼 환상적인 리스트다. 미래학자 롤프 옌센의 드림 소사이어티처럼 이런 서비스가 제공되는 사회에선 그저 꿈과 스토리에 대한 감성과 상상력만으로 살아도 될 것 같다.

모두가 경험으로 알고 있는 사실은 그런 환상적인 사회는 없다는 것이다. A사의 환상적인 서비스에는 B사의 환상적인 서비스라는 경쟁자가 있을 것이다. 두 회사에 근무하는 사람들, 협력하는 사람들은 그 경쟁으로 인한 스트레스, 실적 저하, 해고 가능성 등으로 마냥 행복하지만은 않은 삶을 살 것이다. 컨설팅업의 영원한 화두인 '첫 번째 문제가 해결되면 두 번째 문제가 첫 번째 문제가 된다'도 변하지 않을 것이다. 환상적인 서비스도 지루해질 수 있고, 언제나 또 다른 문제가 발생할 것이다. 인간의 욕망은 행복, 짜릿한 순간, 몰아일체와 같은 확실한 대상이 없는 추상적 가치를 지향하기 때문에 그것을 가져다주는 수단에 대해서는 늘 0.01%라도 모자람을 발견한다.

메타서비스의 리스트들은 방향에 대한 나열이다. 21세기의 비즈니스는 이런 방향의 서비스를 제공하기 위한 기업들의 달리기를 통해 구조화될 것이다. 1936년 미국의 제시 오웬스가 세운 100

미터 달리기의 세계기록 10초 2는 20년간 깨지지 않았다. 1968년 전미 육상선수권대회에서 짐 하인즈(Jim Hines), 로니 스미스(Ronnie Ray Smith), 찰스 그린(Charles Green)이라는 세 선수가 마의 10초 벽을 깨고 9초 9의 세계 신기록을 세웠다. 수동기록에 의존하던 당시에는 세 선수를 구분할 방법이 없어 이후 출발 총소리에 반응하는 전동 시계를 도입하고 기록도 소수점 2자리까지 측정으로 바뀌었다. 2009년에 자메이카의 우사인 볼트가 세운 9초 58의 기록도 지금껏 깨지지 않았다. 그러나 앞으로는 소수점 3자리까지 계측할 수도 있다. 어쨌든 이 기록도 영원하지 않을 것임을 우리는 알고 있다. 어떤 방향으로든 인간이 전력으로 뛰기 시작하면 신기록은 깨지기 마련이고 우리는 새로운 측정방법, 새로운 시스템의 출현을 보게 된다.

21세기 내내 농업, 임업, 축산업, 광업, 제조업, 서비스업을 불문하고 모든 산업이 애즈 어 서비스의 환상적인 리스트들 아래 모인 신하들이 될 것이다. 그리고 이런 비즈니스 구조, 비즈니스 모델을 향한 달리기는 결코 10년, 20년 안에 끝날 것 같지 않다.

3.
애즈 어 서비스는
패러다임이다

메타버스가 전 세계적으로 핫한 이슈다. 그런데 메타버스는 플랫폼이다.

　로봇은 어떻게 일상 속으로 침투할까? 로봇의 소프트웨어와 하드웨어 플랫폼을 통해서다. 로봇이 서비스를 한다면 플랫폼을 통해서일 수밖에 없다. 자율주행차는 이미 플랫폼 기술의 결정체가 되고 있다. 블록체인 기술은 어디서 빛을 낼 것인가? 가상화폐, 멤버십 서비스, 모바일 지갑, 유통망 관리, 거버넌스 지원과 같은 플랫폼 기반 서비스에서다. 인공지능 이야기는 앞에서 이미 언급한 바 있다.

　이 이야기들은 이런 뜻이다. 즉 당분간 어떤 신기술이 등장하든 모두 플랫폼을 통해 실력을 발휘할 것이다. 그러므로 디지털 생태계 문명에서 플랫폼의 역할은 지속가능한 것이다.

　비소유 방식은 디지털과 모바일 환경에 익숙한 미래 세대에게 어제의 소유나 크게 다를 바 없는 비중으로 삶의 일상이 될 것이다. 점점 더 고차원화하는 인간의 욕망은 감성, 취향, 기호, 미적 경험들을 향하고 이것은 필연적으로 개인의 일상에서의 개인화, 맞춤화 서비스에 대한 필요로 나타날 것이다. 역시 비소유, 메타서비스도 일회적 현상이 아니라는 것이다.

애즈 어 서비스가 얼마나 지속적인 현상일 것인가는 매우 중요한 질문이다. 비즈니스나 경영이론에는 워낙에 패드(FAD, for a day. 대단한 인기를 얻다가 1,2년 내에 사라지는 유행 현상)가 많기 때문이다. 사회 변화에 대해서도 유행을 트렌드라고 우기는 경우도 많고 트렌드를 유행으로 착각하는 경우도 있다. 새로운 변화가 가진 시간적 속성을 정확히 이해하는 것은 그래서 중요하다.

20년간이나 성장해온 애즈 어 서비스의 역사를 보면 이미 이 현상은 유행이나 패드가 아님이 증명된 것이나 마찬가지다. 그런데 트렌드는 어떤가? 변화의 방향이 있고 10년 이상의 중장기적 쏠림 현상이라는 점에서 애즈 어 서비스가 트렌드 현상일 가능성도 있다.

그러나 트렌드는 문명의 토대 위에서 어떤 시기에 수십, 수백 가지의 다양한 방향성을 가진 것들이 함께 존재할 수 있다. 모든 사람이, 모든 사회가 한 방향의 쏠림만 가지고 있지 않기 때문이다. 느림의 미학이 있고 최소한을 지향하는 미니멀리즘도 있지만 화려하고 복잡한 도심의 복합쇼핑몰로 쏠림 현상이 생기기도 하고 눈에 확 띄는 화려함을 추구하는 엣지 패션 트렌드도 공존한다. 트렌드는 수많은 사회적 주체들의 사회적 다양성을 표현하기 때문이다.

비소유, 자동화된 디지털 플랫폼, 메타서비스는 사회적 다양성의 여러 방향 가운데 하나가 아니다. 생산성이 비약적으로 향상되고 풍요로 인한 욕구 고도화가 실현된, 그리고 디지털로 포맷되고 있는 21세기 문명의 기본 구성 요소들로 이루어진 비즈니스 구조물이다. 기본 구성 요소라는 의미에서 비유해보자면 건축물의 재료와 비슷할 것이다. 목조, 콘크리트, 황토와 같은 건축물의 재료는 각각의 본질적 특성들 때문에 건축물의 모양, 크기, 기능 등에 제약 조건을 준다. 목조로 지은 집은 목조 주택이지 콘크리트 빌딩이 될 수 없다. 디지털 생태계라는 새로운 토대 위에 비즈니스라는 건물을 세운다면 그것은 애즈 어 서비스의 3요소를 재료로 짓게 되는 것이다.

트렌드가 어느 시기, 향후 10년 이상의 중장기적 변화들의 이정표와 같다면 패러다임은 여러 이정표들이 그 위에 놓이는 지도와 같다. 디지털 생태계라는 세계 지도 속에 여러 대륙들의 지도가 있다면 그 중 하나가 애즈 어 서비스 지도다. 물론 아직 지역이나 도로들이 계속 추가될 불완전한 지도다.

디지털화, 디지털 트랜스포메이션은 패러다임 전환이라는 말과 동의어다. 산업과 비즈니스의 애즈 어 서비스화도 패러다임 전환이다. 여전히 목조 주택에도 가치가 있고 황토집도 쓰임새가 있지만 많은 사람이 원하는 많은 기능을 구현할 수는 없기 때문에 콘크리트 건물이 대세가 된 것처럼 패러다임 전환은 그럴 수밖에 없는 필연성 때문에 대세가 되는 변화다. 애즈 어 서비스는 대세가 될 것이다.

다양한 애즈 어 서비스들이 등장했고 등장할 것이다.

다시 한 번 정의를 기억하자. 애즈 어 서비스란 자본주의의 모든 산업에서 기존 구조를 파괴하며 모든 수요자에게 자동화된 디지털 플랫폼을 기반으로 구현한 비소유적 메타서비스를 제공하는 비즈니스 패러다임이다. 디지털 생태계의 유일한 비즈니스 모델은 아니지만 매우 강력한 비즈니스 모델이다.

이 책은 이 정의에 바탕을 두고 애즈 어 서비스의 의미와 가치를 정립해보고 각 산업에서 일어나고 있는 변화와 앞으로 어떻게 성장할지를 가늠해보기 위해 기획되었다. 이제부터는 분야별 전문가들의 특별하고 친절한 안내를 받아보자.

1장

어제의 산업은 사라진다:
제조, 물류 애즈 어 서비스

황선민 | 현 비아이매트릭스 전략사업본부장

인천대학교 동북아물류대학원에서 박사학위를 취득하였다. 공급망 관리 솔루션 전문가로 수요예측, 판매계획, 공급계획,, S&OP 등의 계획 시스템과 재고관리, 수배송계획, 거점 최적화 등의 실행 시스템에 대한 다수의 구축 경험이 있다. 예측, 최적화, 시뮬레이션 등 기업 전체 최적화를 위한 PDCA 기반 의사결정 방법론에 관심을 갖고 활동 중이다.

장면 1 (Manufacturing as a Service)

강릉에서 경찰로 근무하는 20대 K는 서핑 마니아다. 쉬는 날에는 어김없이 서퍼들의 천국 양양으로 내달려 친구들과 서핑을 즐긴다. 밀려드는 파도를 골라타 균형을 잡는 '순간의 찰나'를 즐기기 위해, 보드에 엎드려 적당한 거리까지 헤엄쳐 내 실력에 맞는 가장 적당한 파도를 골라내어 순간적으로 올라타야만 한다. 생각보다 큰 너울에 올라탄 그녀는 급류의 물보라 아래로 묻혀 순간 당황했고, 잠깐이지만 산소가 부족하다고 느끼는 사이에 마침내 수면 위로 떠오르게 되었다.

순간적인 무모함을 자책하며 다시는 어리석은 위험을 감수하지 않겠다고 스스로 다짐하였다. 강릉으로 돌아온 K는 주말의 경험이 약간의 트라우마가 되었지만, 인생에서 가장 큰 즐거움인 서핑을 이대로 포기할 수 없었다. 안전하게 서퍼들의 체력을 서포트하는 보조 장비에 대한 아이디어를 단숨에 기획하여 SNS에 공유해보았고, 생각보다 많은 구독자들의 호응으로 자신감을 갖게 되었다. 크라우드 펀딩, 제조 및 유통의 통합 플랫폼인 '와레버'에서 '서핑 라이프 프로젝트'라는 기획안을 공모하였고 350명의 참여자로부터 2천만 원이 모금되었다. 플랫폼에서 활동하는 여러 생산자 중 한 곳을 선정하였고, 기획한 지 2주일만에 상품의 프로토타입을 받아볼 수 있었다. K는 의도대로 만들어졌는지 직접 테스트해보며 부족한 상품성에 대한 설계를 보완하였다.

마침내, 생산품으로 제작하기로 결정했다. 1차 완성품은 최초 공모에 응했던 350명의 참여자에게 구매우선권이 주어졌으며 현재 순조롭게 판매되고 있다. K는 이에 만족하지 않고 구매 후기를 꼼꼼히 체크해가며 불만사항을 2차 생산 때

보완하여 반영할 계획이다.

장면 2 (Logistics as a Service)

오늘은 처리해야 할 주문이 몇 건이나 있을까? '와레버' 이커머스의 주문을 처리하는 이천 풀필먼트 센터. 이곳에서 센터장을 맡고 있는 40대 L차장은 커피한 잔을 뽑아 놓고 풀필먼트 시스템을 바라본다. 각 권역의 포장대에서는 배송의 역순으로 택배 라벨이 출력되고 있는 중이다.

풀필먼트 시스템의 지시에 따라, 배송이 되는 역순으로 이동로봇이 주문된 상품이 있는 위치로 이동을 하고, 피킹로봇은 기다렸다는 듯이 이미 피킹한 주문 상품을 이동로봇에게 건네준다. 이동로봇은 지시 받은 다음 위치로 다른 주문 상품을 받아 오기 위하여 이동을 한다.

2027년 '와레버' 이천 풀필먼트 센터에는 사람이 거의 보이지 않는다. 사람이 운전하는 지게차도 센터의 상하차 지역에서나 볼 수 있다. 한때 물류센터 내에서 꽤 인기가 있었던 DPS(Digital Picking System), DAS(Digital Assorting System)나 컨베이어와 같은 물류설비도 이곳 이천 센터에서는 골동품 취급을 받는다. 로봇들은 인간이 해왔던 80% 이상의 일을 처리해주고 있다. 이 녀석들은 힘들어 하지도 않고 아프지도 않는다. 힘이 좀 빠졌다 싶을 때 1시간 정도 전기를 공급해주면 언제 그랬냐는 듯 쌩쌩 잘도 움직인다. 움직임이 유연하고 활동성이 좋아서 매우 효율이 높다. 택배 물량이 폭주하면 몇 대 더 가져다 놓으면 된다. 확장성도 좋다. 가르치지도 않았는데, 일의 속도가 점점 빨라진다. 지정된 장소 안에서는 스스로 알아서 최적의 경로로 사고도 없이 움직인다. 빅데이터 기반의 인공지능이 탑재되어 있기 때문이다.

센터를 출발하는 택배 차량을 보며 L차장은 커피를 한 모금 머금는다. '그래도

이곳에 나는 계속 필요하겠지?'라며 미심쩍은 걱정을 해 본다. 어떤 동네에서는

자율 배송 로봇이 택배박스를 싣고 아파트를 오르내리며 배송을 하고 있다.

급변하는 산업 환경 속에서
창의적 서비스화로
혁신적인 사업 도출하기

전통적인 제조업, 유통업, 물류업의 서비스화가 초자본주의
(Supercapitalism) 패러다임의 변화에 따라 재정의되고 있다. 품격
있는 서비스와 고급진 음식 맛을 자랑하고 있는 미슐랭 3스타의
유명한 레스토랑을 방문했는데, 주방이나 홀에서 근무하는 종사
자로부터 무언가의 불편함을 느낀다면 우리는 즉시 마음이 상하
여 서비스가 좋지 않다는 생각이 든다. 자신이 현명하다고 생각
하는 소비자는 굳이 평가 사이트를 찾아가는 노고를 들여서 별점
테러와 함께 악의적인 리뷰를 감행한다. 이렇듯 좋고 나쁜 서비
스에 대해서 과연 우리는 어떤 잣대로 평가를 하고 있을까?

　　클라우드, 빅데이터, 사물인터넷, 인공지능 등의 지능정보기
술이 이끄는 4차 산업혁명 시대가 도래하였음에도 우리는 여전
히 기존 제조업 중심의 가치로 서비스를 논하고 있다. 기업들은
제조업을 기반으로 고도 성장을 이루어 냈으며, 판매하는 '제품'
에 서비스를 투영하여 '상품'에 대한 가치를 차별화했다. 2차 산
업에서는 품질 좋은 생산 기술, 차별화된 제품 기능, 아름다운 디
자인 등을 좋은 서비스로 인식하였다. 3차 산업에서는 상품과 고

객이 접하는 판매 장소에서 친절함으로 중무장된 판매원의 미소와 상냥한 말투와 함께 소비자의 기분을 맞추어 주는 다양한 행위를 우리는 서비스로 인식한다. 그러면 4차 산업혁명 시대에서 말하는 서비스의 본질은 무엇일까?

소규모의 사용자 중심 맞춤형 제품 생산 및 상품의 공유라는 패러다임으로 변화함에 따라 제조업의 경영철학 또한 혁신이 필요하게 되었다. IT기술을 기반으로 제조의 영역은 유통, 물류 등 타산업과 융합하여 새로운 영역을 창출하는 등 기민하게 변화하고 있다.

이 시대의 평범하지만 까칠한 젊은 소비자들은 당장 필요한 제품만이 아니라 경험적 가치를 함께 구매하려는 시도를 한다. 경험적 가치란 현명한 소비 형태, 구매 방식의 편리함, 제품의 브랜드별 차별성 및 독창성 등을 알아가는 절차를 포함한다. 이러한 경험적 가치가 통합되어 상품으로 정의되며, 소비자들은 본인이 경험할 수 있는 최대한의 스마트한 라이프를 즐기기 위해 노력하고 있다. 4차 산업혁명에서 말하는 서비스의 본질은 이렇듯 가치 경험의 연결 과정을 포함한다.

좋은 상품, 나쁜 상품의 판단은 이제 생산자 혹은 판매자가 아닌 오롯이 사용자의 몫이 되었다. 제조 기술이나 상품의 품질 및 디자인만으로 판단을 내렸던 제조업 시절의 소비자가 아니라 체험을 중시하는 4차 산업혁명 시대의 사용자들이다. 이들은 다양한 가치를 함께 경험할 수 있는 서비스 제공을 요구하고 있다. 미래에는 소비자의 욕구에 대해서 어떠한 형태로 서비스를 제공할 수 있을지에 대한 해답을 제시할 수 있는 기업이 시장에서의 점유율을 높일 수 있을 것이다.

1.
제조/물류 산업의 서비스화 :
Anything as a Service

제조와 서비스의 융합

기업에서의 끊임없는 경쟁력 강화와 신규 수익 창출의 고뇌

기업은 고객의 요구를 반영한 제품을 제공한다. 그런데 고객에게 판매하면 그걸로 끝이 아니라 고객이 제품을 사용하고 체험하는 가치 공동 창조의 장에 함께 참여해야 한다는 것이다. 제조업이 A/S를 강화하거나 소매업을 함께 전개하는 것도 제조 후의 과정에 참여하는 것이며, 이는 곧 제조업의 서비스화라 할 수 있다.

서비스를 제품과 세트로 생각해본다면 서비스를 비용뿐 아니라 수익의 원천으로도 생각할 수 있으며, 고객이 제품을 사용하는 장면까지 고려해본다면 제조업의 서비스화는 충분히 상상하여 만들어볼 수 있다. 서비스화의 목표는 고객과의 강하고 특별한 관계 구축을 통하여 경쟁력을 강화하고 신규 수익 기반을 형성하며, 새로운 기술혁신으로 사업 성장으로 연결하는 것이다.

가치 제공으로부터 가치의 공동 창조로

물건을 생산하여 제공하고 이를 소비한 고객으로부터 대가를 얻

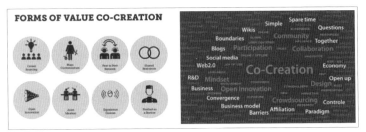

출처 : Antwerp Management School,
How to move from value based selling to value co-creation with customers?

는 것으로 제조업의 경영 방식을 정의했다면, 가치라는 의미는 고객의 경험 축적을 통해서 비로소 만들어지는 것이다. 패러다임의 흐름은 물건 그 자체가 아닌 무엇인가 서비스적인 요소를 포괄적으로 제공하며 고객과 함께 가치 창조를 하는 것으로 이동하고 있다.

제품에 대한 가치의 의미를 확장하고 타 산업과의 융합을 통하여 신규 서비스를 새롭게 창출하거나 제품과 서비스 자체를 융합하는 서비타이제이션(Servitization)이 확산되었다. 트렌드를 반영한 제품 기획력과 품질 높은 우수한 생산품이 기업의 경쟁력을 좌우하던 시기에서 제품과 서비스의 융합을 통해 새로운 가치와 경쟁력을 만들어내는 것을 목표로 삼게 되었다. 즉, 제조 기업들이 '제품'과 '서비스'를 함께 제공하는 방향으로 비즈니스 모델을 변화시켜 새로운 수익 창출 모델을 제시하는 것이 제조업의 서비스화를 의미한다.

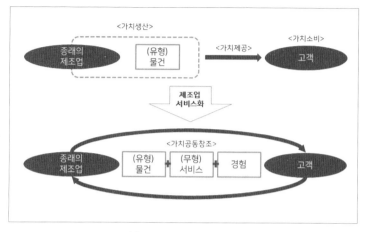

제조업의 서비스화

출처 : Prahalad, C. K, Ramaswamy, VenkatramThe Future of Competition :
Co-Creating Unique Value with Customers

　　제조업은 단지 물건만 판매해서는 안되고, 고객의 진정한 요구에 부응해야만 한다. 이런 발상에서 상품과 서비스의 제공(Product-Out)이 시장의 요구(Market-In) 또는 소비자와의 공동 창조(Customer-Out)와 같은 개념으로 변천하였으며, 마케팅 또한 제품 및 판매 지향에서 고객 지향으로 변천되었다. 이렇듯, 고객 서비스와 고객 시점 요구의 중요성을 강하게 의식하게 되었지만, 산업을 리드하는 대기업을 제외하면 현대의 제조업은 여전히 제조 중심의 사고 방식을 고수하고 있는 것 같기도 하다.

4차 산업혁명의 핵심 기술이 리드하는 제조업의 서비스화

4차 산업혁명의 주요 핵심 기술인 클라우드, 빅데이터, 인공지능,

출처 : 가트너

사물인터넷, 가상화, 5G, 무인로봇, 3D프린팅, 디지털트윈 등의 관련 기술들이 제조업에 적용되면서 제조업의 서비스화는 더욱 가속화되고 있다.

시간과 비용의 절감, 사용자 편의 제공, 고객 이탈 방지를 통한 매출 향상 등 기업의 경영목표를 추구하는 가치사슬의 주기별로 디지털 전환 사례를 참조해보자. 생산 단계에서는 품질관리, 예지보전, 원격보수, 생산최적화, 생산자원의 공유 등의 사례가 있으며, 판매 및 유통의 단계에서는 고객관리, 상품추천, 수요예측, 운영최적화, 물류자원의 공유 등의 사례가 있고, 고객서비스 단계에서는 예지보전, 원격보수, 운영최적화, 새로운 서비스 등의 사례가 존재한다. 이는 대부분 가치창출을 위한 키워드로 사용되고 있으며 주요 핵심 기술 및 디지털 플랫폼을 통하여 서비스가 실현되고 있다.

제조업의 서비스화는 기획, 연구, 생산, 판매, 고객서비스 등

전 가치사슬 단계에서 적용되고 있다. 이는 제품의 부가가치를 높이고 경쟁력을 향상시킬 수 있으며, 신규 비즈니스 모델 창출까지를 포함한다.

공유경제를 통하여 소유(유형의 자산) 중심으로부터 사용(무형의 자산) 중심으로, 그리고 경험 중시의 젊은 소비자를 대표하는 밀레니얼 세대가 형성한 취향 시장에서는 소비자 맞춤생산인 롱테일 경제로 21세기의 서비스 패러다임이 빠르게 변화하고 있는 중이다.

현재 진행중인 제조 서비스의 형태와 사례: Manufacturing as a Service
새로운 시장질서를 구축하는 기술 혁신 서비스

인더스트리4.0 및 커넥팅 인더스트리 등으로 대표되는 새로운 산업혁명에 따라 제조업의 서비스화에 대한 움직임이 가속화되고 있다. 제조업의 서비스화라는 것은 도대체 무엇을 토대로 서비스화라 말할 수 있는 것일까? 제조업은 제품과 서비스의 물리적 결합으로부터 이종산업 간의 융합서비스와 완전히 새로운 시장 질서를 구축할 수 있는 혁신 서비스로 점차 진화하고 있다.

첫 번째로 제품과 관련한 서비스를 살펴보도록 한다. 이는 제품의 기능적 가치가 아닌 고객이 제품을 사용할 때 발생하는 체험가치 또는 사용가치를 제공하는 것을 의미한다. 상품 판매를 효과적으로 하기 위한 사후 서비스(A/S)나 이를 지원하기 위한 소프트웨어의 형태로 분류할 수 있다. 사후 서비스의 형태로는 제품의 이용 상황을 모니터링하고 사전에 유지보수를 제공하는 서비스를 들 수 있으며, 소프트웨어의 형태로는 제품의 이용 상황을 고객과 함께 기획하여 최적의 활용 방법을 솔루션으로 제공하는 서비스를 들 수 있다.

제품과 관련한 서비스를 제공함에 있어 IT 투자는 반드시 필요하다. 필자가 속한 기관이 국내외 파트너 5곳과 함께 2019년 10월부터 11월까지 제조기업 300여 곳을 대상으로 'IT 기술 도입에 대한 투자 사유'의 주제를 가지고 복수응답을 받은 설문조사 결과는 아래와 같다.

1. 업무 생산성의 효율화 및 비용절감.
2. 디지털 전환에 따른 최신 기술 트렌드 반영.
3. 업무 프로세스 및 비즈니스 모델 혁신.
4. 기존 서비스 제품의 매출 및 판매 확대.
5. 고객 만족도 향상과 신규 판로 개척.
6. 새로운 제품 및 서비스 개발.
7. 보안 대책 강화 및 기타 법률 대응.
8. 종업원 만족도 향상과 직장의 활성화.
9. 신규 사업 기획.

많은 기업들이 IT 기술을 업무 효율화와 비용 절감으로 연계할 수 있는 방안을 찾기 위해 노력을 기울이고 있으며, 기존과 비교하여 비즈니스 프로세스 및 모델의 혁신에 참여하는 기업이 증가하고 있다. 그러나 사례로 소개한 바와 같이 서비스화에 대한 노력은 대기업 중심이 다수이며, 인력, 예산 등 경영 자원이 부족한 중소 및 중견 제조기업에서는 여전히 이를 구현하는 데 많은 시간이 소요될 것이다. 하지만 사물인터넷의 보급 및 인공지능 기술의 발전으로 제조업의 서비스화에 대한 움직임은 더욱 가속화 될 것이며, 제품 자체로 승부하는 기업은 앞으로 고전을 면하지 못할 것이다. 이러한 흐름을 이겨내기 위해 비즈니스 모델의 혁신과 IT 투자는 매우 중요하다

산업용 기계 및 부품의 사후관리는 사물인터넷과 정보통신 기술로

일본의 건설기계 전문 제조사인 코마츠 건설기계는 건설기계에 구축되는 막대한 정보를 원격으로 확인할 수 있는 'KOMTRAX' 시스템을 탑재하고 있다. 코마츠 건설기계는 사물인터넷 기술을 활용하여 제품 생산에서 판매에 이르는 전주기 프로세스에 대한 실시간 연결을 주요 목표로 한다. 'KOMTRAX'는 건설기계의 위치 상황, 엔진과 펌프의 연비, 온도, 압력 등 주요 가동 상황, 에너지 저감 운전 상황, 부품의 수명과 교환 시기 등 여러 정보를 실시간으로 분석하고 모니터링하여 인터넷이나 스마트폰을 통해 고객에게 정보 제공을 한다. 코마츠는 이 서비스를 통해 고객의 반복 구매를 꾀하고, 새로운 유상보수 계약의 상품화를 실현하고 있다.

KOMTRAX 시스템 개념도

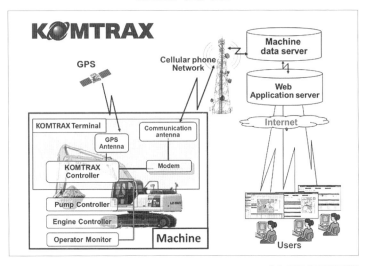

출처 : 코마츠 건설기계 홈페이지

Smart Assist 시스템 개념도

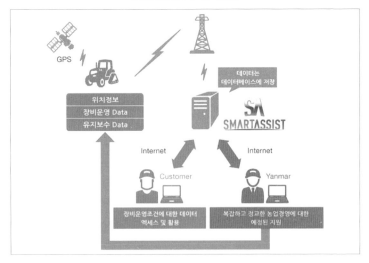

출처 : 얀마농기 코리아 홈페이지

얀마 사의 경우 여러가지 사업전개를 하고 있지만, 특히 농업과 관련한 분야에서 서비스화를 성공시켰다. 얀마에서 판매중인 농업기계 또한 사물인터넷 센서를 이용하여 그 기계에 대한 유지 보수를 지원하는 '스마트어시스트' 서비스를 탑재하고 있다. 'KOMTRAX'와 마찬가지로, 농업기계로부터 발신되는 가동 상황, 위치 정보, 상태 정보 등을 고객에 제공한다. 이 서비스는 감시 서비스뿐 아니라 작물·품종이나, 사용한 농약·비료의 사용 이력 등 작업일보를 제공하여 영농에 관한 정보를 관리할 수 있어 생산성 향상에 큰 도움을 주고 있다.

글로벌 타이어 메이커인 브릿지스톤은 '에코 밸류 팩'이라는 서비스를 제공한다. 타이어의 사용 실태를 파악하는 것으로 타이어 관리상의 과제를 도출하고 신품 타이어와 재생타이어 유지 보수의 최적의 조합을 제안하는 서비스다. 또한 최근에는 운송 솔루션으로써, 게이트식의 'Tirematics'라고 하는 디지털 도구를 이용하여 사업에 적용 중이다. 'Tirematics'는 차량이 운송사업자의 거점별 출입구를 통과할 때마다 실시간으로 타이어 공기압, 온도 정보를 정밀하게 계측한다. 이상을 감지한 경우에는 차량관리자 및 운전자에게 자동으로 통지하여 타이어 고장에 따른 예측하지 못한 운행 문제를 미연에 방지할 수 있다.

고객 중심의 창의적인 생산 파트너

보쉬는 자동차용 부품 등 산업용 전기, 전자, 기계 부품 제조 기

출처 : 보쉬 홈페이지

업으로 'Rexroth'라는 미래형 공장을 지향한다. 조립가공업에서 온라인 주문에 빠르게 대응하는 재구성 가능(reconfigurable)한 데모 공장을 발표했는데, 이는 빠른 소량 시판 생산이 가능하면서도 대량 생산으로 빠르게 전환될 수 있는 환경을 제공한다. 인텔리전트 플로어, 모듈화 공정, 플러그 앤 프로듀스, 5G 오토메이션 플랫폼 등의 핵심 기술로 구성하였다.

인텔리전트 플로어는 공장을 바둑판과 같이 만들고 공장 플로어(바닥)로 데이터나 전기가 이동할 수 있도록 설계하여 위치 인식과 공정 흐름을 확인할 수 있도록 하였다. 공장을 바꾸지 않고 인텔리전트 플로어만 바꾸어도 공장 재배치 효과를 볼 수 있는 셈이다. 모듈화 공정 방식을 사용하여 작업자는 조립을 실시간으로 모니터링하고, 작업 공구도 새로운 부품에 맞게끔 자동으

공급망 전주기상의 다양한 서비스 유형 예시

기획·설계	생산설계	생산	물류 / 유통	배송 ·보수 (라스트마일)	
제조 전체 영역을 모두 관리하고 있으며, 실제로 부문별로 분리되어 운영					전통적인 제조업 (국내 대기업)
부가가치높은 설계 및 품질 보증을 위한 생산기술로 특화					Apple
	생산기술 특화로 Off-Shore (단순한 양산과 차별화)				제조위탁업체 (전자제품메이커)
	생산설계 전문업체				라인설비업체
			높은 기술을 활용한 플랫폼 서비스		서비스특화모델 (아마존/알리바바)
제품 기획·설계	생산설계 및 생산 리소스를 보유한 기업과 매칭		IoT 활용한 서비스 모델 설계		제조벤처

로 설정된다. 품질결과 또한 자동으로 피드백 할 수 있다. 소량 주
문으로 인한 빈번한 변화에도 공장을 조정하여 대응할 수 있도록
한 것이다.

초자본주의 패러다임의 필연적인 변화

다음은 제품 생산 자체를 서비스화하여 제공하는 패러다임의 변
화를 알아보도록 한다. 세계적인 기업인 애플과 같이 전자제품
제조 서비스(Electronics Manufacturing Service)로 대표되는 제조산업
에서 가장 잘 활용할 수 있는 서비스로 제조위탁개발 및 생산 등
이 해당된다. 제조위탁이라는 의미는 단순한 하청이 될 수도 있
겠지만, 신흥국에서는 흉내 낼 수 없는 기획 및 생산설계 영역도
포함한 제안을 함께 행하는 것으로 부가가치를 높일 수 있는 모

출처 : 삼성전자 홈페이지

델이 된다.

　이러한 서비스화는 제품만 제공하는 것이 아니다. 노하우나 데이터를 활용하여 인사이트라는 단어로 불리는 형태가 없는 무언가를 가치로서 제공하고 있는 것이 기존 비즈니스 모델과 다른 점이다. 이에 대한 실현을 위해서는 기업의 조직 구조와 관리적인 측면, 기업 간의 관계성 등에서 원인을 찾아내어 변화해야 한다.

고객 맞춤형 소량 주문생산을 통한 새로운 가치 창출

삼성전자 생활가전사업부 경영진은 맞춤형 냉장고 '비스포크' 출시를 앞두고 고민에 빠졌다. 비스포크 냉장고는 9가지 색상에 7가

두상 맞춤 헬멧

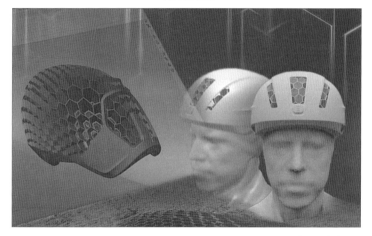

출처 : 지멘스 홈페이지

지 모듈로 구성되어 총 2만 가지의 조합이 가능하다. 소비자들이 원하는 색상과 디자인으로 맞춤형 제품을 선보인다는 장점이 있지만 이 장점은 반대로 재고 관리 측면에서는 엄청난 부담이 된다. 삼성전자는 가전업계 최초로 주문 후 생산(BTO: Build to Order) 시스템을 주력 판매 제품으로 도입하였다. 이전처럼 수요를 예측하여 미리 제품을 만들어놓는 것이 불가능해졌다. 삼성전자는 생산 체제를 이원화하여 수요 예측을 통해 흰색, 회색 등 인기가 꾸준한 무채색 제품은 미리 만들어 주문을 받으면 바로 배송한다. 반면 카키, 핑크, 민트 등 소비자들의 개성이 반영된 색상이 조합된 모델은 주문 후 생산 방식으로 대응한다. 주문이 들어오면 그때 생산계획을 편성해 제품을 만든 뒤 배송하는 방식이다.

자전거 헬멧 개발 및 판매회사 Hexr는 디지털 트윈을 활용한 설계회사 지멘스 그리고 3D 프린팅 기술을 이용한 제조기업 EOS와의 협업으로 고객 맞춤형 헬멧 생산 프로젝트를 시작했다. Hexr에서 온라인으로 제공하는 두상 촬영앱을 통한 맞춤형 주문으로, 클라우드로 연결하여 두상의 사이즈에 딱 맞는 제품을 신속하게 생산하여 판매하는 서비스이다. 고객 본인의 신체 특성을 고려한 최적화된 맞춤형 제품을 기성품과 다르지 않은 가격으로 제공받을 수 있으며 주문 후 제작까지는 4주 정도 소요된다. 제품의 개발 및 판매에서 제조 기업이 통합 플랫폼 기반으로 데이터를 공유하고 협업하여 새로운 가치를 창출할 수 있게 되었다.

뭉치면 그 이상이 되는 집단지성의 서비스화 크라우드 소싱

피터 러셀은 다양한 가치관과 지식을 갖고 있는 보통의 시민들이 자유롭게 개진하는 독립적인 생각과 의견이 합리적이고 상식적인 방식으로 통합된다면, 이는 의미 있는 사회자본이라고 할 수 있다며 이를 '집단지성'(Collective Intelligence)이라고 하였다. 제임스 서로위키는 실험 결과를 토대로 '특정 조건에서 집단은 집단 내부의 가장 우수한 개체보다 지능적'이라고 주장(*The Wisdom of Crowds*, 2004)하였다. 크라우드 소싱은 어떤 집단의 사람들이나 커뮤니티에게 아웃소싱을 주는 분배된 문제해결과 생산모델의 형태를 말한다. 대중을 활용하면 그들이 갖는 새로운 아이디어와 경험을 공유할 수 있으며, 다른 사람들이 제기하는 의문에 자신

크라우드 디자인, 제조 매칭 서비스 플랫폼

의 경험을 토대로 답을 제시할 수 있다.

국내 기업으로 온라인 크라우드 디자인 및 제조업체 매칭 플랫폼인 '샤플'은 전 세계 디자이너와 소비자가 함께 참여하여 제품에 대한 기획, 설계, 생산 및 판매까지 진행하는 통합 서비스를 운영 중이다. 2018년 6월 첫 서비스를 시작한 샤플은 소비자의 좋아요 클릭수를 반영하여 선정된 디자인을 생산으로 연계하고, 참여한 소비자들에게 유통 없이 저렴한 가격으로 직접 판매(D2C)까지 하는 서비스이다. 3D설계부터 제품 양산까지, 제조에 필요한 파트너를 최적의 견적으로 만날 수 있으며, 표준화된 견적 요청서를 통해 공장으로부터 비교 견적을 받아 제조 파트너를 선정할 수 있다.

캐나다 토론토에 위치한 금광회사 골드코프는 수년 동안 이어진 탐사에도 불구하고 금이 묻혀 있는 정확한 위치와 매장량을 알아내지 못했고, 레드레이크 광산의 금은 이미 고갈되었다고 판단했다. 새롭게 부임한 맥이웬 사장은 사태의 심각성을 깨닫고 약 6,730만 평에 달하는 광산에 대한 모든 정보를 웹사이트에 공개한 다음, 약 55만 달러의 상금을 내걸고 '도전 골드코프(Goldcorp Challenge)' 콘테스트를 시작하였다. 50여 국가의 참가자들 가운데에는 전문 지질학자는 물론이고 수학자, 물리학자, 컨설턴트, 심지어 대학원생까지 포함되어 있었다. 기발한 방법들까지 동원된 수많은 아이디어들이 밀려 들어왔으며, 결국 광산에서 110곳의 후보지를 찾았다. 그리고 새로운 후보지의 80% 이상에서 220톤의 금이 발견되었다. 저조한 실적을 내던 골드코프는 90억 달러의 실적을 내는 거물 기업으로 급부상했으며, 레드레이크는 업계에서 가장 혁신적이고 가장 큰 수익을 내는 광산으로 변모했다.

기업 물류 서비스의 형태와 풀필먼트 서비스

물류는 물적 유통을 줄인 말로 군사과학의 한 분야인 병참술(Logistics)에서 비롯되었다. 군사들의 배치, 이동과 철수, 군수물자 보급, 시설의 건설과 운용 등에 관한 계획을 수립하고 운영하는 과정에서 생긴 노하우가 물류라는 이름으로 기업의 경영활동에 도입되었다. 물류에는 원·부자재가 생산현장에 투입되어 공장에서 완제품을 생산, 출하해 이를 최종 소비자에게 공급하는 수송,

통합물류사업 범위

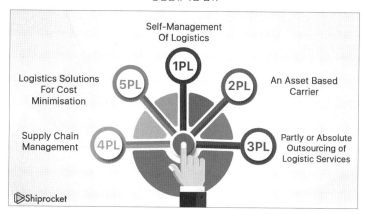

출처 : https://www.shiprocket.in/blog/1pl-to-10pl-understanding
-the-various-models-of-logistics-service-providers/

하역, 포장, 보관 등의 모든 과정이 포함된다. 이러한 물류 업무의 실행을 용역의 형태로 제공하는 것을 아웃소싱 물류 서비스라 부르고 있다. 물류 서비스를 구분하는 용어는 수행 주체에 따라서 구분된 개념이며 2PL(Party Logistics), 3PL, 4PL과 이들의 혼합으로 5PL, 6PL, 7PL까지 정의하고 있는 기관도 존재한다.

물류가 아웃소싱으로 서비스되는 5가지 이유

1. 비용 절감: 가장 명백하고 설득력 있는 이유로 아웃소싱을 통해서 효율성을 높일 수 있으며 보다 스마트한 지출로 이어진다. 또한 신속한 정시 납품 등은 고객에 대한 서비스 레벨로 이어진다. 물류서비스 공급자는 고객과 긴밀하게 핵심성과지표(Key Performance Indicator)를 분석하고 정기적으로 상호 간에 다음 단계

의 서비스를 결정한다.

2. 핵심 업무 집중: 공급망과 관련된 업무는 매우 복잡하여 전체의 최적화는 매우 어렵다. 전문업체로의 아웃소싱을 통하여 어려운 문제를 제거함으로써 핵심 비즈니스에 시간과 에너지를 집중할 수 있다.

3. 최적의 운영: 물류 전문가는 모든 계획, 실행 및 보고 프로세스를 간소화하여 비용 절감을 시도한다. 그리고 이를 위해 보다 다양한 네트워크를 구축하고 더 나은 경로로 서비스하기 위한 최적화 계획을 진지하게 고민한다.

4. 확장성: 물류서비스 공급자는 수요의 증감에 빠르게 적응할 수 있다. 이러한 아웃소싱을 이용하면 기업에서 경기 악화로 인한 생산감소를 경험하게 될 경우, 물류 업무를 위한 내부 인력을 절감할 필요가 사라진다.

5. 높은 수준의 자원 활용: 아웃소싱을 통해 공급망 업계에서 높은 수준의 전문자원을 활용할 수 있다. 물류서비스 공급자는 여러 운송업자와 오랜 기간 동안 관계를 구축하고 있으며 기업에서의 비용 절감 솔루션을 발견하게 되면 보유 중인 관련 자원을 적극적으로 활용할 수 있다.

3자 물류(Third Party Logistics) 서비스의 시대

고객사(화주)의 물류업무 전체를 위탁 받아 물류 컨설턴트의 전문지식, 글로벌 물류 운영, 정보시스템 등의 보유 자원을 최적으로

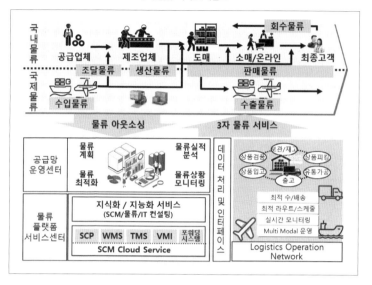

3자 물류 서비스 개념도

조합하여 고객사 물류에 대한 기획/설계로부터 실제 운영, 성과 관리 및 개선을 지속적으로 수행하는 서비스를 제공한다.

주요 대상 고객은 물류업무에 대한 기능별 설계 및 운영 등에 대하여 아웃소싱을 계획하고 있는 화주기업이 된다. 국내에서는 제조기업 가운데 대다수가 해당되며, 국내에서 활동 중인 가장 규모가 있는 3자 물류 기업을 매출순으로 예를 들면 현대글로비스, CJ대한통운, 지오영, 판토스, 롯데글로벌로지스, 한진 등의 기업이 해당된다.

이들은 고객들을 대상으로 물류 흐름의 효율화를 공급망 전체 시각에서 치밀하게 추진한다. 고정비를 변동비화하여 유연한 경영구조로 전환을 꾀하고 있으며 궁극적으로 물류비용 절감 및 고객서비스 증대의 서비스를 실행한다.

3자 물류 서비스 기업의 전문가 집단

고객의 비즈니스 전략에 부합하는 단순 물류업무부터 공급망 관리 전체의 개선을 위한 최적 모델링, 이를 구현하기 위한 구체적인 방법과 시스템 구축 컨설팅 등을 수행한다. 물류와 공급망 관리 관련 지식 공유를 통하여 전문가 육성을 위한 교육서비스도 제공한다.

이들 전문가들은 체계적인 기획 및 관리 능력을 확보하고 있으며 이를 통하여 발생할 수 있는 리스크와 시행착오 등을 사전에 차단할 수 있다. 올바른 방향성을 제시하여 고객은 본업의 자원에 집중하여 경쟁력을 확보할 수 있다.

3자 물류 서비스 기업의 물류 정보 관리 및 최적화 전략

3자 물류 서비스 기업은 물류업무 전 과정의 효율화를 꾀하기 위해 필요한 모든 솔루션을 보유하며, 종합적으로 제공해야만 한다. 고객의 최적 물류 패턴 선정을 위한 컨설팅부터 필요 시스템의 단기간 제공, 기업 내 혹은 기업 간 타시스템과의 인터페이스 환경 제공, 전 과정의 물류상황을 실시간으로 파악하여 계획, 통제, 운영할 수 있는 서비스를 일원화된 서비스로 제공한다.

서비스 구성 요소로는 IT 관점의 최적화 도구의 확보 및 구현,

물류 컨설팅 서비스 구성도

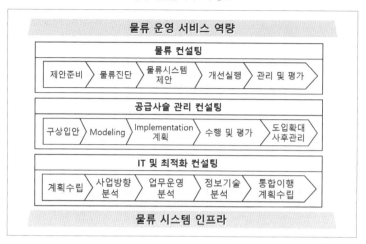

고객 요구에 맞는 서비스 조합 및 제공 방법, 관련 서비스와의 유기적인 운영 및 관리, 업무수행과 연계된 보고 체계 등이 있다.

　이러한 도구를 통하여 물류계획의 신속한 수립과 자원의 최적 활용을 통하여 물류비 절감을 꾀하고, 물류실행 정보의 체계화로 공급망 계획의 정확성을 확보하며, 공급망 기능 강화와 고객서비스를 제고한다.

이커머스 시장 확대에 따른 풀필먼트 서비스

1999년 미국 아마존은 '물류를 넘어서 이커머스 고객의 전 주문과정을 수행하는 센터'라는 문장으로 풀필먼트 서비스를 소개하였으며, 이후 2006년도부터 아마존은 'Make More Money and,

물류 정보 관리 및 최적화 서비스 개념도

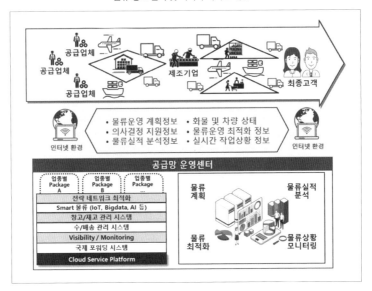

Grow Your Business Fast and, Save Time and, Delight Your Customers'라는 슬로건을 내걸고 아마존 풀필먼트 서비스를 본격화하였다.

풀필먼트란 단순 배송을 넘어선 개념으로써 고객 주문에 맞추어 물류센터에서 제품을 고르고(picking) 포장(packing)하고 배송(delivery)하며 고객 요청에 따라 교환·환불까지 해주는 일련의 과정을 가리키는 서비스로 정의되었다.

끝이 없는 소비자 욕구의 해결! 마이크로 풀필먼트 서비스

코로나19로 비대면 소비가 급격히 증가하며 다품종 소량 주문 상

FBA(Fulfillment by Amazon) 개념과 아마존 풀필먼트 센터

풀필먼트 센터의 운영체계

출처 : 한국전자정보통신산업진흥회 발간자료

품을 신속하게 고르고 분류하고 포장하여 당일배송을 실현하는
풀필먼트 서비스에 관심이 집중되었으며, 쿠팡의 와우배송(직매입
상품), 신세계 네오(신선식품 자동화물류센터) 등에 적용되었다. 이어서
30분 이내의 보다 빠른 배송을 목표로 도심형 물류센터의 개념을
도입하여 마이크로 풀필먼트 서비스의 형태로 확대되었으며, 신
속한 배송을 실현하기 위해 구매자 데이터 기반의 상품 주문, 수

개념	물류센터	풀필먼트 센터	마이크로 풀필먼트 센터
목적	보관 및 흐름 최대화	소비자만족 최대화	소비자만족 최대화
단위	팔레트 / BOX (소품종 다량)	EA / 소량 포장 (다품종 소량)	EA / 소량 포장 (다품종 소량)
주요대상 ▶	제조 / 유통 ▶	소비자 ▶	소비자
특성	계획적	불확실	**신속한 배송**
핵심 경쟁력	임대료	데이터, 자동부배송 (분류/출고)	**도심형 마이크로 풀필먼트 센터**
주요요소	보관공간 물류설비	온라인, 데이터, 자동화시스템	온라인, 데이터, 자동화시스템, **라스트마일 서비스**

요예측 기반의 재고 보충, 인공지능 기반 실시간 재고파악, 신속 출고가 가능한 물류시스템 구현으로 관련 서비스를 테스트 중에 있다.

유통업체인 영국의 테스코와 한국의 롯데마트는 온라인 주문 처리를 위해 기존 매장을 지역형 물류거점으로 활용하는 다크스 토어(Dark Store) 전략으로 온라인용 재고를 별도로 관리하며 고객 의 실시간 주문을 처리하기 위한 전용 픽업 장소로 활용하고 있 다. 오프라인 매장과의 융합을 모토로 하고 있지만 독립적으로 운영하는 이곳에 소비자의 출입은 불가하다. 유통업체의 직원들 이 제품들을 쉽게 찾을 수 있도록 진열하여 신속하게 고르고 포 장하여 배송까지 할 수 있는 독립형 풀필먼트 센터로 운영 중에 있다.

국내의 스타트업 바로고 및 나우픽 등은 '마이크로 풀필먼트 센터'를 운영하고 있다. 회전율에 기반하여 물류센터를 관리하고

도심형 물류센터 마이크로 풀필먼트 센터

출처 : 롯데마트, 바로고

있으며, 도심 내 20~50평 단위의 소규모 창고들이 대부분을 차지한다. 이러한 소규모 창고를 연결하고 공유 개념을 도입하여 클러스터 개념으로 운영하고 있으며, 주문부터 배송까지 30분 내에 처리하는 것을 목표로 한다.

파레토 법칙을 적극 활용하여 상위 20%에 해당하는 고회전 상품은 도심 내에 배치하여 마이크로 풀필먼트로 운영하고, 롱테일에 해당하는 80%의 다양한 상품은 기존과 같은 일반적인 풀필먼트 전략으로 도심 외곽 센터에 보관하며 배송 서비스를 진행한다.

스마트한 세상을 실현하는 물류 최적화 서비스

LaaS(Logistics as a Service)라는 용어는 국내에서는 아직 활발하게 사용되지 않는다. 2019년 일본의 국토교통성에서는 '물류의 미래 비전'으로 발표하였다. 인공지능이나 사물인터넷 등을 이용하여 물류라는 분야의 진화를 목표로 하는 것으로 소개하고 있다. 이러한 LaaS를 보다 쉽게 이해하기 위하여 MaaS(Mobility as a Service)라는 개념을 먼저 이해해 보도록 한다.

사람의 이동을 최적화하는 서비스(Mobility as a Service)

일상적인 서비스를 예로 들면, 우리는 스마트폰의 위치 정보 서비스와 연계하여 현재 위치에서 목적지까지 전철, 버스, 택시 혹은 기차 등의 이동수단과 거의 정확한 도착 시간 정보 등을 쉽게 서비스 받고 있다. 또한 KTX나 SRT의 예약 및 발권 서비스, 비행기 탑승수속 등도 스마트폰 서비스를 통하여 쉽게 처리할 수 있다. 카카오택시 등을 이용하면 근처의 택시를 서비스 등급별로 손쉽게 호출할 수 있으며 예측으로 표시된 요금은 다양한 결제방식으로 처리가 가능하여 목적지까지 편리하게 이동할 수 있다.

최첨단 IT 업계 및 자동차 산업에서는 미래차 분야를 MaaS로 정의한다. 특히, 자동차 산업은 전통 제조 영역으로부터 탈피하고자 첨단기술을 접목한 모빌리티 산업으로 패러다임이 급속히 변화되고 있다. 미래차의 트렌드로 손꼽히는 CASE(Connectivity, Autonomous, Sharing, Electrification)는 차량공유와 자율주행으로 대표되는 MaaS의 중요한 축이 되어 모빌리티 패러다임의 변화를 주도하고 있다. 공장용, 물류용, 매장용, 도로정비용, 아파트 단지용 등의 특수목적차량도 있으며, 슬라이드 혹은 스케이트 보드 등의 소형 플랫폼에 배터리 및 구동모터 등을 모듈화하여 용도에 맞도

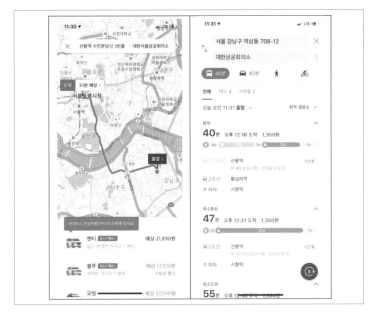

록 활용하기도 한다.

이와 같이 MaaS는 '서비스로서의 이동성' 그 자체를 의미한다. 핵심요소는 '모든 교통수단의 통합'이라 할 수 있다. 이는 개별 교통수단의 노선, 결제 등의 서비스를 통합된 플랫폼으로 묶을 수 있다. 본격적인 MaaS 시대가 시작되면 단 하나의 앱만으로, 통합 운영되는 지도 서비스에서 비행기, 선박, 기차, 전철, 버스, 택시, 자전거 등의 모든 이동수단을 공유하여, 멀티모달 환경에서 노선 확인 및 결제 서비스가 가능해진다. 이동할 때도 어떤 수단을 이용할지 고민할 필요가 없다. MaaS 앱이 통합된 정

Whim의 MaaS 개념도 및 서비스

보를 기반으로 최적의 이동 전략을 자동으로 생성하여 알려준다. MaaS는 통합을 전제로 하지 않는다. 자율주행, 차량 공유 등 교통수단을 편리하게 하고자 하는 시도와 이를 추진하는 데 필요한 주차장, 운영관리, 교통보험 등의 관련 서비스 등을 넓은 의미에서 MaaS로 분류할 수도 있다.

물건의 이동을 최적화하는 서비스(Logistics as a Service)

LaaS에 대한 여러 해설 및 예시를 조사하여 정리해보니, 최종 서비스로 정의하는 LaaS는 그 의미가 국가에 따라 조금씩 다르게 설명되고 있는 것을 알 수 있었다. 하지만, 물류 최적화라는 기본적인 사상과 혁신 기술의 활용으로 추구하는 궁극적인 목표는 별반 다르지 않다.

영어권의 몇몇 국가에서 LaaS라는 개념은 '물류에 대한 아웃

소싱'을 의미한다. 이는 앞서 소개한 기업 물류 서비스의 형태로
그 의미가 해석이 되고 있지만, 기존의 3PL 및 4PL을 넘어서 5PL
부터 7PL까지의 범위로 확장되고 있다는 것을 알 수 있다.

　동양권에서 LaaS라는 개념은 주로 클라우드, 빅데이터, 인공
지능, 사물인터넷 등을 활용하여 물류를 효율적으로 최적화하는
기술을 의미한다. 또한 드론, 무인 차량, 무인 운송로봇을 활용한
노동력 절감을 통한 생산성 향상 등의 미래지향적인 비전 실현의
목표를 내포하고 있다. 다만, 여기서는 LaaS의 범위에 대한 시각
(정의)의 차이에 따라 구분해본 것이니 오해는 금물이다. '사람의
이동'으로 혁신을 이루었던 MaaS와 같이, LaaS는 '물건의 이동'
을 통해 혁신하는 것을 그 목표로 한다.

빅데이터와 인공지능을 활용한 수배송 최적화

화물의 최종 목적지까지 배달하는 운전기사는 매일 수많은 배송
지와 도착시간 등의 정보로 배송경로를 고민해야만 한다. 하지만
이제는 배송지 주소와 지정된 시간을 등록하는 것만으로 인공지
능으로 최적의 경로를 생성해내는 것이 가능하다.

　스마트폰의 전용앱을 이용하면 배송지 주소, 날짜 및 지정시
간, 교통상황을 고려하여 인공지능이 배송 경로를 자동으로 만들
어낸다. 배송 경로를 지정하는 배달 업무 지원 시스템의 시험 도
입은 여러 기업에서 테스트를 진행하고 있다. 경험이 부족한 택
배종사자를 지원하는 최적 경로 배송으로 운송 인력부족에 대한

해소를 기대한다.

　기업이 수배송을 아웃소싱하는 경우, 운송업자와 계약을 맺고 화물을 운반하는 것이 일반적이다. 현재 개발되는 시스템에는 운송업자와 기업 혹은 개인의 매칭 서비스도 있다. 각자의 정보를 스마트폰 전용앱에 등록만 하면, 인공지능은 가장 빠른 시간 내에 서로에게 최적의 상대를 매칭해 준다.

　레바논 기업인 JIT는 B2B용 LaaS 플랫폼이다. 기업으로부터 요청이 있으면, 당일 배송 서비스를 저렴한 비용으로 제공하여 비즈니스 역량을 강화한다. 타사의 주문 플랫폼과 통합하는 API를 제공하여 쉽고 빠르게 접근할 수 있다. 운송 서비스를 강화하기 위해 자체 소유한 전기차도 제공하고 있다.

　물류는 많은 자원을 소비하고 있으며 제조기업 및 이커머스 업계에서는 여전히 도전적인 분야이다. 특히 해외 배송과 관련된 지식과 자원을 보유하지 못한 기업도 적지 않고, 기업은 늘 비용을 절감하기 위한 새로운 방법을 지속적으로 찾고 있다. LaaS 업체들은 고객의 경험을 기반으로 서비스 기술을 향상시키고 수송 비용을 절감함으로 기업의 부담을 덜어줄 것이다.

누구나 이용 가능한 물류 관련 클라우드 서비스

브라질에 본사를 둔 Intelipost는 클라우드 기반의 화물관리 및 물류 SaaS 플랫폼이다. 자동화를 이용하면 더욱 대규모로, 더욱 민첩하게 화물 예약을 진행할 수 있다. 그 뒤 지능적인 화물 선택

전략을 채택하여 운송업자의 선택을 최적화한 실시간 추적 서비스를 제공한다.

최적화 및 인지 기술의 활용 없이 공급망 네트워크를 설계하면 비용도 증가하고 차량관리와 자원 활용도 비효율적으로 분리되고 만다. 반면 SaaS 솔루션은 경로(라우트) 계획 및 운임 관리를 위한 고급 기능을 사용자에게 제공한다.

핀란드 기업인 Youredi는 간단한 구성으로 시스템 및 응용 프로그램 사이의 통합 흐름을 전개하여 자동으로 연결할 수 있는 통합 클라우드 iPaaS(Integration Platform-as-a-Service) 플랫폼을 개발하고 있다. 클라우드 환경에서 대량의 데이터를 다룰 수 있으며, 응용 S/W를 구축, 배포, 관리하기 위한 인프라와 서버를 제공한다.

클라우드 컴퓨팅의 출현으로 물류 기업은 현장에서의 응용 S/W와 클라우드 환경의 통합에 대한 도전에 직면하고 있다. 기업의 기밀 데이터와 사용자 요구로 커스터마이징된 소프트웨어는 퍼블릭 클라우드 환경에는 적합하지 않다. iPaaS 솔루션은 클라우드와 현장의 응용 S/W를 실시간으로 연결하며 안전하게 데이터를 공유하는 도구를 제공한다.

물류자원의 통합과 공유로 자원 최적화를 시키는 마법

전국의 여러 물류센터를 공유하는 것에는 기업 간의 협력과 공유 시스템 개발 등 많은 과제가 산재되어 있다. 온라인 및 모바일 쇼핑의 발전에 따라, 복수의 도소매 기업 및 소상공인의 재고를 하나의 물류센터로 합쳐서 창고를 공유하는 플랫폼이 현재 서비스되고 있다. 도소매의 상품을 하나의 센터로 통합하여 시스템으로 관리하며 작업을 함께 수행함으로써 시간과 비용을 단축하는 최적화가 가능해진다. 대형 창고를 공유하며 배송처가 같은 화물을 합포장으로 함께 처리함에 따라 물류 효율화를 꾀할 수 있으며 차량의 적재 효율도 높일 수 있다.

또한 대형 창고를 보유하는 기업이 창고의 일부를 타 기업에 빌려주고, 창고 시스템을 이용할 수 있는 서비스도 실시되고 있다. 일체의 설비 및 시설을 공유하여 최적의 배송을 지향하는 것은 LaaS의 목표와 일맥상통한다.

Logistics as a Service라는 키워드로 구글에서 검색을 해보면 광고의 효과이겠지만, 미국의 TMS 솔루션 기반 물류 운영사인 블루제이 솔루션즈(www.blujaysolutions.com)가 가장 상단에 노출된다. 그들이 정의하는 LaaS의 개념은 무엇일까? 결론부터 말하면, 운송 비용의 절감과 동시에 고객 서비스를 향상할 수 있도록 설계된 SaaS 플랫폼 기반 서비스를 지향하고 있다.

'서비스 제공자로서의 물류기업'은 물류 전문가를 보유한다. 그들은 트럭, 철도, 해상 및 항공 화물을 포함하는 기업의 수송 네트워크와 생산부터 창고, 유통업자, 최종 소비자에 이르는 인바운드 및 아웃바운드 물류를 관리한다. 이들은 또한 효율성의 전문가로 언제나 효율을 향상시킨다. 보다 빠르고, 보다 적은 비용으

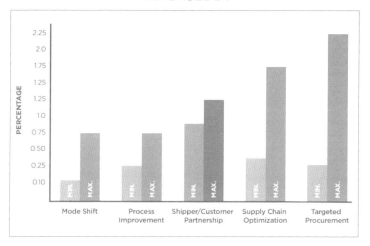

각 범주별 비용절감 범위

출처 : www.bluejaysolutions.com

로 물류 운영을 실현하는 방법을 모색한다.

기존의 3PL 및 4PL과 LaaS의 차별성은 방대한 처리 데이터와 이를 기반으로 하는 인공지능의 활용을 통해 물류기업의 궁극적인 목표에 더욱 가깝게 다가 갈 수 있다는 것이다. 클라우드 서비스 기반으로 특정 기업과의 특별한 계약에 의하여 서비스되는 것이 아니라 규모와 관계없이 누구나 쉽게 서비스를 이용할 수 있는 개방형 서비스를 제공한다.

고객에게 제시하는 최종 목표는 공급망 최적화, 프로세스 개선, 효율적인 운송서비스, 운송 혼합 모드, 화주와의 협력을 통한 가치 제고 등이 있다. 블루제이 솔루션즈는 운영 업무의 수행 결과에 따라 몇 가지 수치를 사이트에 공시하고 있다. 이들은 최소한의 물류 운영 비용으로 극강의 서비스를 수행하고 있다는 자신감을 토대로 기존의 레몬마켓을 피치마켓으로 바꾸기 위한 시도를 해왔으며 이미 북미 시장에서 자리를 잡고 올바르게 성장하고 있다.

물류센터를 점령하라! 물류 협동로봇의 서비스화

미국에 본사를 두고 있는 Fetch Robotics는 온라인 이커머스 이행 센터를 자동화하기 위한 RaaS(Robotics-as-a-Service)를 제공한다. 이는 각 유통기업별로 자사에 적합한 로봇 개발을 위해 쏟아붓는 막대한 투자를 방지해준다. 통합 클라우드 기반 인터페이스와 종량제 구독 모델로 Automatic Mobile Robots(AMR)들을 배포하여 주문형 자동화 솔루션을 제공하고 있다.

　로봇을 사용하여 창고 또는 보관 시설의 프로세스를 자동화하면 비용과 효율성이 크게 향상된다. 로봇을 사용하는 것에는 명백하게 이점이 있다. 하지만 요구되는 거액의 설비 투자가 물류 센터에서의 로봇 보급을 방해한다. RaaS 솔루션은 신속하며 비용 효율적이고 순차적 도입이 가능하여 확장 가능한 자동화 기술을 제공하도록 개발되었다.

　피킹 로봇과 이송 로봇의 쌍으로 구성되어 주문 물품을 피킹 로봇이 고르면 이송 로봇이 포장대까지 운반히는 역할을 한다. 로봇이 직접 물건을 피킹하므로 기존 창고 환경의 변화를 최소화할 수 있으며 24시간 운용이 가능하다. AS/RS(Automated Storage

Fetch Robotics의 물류로봇

and Retrieval System)와 같은 자동화 창고, DPS(Digital Picking System), 컨베이어 등을 도입하는 것에 비해 비용도 저렴하게 든다.

라스트원마일을 장악해라! 특정 지역에서의 자율 배송 로봇

온라인 쇼핑이 크게 발전함에 따라 물류 업계에서 상품의 수배송 업무는 매년 수요가 급증하고 있다. 운전자의 인력 부족이나 영업소로부터 배송처에 이르기까지 이른바 '라스트원마일 서비스'가 물류 업계의 노동 환경에 센세이션을 일으키고 있다. 반면 물류 업계의 인력 부족을 해소할 수 있는 타개책은 마땅치 않다. 향후 온라인 수요는 꾸준히 늘어날 것으로 확신한다. 최첨단 기술을 이용한 물류 업계의 문제 해소와 효율성 향상을 위한 서비스는 계속 진화하고 있다.

정보통신에서는 라스트원마일, 즉 '마지막 1마일(The Last one mile)'이라는 용어가 있다. 고객까지 연결되는 마지막 통신선 1마일(1.6km)의 중요성을 강조한 말이다. 택배사들은 배송거점에서 배송지까지의 운송경로를 '라스트원마일'이라 일컫는다. 고객과의 접점이 되는 라스트원마일을 장악한다면 시장의 최종 승자가 될 수 있다는 의미다.

LaaS는 이러한 라스트원마일 배송에 있어 무인 운송로봇의 효율적인 배송을 위한 도로 정비를 또 하나의 목표로 한다. 라스트원마일에서는 일반적으로 사람이 택배 카트 등을 이용하여 배송을 한다. 택배 배송에는 부정확한 주소, 고객 부재, 파손 및 분실 등으로 인한 반송 및 재배송 등 비효율을 유발하는 여러 문제가 발생한다. 이러한 문제해결을 위해 LaaS에서는 택배 로봇이나 드론을 활용한 무인 배송을 구현 기술로 연구하고 있다.

주식회사 ZMP는 자동 로봇 배달 실험을 제안했다. 보행자 전용 도로가 있는 민영 고층 아파트를 실험장으로 하여 슈퍼나 편의점, 약국이 주문 받은 상품을 자동으로 배달하는 것을 목표로 한다. 주문자는 스마트폰으로 원하는 것을 주문하고 배달을 요청한다. 가게는 주문을 받은 후 납품용 로봇에 상품을 적재하며, 그 뒤 로봇이 자율주행으로 이동해서 주문자의 집 앞까지 상품을 배달한다. 택배에 의한 인력 부족 해소와 사람이 직접 상품을 구매하기 위하여 외출하지 않아도 되기 때문에 신종 코로나 바이러스의 영향으로 인한 비대면 서비스의 일환으로 주목 받고 있다.

ZMP의 도시개발 참가, '로봇타운 구상'은 생활을 이렇게 바꾼다

대형 트럭의 무인화! 고속도로 군집주행(Platooning)

현대자동차는 2019년 국내 최초로 여주 스마트하이웨이에서 대형트럭의 군집주행 시연에 성공하며 자율주행 제어 및 차 간 통신 기술력을 입증하였다. 대형트럭 군집주행은 여러 대의 화물차가 줄지어 함께 이동하는 자율주행 운송기술이다. 내륙 운송의 효율을 높이고, 뒤따르는 트럭의 공기 저항을 최소화시켜 연료효율 개선과 배출가스 저감 효과를 기대할 수 있다. 장거리 주행시 교통사고 발생 가능성과 운전자 피로도를 줄일 수 있는 것도 장점이다.

군집주행 운행은 뒤따르던 트럭 운전자가 선두 차량에 접근해 군집주행 모드로 전환하면 시작된다. 후방 차량은 선두 차량과 최소 16.7m 간격을 유지하며 선두 차량의 가속 및 감속에 맞추어 실시간 제어를 실행한다. 후방 차량에 탑승한 운전자는 운

현대차 대형트럭 군집주행

출처 https://www-trucknbus.hyundai.com/

소프트뱅크 5G 군집주행

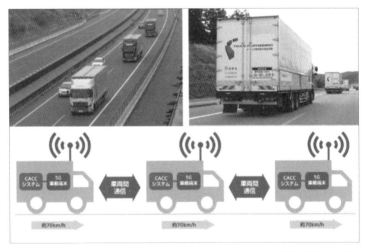

출처 일본 소프트뱅크 홈페이지

전 페달과 핸들을 조작하지 않고 편안히 주행할 수 있으며 궁극적으로는 무인화를 목표로 한다.

현대자동차와 LG전자가 공동개발한 군집주행용 V2V 기술은 가속, 감속 등 차량의 제어정보뿐만 아니라 카메라, 레이다 등 각종 센서에서 수집된 정보를 군집주행 중인 차량들 간에 실시간으로 교환 및 공유될 수 있는 환경을 제공한다.

2.
제조/물류의 As a Service 추진 전략 및 시사점

지능정보시스템이 이끄는 산업의 변화

사물인터넷, 인공지능, 빅데이터, 모바일, 로봇, 5G, 가상화 등의 기술 덕분에 실제 사회의 모든 사업 및 정보가 네트워크를 통해 자유롭게 교환될 수 있게 되었다. 축적되는 빅데이터를 실시간으로 분석하고 새로운 가치를 창출하는 형태로 이용할 수 있게 되었으며, 인공지능 기술은 스스로 학습하고 때로는 인간 이상의 고급 판단을 신속하게 수행하게 되었다. 다양하고 복잡한 작업도 로봇 기술에 의해 자동화가 실현되었다.

경제 패러다임이 변화함에 따라 제조업 기반의 기존 산업계에는 혁신이 필요하게 되었다. 지능 정보와 관련된 기술을 토대로 제조업의 영역은 확장되었으며, 타산업과 융합, 새로운 영역 창출 등을 통해 산업의 생태계가 빠르게 변화하고 있다.

4차 산업혁명시대, 제조업의 변화는 선택이 아닌 필수

소유에서 공유(사용), 대량 생산에서 맞춤형 소량 생산으로의 변화는 제조업이 기존의 제품 생산 후 판매만을 추구하던 환경에서 서비스를 연결하고 새로운 수익구조를 창출해야 생존할 수 있는 환경으로 변화하고 있다. IT 기술을 기반으로 제조, 서비스, 소비자가 하나로 연결되는 플랫폼을 구축하고 이를 기반으로 새로운 생태계를 구축해야만 한다. 이를 실현하기 위하여 제조기업과 IT 기업은 서로 협력하는 상생이 필요하다.

제품의 기획 과정, 설계 과정 및 생산 과정의 디지털화, 제품 위주의 판매에서 서비스 및 솔루션의 판매로 변화하기 위해서는 최첨단 기술을 보유한 IT 기업과의 협력이 중요하다. 패션, 섬유, 자동차, 전자, 기계, 화학 등의 제조업과 교육, 금융, 컨텐츠 등의 서비스업이 기술을 기반으로 연계되고 플랫폼으로 진화하면서 산업 간 경계는 점차 허물어지고 있다.

단순 제품 연계 서비스 제공에서 벗어나 자사의 제품을 기반으로 기존에 존재하지 않는 새로운 비즈니스 모델을 발굴하는 등 적극적인 신규 시장을 고민하고 있다. 선도국가인 미국, 독일, 일본, 중국 등 각국은 자국의 실정에 맞는 제조업 혁신 정책을 수립하여 사물인터넷, 인공지능, 빅데이터, 모바일, 로봇, 5G, 가상화 등의 기술 기반으로 추진중에 있다. 미국은 자국의 높은 기술을 바탕으로 중소 제조업체와 R&D 연계를 하고 있으며, 특히, 과거 트럼프 정부 때의 미국우선주의는 제조업의 부흥과 자국 제조업 보호를 더욱 강화하는 정책을 추진하게 했다. 독일 또한 우수한 보유 기술을 기반으로 중소기업의 디지털화와 새로운 비즈니스 모델 창출을 핵심으로 자국의 경쟁력 향상과 함께 주요국과 협력 확대를 추진하는 등 많은 국가의 제조업 혁신 롤모델이 되고 있다. 일본은 노령화 사회 구조 변화에 맞추어 산업 구조의 전환을 꾀하고 있으며, 특히 앞선 로봇 산업을 기반으로 제조업의 부가가치 창출 및 새로운 사회로 빠르게 전화하기 위해 노력 중이다. 특히, 중국은 고부가가치의 첨단 제조업 중심으로 변화하기 위한 정부 차원의 적극적인 지원과 온오프라인을 넘나드는 신유통 정책 등으로 가장 빠르게 변모하고 있어 향후 국내 업계에 미치는 영향이 클 것으로 예상한다.

제조 및 물류의 As a Service 추진 전략

고객 중심의 경험을 강화하기 위한 커뮤니케이션 창구를 우선적으로 구축해야 한다. 고객의 행위, 제품 및 서비스 활용 등과 관련한 각종 데이터를 체계적으로 분석하고 실시간으로 고객의 요구사항에 대응하도록 해야 한다. 제조기업 내 조직, 외부 조직, 프로세스, 커뮤니케이션 등의 거버넌스 체계에서 의사결정의 속도를 높이기 위한 IT 인프라를 적극적으로 활용한다.

내부 데이터 분석을 통한 문제점 파악과 함께, 운영 프로세스에 사물인터넷, 모바일, 소셜 미디어, 클라우드, 인공지능 등 다양한 디지털 기술을 결합하여 문제를 해결해야 한다. 현재의 비즈니스 모델을 점검하고 변화하는 환경에 대응하기 위하여 제품, 서비스, 비즈니스 모델을 재설계할 필요가 있다. 기존의 가치사슬 분석, 디지털 기술의 변화, 혁신기업의 등장 등 비즈니스 모델에 영향을 줄 수 있는 내외부의 다양한 변화 요인을 분석하여 비즈니스 모델을 혁신해야 한다.

최첨단 기술 보유국 한국! 세계를 향한 한국형 서비스화 필요

국내 제조, 유통, 물류 관련 대기업들은 글로벌 시장의 변화를 인지하고 빠르게 서비스화를 추진 중이지만, 중소기업들은 개념에 대한 인지부터 높지 않은 현황이다. 복잡하고 불확실한 경영 환경의 중소기업은 새로운 도전보다는 기존의 비즈니스 환경을 유지하기에 급급한 것이 현실이다. 대기업의 경우에도 제품에 서비스를 추가하여 제공하는 경우는 많지만, 독창적이고 시장에 선보이지 않았던 새로운 서비스의 발굴은 낮은 수준이다.

대한민국 정부의 여러 기관에서는 스마트 제조 R&D 중장기 로드맵, 지식서비스 R&D 추진 전략 등을 발표하는 등 제조업 혁신 및 서비스화를 위하여 오래전부터 적극적인 정책을 추진하고 있었다. 이러한 노력에도 불구하고 아직 산업 전반의 경쟁력을 높일 수 있는 고부가가치 제조 서비스업의 육성이 부진하고 선진국에 비해 혁신적인 비즈니스 출시도 부진하다. 일본과 같이 대한민국도 저출산 및 고령화가 급속히 진행되고 있으며 중국의 제조업 혁신은 매우 빠르게 진행되고 있는 상황이다. 이처럼 경쟁력이 저하되고 있는 국내 제조업의 부흥, 신규 일자리 창출, 국가 경쟁력 확보를 위해서는 제조업의 서비스화 생태계 조성을 위한 노력이 필요하다.

2장

소유하지 않고 사는 법:
라이프 애즈 어 서비스

이정헌 | 현 경희대학교 컴퓨터공학과 교수

경희대 컴퓨터공학과에서 공학박사학위를 받았으며, 2005년부터 영상분야 연구자로 세계인명사전에 등재되었다. 대통령 직속 국가지식재산위원회에서 전문위원을, 성능검증연구협의회에서 사무국장을 역임하였으며, 현재 블루오션투자자협회와 중소벤처혁신기업협회 협회장으로 활동중이다. ICT기술을 기반으로 한 스타트업 3개를 직접 창업하여 연속 Exit하였으며, ICT기술을 활용한 서비스 시장에 관심을 가지고 연구개발 및 투자를 직접하고 있다.

2030년. 대학생인 현우는 고등학생 여동생, 연구소에 다니시는 아버지, 쇼핑센터 내에서 미용실을 운영하시는 어머니와 같이 살고 있다. 맞은편 아파트에는 할아버지, 할머니도 같이 살고 있다.

아침 7시면 스마트폰에서 기상 알림소리와 함께 '아침 식사로 무엇을 준비할까요?'라는 AI집사 '찰스'의 목소리가 들려온다. 특별히 먹고 싶은 건 없기에 '아무거나'라는 대답에 찰스는 '그럼, 어제는 현미식으로 드셨으니 오늘은 샐러드식으로 하면 어떨까요?' 하고 아침 메뉴를 권한다. '그래'라고 대답하자, '샐러드식으로 30분 후에 도착하도록 주문하겠습니다'라고 답한다. 그 후 찰스는 아파트 관리사무소 옆에 있는 공용 푸드공간에서 운영되고 있는 로봇쉐프에게 '샐러드식 아침 식사'를 주문한다. 로봇쉐프는 준비된 레시피로 신선한 식재료를 이용하여 10분 안에 아침 식사를 만들어 재활용 도시락 박스에 담아 배송용 로봇에게 전달한다. 배송용 로봇은 엘리베이터 등 단지 내 구조를 인식하여 집 문 앞까지 5분 안에 도착하여 집 앞의 푸드 보관함에 주문한 도시락을 두고 음식이 도착했다는 메시지를 찰스에게 전달한다. 그러면 찰스는 음식이 도착했음을 나에게 알린다. 기존의 구독도시락 서비스가 한 달 전에 미리 결정된 메뉴에 따라 식사를 배달했다면 지금 사용하는 서비스는 실시간으로 메뉴를 변경할 수도 있고, AI푸드가이드가 평소 취향과 날씨, 건강상태 등을 분석하여 적절한 메뉴를 추천해 주기도 한다. 부잣집에나 있는 전용 요리사의 서비스를 집에서도 만끽할 수 있는 셈이다.

어머니는 뷰티 분야에서 일을 하시기 때문에 패션 스타일이 중요하다. 오늘은 글로벌 미용 전시회에 참석하신다. 어머니의 찰스는 일정표에 있는 등록 정보를 판단하여 참석하는 장소에 맞는 의상과 명품 가방을 자동 주문하여, 문 앞에 배송해준다. 전시회에 갔다 온 뒤, 의상과 명품가방을 집 앞 패션 박스에 넣어두면, '패션 애즈 어 서비스'로부터 사용한 의상과 가방을 수거해갔다고 알려준다.

할아버지, 할머니는 당뇨병과 고혈압 등의 만성 질환과 근감소를 방지하기 위해 찰스가 선정한 맞춤형 케어푸드로 아침을 드시고, 찰스가 할아버지, 할머니의 체형과 행동 패턴를 분석하여 맞춤형 무릎지지용 테이핑이 내장된 퍼포먼스 언더웨어를 입고 산책을 나간다. 손자인 나보다도 더 빨리 할아버지, 할머니의 건강 상태를 미리미리 예방하고 대처를 한다.

오늘 현우는 오전에 학교에서 수업을 마친 뒤 아버지가 부탁한 서류를 대전에 있는 연구소로 급하게 직접 가져다주고 와야 한다. 찰스는 이러한 상황을 인지하여 해당 위치와 시간대별로 저렴하면서도 빠르고 안전하게 갈 수 있는 이동 동선 및 이동 수단을 제시해준다. 그리고 길안내를 음성 안내와 시각적 내비게이션으로 제시한다. 이동 수단으로는 공유 킥보드, 지역버스, KTX, 택시까지 다양한 이동 수단을 자동으로 검색해 결정해주며, 결제도 알아서 해주기 때문에 익숙하지 않은 길이지만 아무런 불편 없이 다녀올 수 있다.

팬데믹을 거치면서 직장인들은 가정이라는 집의 공간이 아닌 혼자만이 있을 수 있는 개인공간을 원하게 되었다. 현우의 아버지 또한, 연구소에서 퇴직하고 나신 후에는 소설가가 되고 싶어 하셨다. 시간이 날 때마다 집에서 가까운 호텔이나 오피스 등 혼자 시간을 보낼 수 있는 곳을 찾아 소설가로 등단할 준비를 한다. '하우스 애즈 어 서비스'에 가입하면 집 주변의 맞춤형 공간을 자동으로 찾아서 예약하고 사용할 수 있다. 찰스가 아버지의 동선과 일정을 분석하여 빈 시간을 활용할 수 있는 공간을 선정하고, 예약 및 결제까지 자동으로 진행하여 글 쓰는 데만 집중할 수 있도록 도와준다.

이렇듯, 라이프 애즈 어 서비스는 고용하지 않더라도 집사에게 대접받는 듯한 기분으로 살 수 있게 해준다. 물론, 보다 좋은 서비스를 받기 위해서는 서비스 비용이 커지는 문제가 있다.

1.
라이프 서비스 vs
라이프 애즈 어 서비스

그동안 의식주 관련 경제 체제는 비용을 지불하고 물건을 구입하는 구매라는 형태를 빌어 소유권을 이전받는 형식으로 의식주를 제공하고 있었다. 제조 기술과 서비스 기술들이 발전하면서 의식주를 제공하는 공급자(혹은 제조사)나 대규모 유통채널들이 온라인 판매나 구독서비스의 형태로 의식주 소비 패턴을 변화시키고 있다. 최근에는 팬데믹 상황으로 인한 강제적인 비대면 환경과 스마트폰에 익숙한 MZ 세대를 통해 소비 패턴이 더욱 자동화되고, 더욱 빨라지고 있어, 라이프 서비스의 형태에서 '라이프 애즈 어 서비스'로 발전하고 있다.

'라이프 서비스'와 '라이프 애즈 어 서비스'는 무엇이 다른가?

라이프 서비스는 소유권 전체의 비용을 한 번에 지불하여 사용하던 기존의 구매 형태에서 소유권의 비용을 일정 기간 나누어 지불하는 렌탈 서비스와 정해진 약정기간 동안 매월 비용을 지불하면서 사용권을 유지하는 구독 서비스의 형태로 진화된 개념이라고 생각할 수 있다.

라이프 애즈 어 서비스는 이러한 라이프 서비스가 가지는 랜탈 서비스, 구독 서비스를 더욱 발전시켜 소유권과 무관한 비소유 방식으로 사용자의 시시각각 변화하는 상태를 파악하여 실시간에 자동적으로 맞춤형으로 재화와 용역을 제공하는 디지털 플랫폼 기반의 서비스라고 볼 수 있다. 즉, 라이프 서비스가 재화와 용역을 공급하는 공급자 입장에서의 서비스 구조라고 하면 '라이프 애즈 어 서비스'는 소비자 입장에서의 서비스 구조라고 할 수 있다.

일반적인 라이프 서비스가 공급자(혹은 제조사)가 소비자까지 도달하기 위한 생산, 유통, 소비의 과정을 만든다고 하면, 라이프 애즈 어 서비스는 소비자 입장에서의 목적을 달성하기 위해 다양한 제조사의 물건을 소비자의 목적에 만족할 수 있도록 생산, 유통, 소비의 과정을 만드는 서비스 구조라고 할 수 있다.

그러므로, 소비자의 요구를 따라가기 위해서는 의식주 문제를 해결하기 위한 포털의 형태를 가지고 소비자의 욕구를 공급자(혹은 제조사)가 알아서 해결할 수 있는 라이프 애즈 어 서비스로 발전할 수밖에 없다. 또한, 기존의 서비스 방식인 렌탈 서비스, 구독 서비스의 형태가 더욱 정교해지고 소비자의 요구에 맞게 실시간으로 변경되어 소비자 문제를 해결할 수 있도록 적용될 수 있는 서비스 구조가 만들어지게 된다.

예를 들어, 패션 분야의 경우 표준 체형의 신체를 가지고 있는 사람은 대부분의 브랜드 제품들이 맞을 수 있으나 표준 체형에서 벗어난 체형을 가진 사람은 한 가지 브랜드 제품만으로 스타일을 만족시키기 어렵다. 그러므로 하나의 제조사가 아닌 다양한 제조사의 제품을 코디네이션하여 대여할 수 있는 서비스가 나타나게 되는 것이다.

최즌 MZ 세대들의 이슈로 부각되고 있는 지속가능한 소비라는 주제에 맞게 최근에는 패스트패션의 문제들을 인식하기 시작하여 옷도 구매가 아닌 대여나 재활용에 대한 관심이 높아지고 있다.

이와 같이 라이프 애즈 어 서비스는 기존 의식주 산업구조를 해체하여 생산, 유통, 소비의 과정을 디지털 플랫폼을 이용해 자동화하여 서비스하고, 수요자에게는 비대면, 비소유 방식으로 필요한 재화와 용역을 실시간으로 서비스하는 4차산업혁명의 새로운 비즈니스 패러다임으로 부각될 것이다.

2.
라이프 애즈 어
서비스 현황

사람이 살아가기 위해 필요한 최소한의 소비 분야가 '의식주(衣食住)'다. 그런데 고령화 사회에 진입하면서 '동락신(動樂身)' 분야도 중요해지고 있다. 일상사와 관련된 가장 큰 축인 이 두 가지 분야에서 소유권을 구매하는 것이 아닌 서비스를 사용하는 방식의 소비가 늘어나고 있다. 의식주와 동락신의 6가지 분야별로 어떤 새로운 변화들이 일어나고 있는지 살펴보자.

의(衣), 누구나 쉽게 패셔니스타가 될 수 있다.
'패션 애즈 어 서비스(fashion as a service)'

패션은 외부 환경으로부터 신체를 보호한다는 것에서 출발했지만 자신을 표현하는 매개체이며 수단이기도 하다. 패션을 소비하는 방식도 개인의 감각에서 시작하여 이제는 전문가의 도움을 통해 나를 좀 더 제대로 표현하고자 하는 흐름으로 나타나고 있다.

'패션 애즈 어 서비스'는 해외에서도 매우 성공적인 서비스들이 자리 잡고 있다. 공유를 기반으로 한 비즈니스에 성공한 해외의 패션 애즈 어 서비스는 대부분 공유 자원이 질적·양적 측면에서 사용자들을 만족시킬 수 있으며, 위조품, 파손, 분실, 배송 지연, 품질이나 사이즈 부적합 등 공유 자원, 사용자, 거래 등 신뢰를 기반으로 생기는 문제에 대한 해결 방안을 잘 제시하였기 때문이다. 또한, 공유 과정에 신속성과 편의성을 부여하고, 개인맞춤형 서비스 등을 가능케 하는 기술을 적재적소에 배치하여 사용자가 불편함을 느끼지 않도록 서비스 이용의 편의를 도모하면서도 가격 적절성(affordability)과 비용 효율성(cost-effectiveness)을 포함한 플랫폼 이용의 경제적 타당성을 제시했다.

일본의 경우 패션 애즈 어 서비스 중 구독서비스가 유난히 빠르게 확장되고 있는데 이는 단사리(斷捨離)라는 열풍이 불어 미니멀 라이프(minimal life)가 유행 중이며, 2011년 동일본 대지진의 트라우마 이후 경제성과 트렌드 어느 하나 소홀히 하지 않으려는 일본인들의 소비 성향과 일치하기 때문에 나타난 현상이다.

모든 구독서비스가 성공적인 것은 아니다. 2008년 초 일본 양복 제조회사인 '슈츠박스(suitsbox)'는 월 7,800엔을 받고 매월 스타일리스트가 고른 양복, 와이셔츠, 넥타이 양복세트를 배달해주고, 마음에 안 들면 월 한 차례 교환할 수 있도록 하는 서비스를 시도했다. 그러나, 서비스 목적은 20~30대를 양복 고객으로 끌어들이는 것이었는데 실제 사용자는 기존 오프라인 매장의 중심 고객인 40대에 머물렀다. 결국 값비싼 양복을 구매하던 단골들이 저렴한 양복 임대 쪽으로 이동하여 신규 고객의 유입은 커녕 1인당 매출액이 줄어드는 결과를 초래했고 6개월 만에 양복 대여서비스 사업을 종료해야만 했다. 이 경우는 라이프서비스의 일반적인 실패 사례에 해당된다.

국내에서도 이러한 '패션 애즈 어 서비스'의 흐름을 타고 2015년 원투웨어, 윙클로젯, 코렌탈 등 스타트업 기업들이 서비스를 론칭했으나 대부분 1년여 만에 사업이 중단되었다.

2016년 SK플래닛이 론칭한 '프로젝트앤'은 1벌씩 4회 이용 시 한 달에 6만5천 원, 모든 의류 이용시에는 10만9천 원의 이용료로 시장에 큰 관심을 끌었으나 2년여 만에 서비스가 종료되었다. 롯데의 패션 렌탈숍 '살롱 드 샬롯'도 럭셔리 렌탈로 주목을 받았으나, 역시 2020년 10월에 서비스 종료되었다. 아모레 "스테디"는 피부의 턴오버 주기에 맞춘 '4스텝 마스크 플랜' 제품을 선보이며 국내 첫 정기배송 서비스 '스테디 박스'를 론칭하였으나 2020년 12월 31일에 서비스가 종료되었다.

국내 패션 서비스의 선두주자들이 실패한 원인은 단순했다. 소비자들이 원하는 시기에 원하는 디자인과 사이즈의 옷 등 상품을 빌릴 수 없다는 것이었다. 앞에서 언급했듯 패션 서비스가 패션 애즈 어 서비스로 진화하기 위해서는 소비자의 욕구를 보다 정확하게 분석하여 욕구를 해결해주는 해법을 제공해 주어야 하는 것이다. 하지만, 초기에 다양한 제품을 갖추는 비용과 유행의 주기가 보통 한 달을 넘지 않는 패션업계의 특성 때문에 패션 애즈 어 서비스를 성공시키기는 쉽지 않다.

패션 애즈 어 서비스에 대한 20대와 30대 여성들의 의견을 물어본 결과 "렌탈서비스 비용보다 더 싼 비용으로 SPA 브랜드 상품들을 살 수 있어 필요 없다", "매월 10만 원이 넘는 지출은 용돈을 받아 생활하는 대학생들에게는 고가다", "돈은 없고 명품은 쓰고 싶은 허영심을 반영한 결과물이다", "남의 제품을 돈 주면서까지 빌려 쓰는 것은 자존심의 문제다"라는 부정적인 시각도 많이 발생하는 것으로 서비스를 기획할 때 참고해야 하는 사항이다.

성공적인 패션 애즈 어 서비스를 구축하기 위해선 부정적 심리 부분을 극복하고, 저렴한 가격에 서비스를 제공하는 제품의 수가 많아야 한다는 전제 조건을 보여주는 예시다.

의류 부문

'라쿠사스'(日)는 에르메스, 루이비통, 프라다 등 53개 브랜드에서 3만 개 이상의 명품 가방을 쓰고 싶은 만큼 사용하고 반납하는 패션 애즈 어 서비스를 성공시켰다. 사용자에게 새로운 가방을 지속적으로 노출시키며 가방 회전율을 높이고 고객의 잠재적 취향까지 발굴하는 데 성공했다. 또한, 고흐나 모네 등 저명한 화가 그림을 이용한 배송 포장 디자인으로 고객 유지율을 끌어올렸고, 상품을 험하게 쓰는 1% 미만의 블랙컨슈머는 가차 없이 퇴출하여 상품의 품질을 유지함으로써 99%의 고객에게 만족을 제공했다.

'에어클로젯'(日)은 300개 이상 브랜드, 10만 벌의 옷 중에서 3벌을 매달 배송해주는 서비스로 직장에서 입을 옷을 어떻게 코디해야 할지 잘 모르는 직장 여성, 쇼핑할 여유가 없을 정도로 바쁜 30~40대의 워킹맘을 대상으로 삼았다. 프로 스타일리스트가 트렌드와 체형에 맞춰 고객에게 제품을 추천함으로써 일본의 대표 패션 애즈 어 서비스로 성장하였다. 특히 옷을 생산하는 의류회사와 함께 방대한 빅데이터를 기반으로 고객의 니즈와 취향을 기존 업계와 공유하면서 고객과 의류회사 모두에게 신뢰를 주는 데 성공하였다.

국내에서도 '옷 골라주는 여자'라는 남성 맞춤 패션 스타일링 서비스가 있다. 옷 쇼핑이 귀찮거나 어렵거나 또는 매장을 방문할 시간과 여건이 안 되는 남성을 대상으로 스타일링에 대한 어려움을 해결해주는 서비스를 제공한다. 이 서비스는 옷을 소개하는 것이 아니라 스타일링에 대한 컨셉을 알려준다. 그리고 그에 맞게 스타일링된 고객 사이즈의 옷을 보내준다. 최소한의 모델과 피팅 촬영 등으로 비용을 줄이고, 담당 MD가 옷을 구매해서 한 번에 보내줌으로써 배송비를 절감하는 등 가성비를 끌어 올리는 것에 집중한 서비스다.

체형에 따라 속옷을 맞춤 제공하는 '월간가슴'은 여성에게도 쉽지 않은 속옷 온라인 구매 시 사이즈에 대한 고민을 해결해 주었다. QR코드를 통한 피팅 정보를 지속적으로 업데이트받으며, 사용자 10만 명의 데이터가 모여서 고객에게 보다 정확한 체형별 속옷을 추천할 수 있게 되었다. 뿐만 아니라 속옷을 버릴 때 사용하는 폐속옷 봉투를 제공하는 등 여성이 민감하게 느끼는 부분을 잘 케어해주며 고객들의 심리적인 만족감을 높여주는 데도 성공하였다.

서비스명	성공 포인트
라쿠사스	• 대여했던 상품이 입고되면 알려주는 통지 서비스. 통지를 희망하는 사람이 많은 가방이 수요가 높다는 의미. 이 데이터를 활용해 공급의 효율성을 높임. • 인공지능을 활용해 고객의 잠재적 취향까지 발굴. • 고흐나 모네 등 저명한 화가 그림 사용하거나 계절에 따라 꽃이 그려진 상자에 넣어서 보냄. 고객유지율이 1.2~1.3% 향상되는 효과. • 말투가 거칠거나 상품 대여 전후 사진을 분석, 거칠게 다뤘을 경우 경고 (1% 민폐 고객 때문에 나머지 99% 우수고객이 손해를 보면 안됨). • URL : mechakari.com
에어클로젯	• 직장에서 입을 옷을 어떻게 코디해야 할지 잘 모르겠다는 직장 여성, 그리고 옷을 쇼핑할 여유가 없을 정도로 바쁜 30~40대의 워킹맘을 대상으로 프로 스타일리스트가 트랜드와 체형에 맞춰 제품 추천. • 옷을 생산하는 의류회사와 함께 방대한 빅데이터를 기반으로 고객의 니즈와 취향을 기존 업계와 공유하면서 신뢰 구축. • URL : air-closet.com
카리도케	• 성공 비결은 고객들이 빌리고 싶은 상품이 있느냐, 없느냐에 달려 있음. • 초기 투자비용이 수십만~백만 엔 정도인 물건을 대여로 저렴하게 제공하는 비용 우위성이 높은 항목을 선택. • 공간을 차지하지 않고 관리도 쉬운데다 시세가 명확해 가격 설정 용이. • 대여 상품으로 운용한 뒤에는 매각 처분해 현금화도 용이. • URL : karitoke.jp
메가네 노다나카	• 비용 부담 없이 년 단위로 3만 엔 상당의 안경 교체. • 어린이는 횟수 제한 없이 교체 가능. • 패션에 민감한 젊은 층일수록 적극 사용. • URL : tanaka-megane.co.jp

서비스명	성공 포인트
옷 골라주는 여자	• 모델, 피팅 촬영, 광고 등에 드는 비용을 줄이고 MD가 직접 구매하여 배송. • 여러 사이트에서 구매하는 것이 아니므로 택배비 낮춤. • URL : oggirl.co.kr
월간가슴	• 아이 데리고 외출의 어려움/현장에서 바로 못 입혀 보고 구매 후 안 맞는 사이즈로 인한 반품의 불편함/ 온라인 구매시 치수 문제보다 환불의 문제점 해결. • URL : inthewear.com

화장품 부문

사람의 피부 상태는 개인별로 매우 다양하다. 내 피부에 맞는 화장품을 고른다는 것이 어려우며 사서 직접 사용해보아야 알 수 있어 피부트러블도 자주 발생한다. 패션 애즈 어 서비스 영역으로 화장품이 들어오면서 내 피부에 맞는 화장품을 맞춤형으로 사용할 수 있는 소비 시대가 시작되었다.

'톤28'은 매달 달라지는 피부 컨디션을 빅데이터로 예측·분석한 기초 자료를 기반으로 '바를거리 가이드'가 24시간 안에 고객의 얼굴 부위별(T존, O존, U존, N존) 피부 데이터를 측정한 뒤 제품을 맞춤 제조해서 배송하는 서비스를 한다. '톤28'은 용기나 마케팅 비용을 최소화하는 대신 성분에 집중한 것이 특히 고객에게 좋은 반응을 받았다.

'먼슬리코스메틱'은 개인맞춤형 샴푸 서비스를 한다. 한 사람만을 위한 1인 샴푸로, 유해화학성분은 모두 제거하고 개인의 두

피 타입, 모발 타입, 모발 두께, 헤어 고민, 천연향을 각자에 맞게 선택할 수 있다. 철저히 '선(先)주문 후(後)제조' 시스템으로 운영함에 따라 재고에 대한 부담이 없고 방부제 없이 천연성분과 기능성 원료로만 제작함으로써 소비자 요구에 맞출 수 있다.

서비스명	성공 포인트
톤28	• 불필요한 스킨케어 과정을 줄이고 피부 부위별 특성에 맞는 제품을 제안. • 모든 제품은 100% 천연 성분으로 제조. • 용기나 마케팅 비용을 모조리 성분에 투자. • 친환경 종이 패키지를 사용해 환경오염을 최소화하는 마케팅 적중. • URL : toun28.com
몬슬리 코스메틱	• 클라우드 펀딩 와디즈를 통해 초기 구독자와 자금을 확보하면서 안정적으로 스타트가 가능. • '선(先)주문 후(後)제조' 시스템으로 운영된다. 재고를 두지 않고 주문이 들어오면 바로 맞춤 제작하기 때문에 방부제 없이 천연성분과 기능성 원료로만 제작. • URL : monthlycosmetics.com

기타 웨어러블 부문

남자 중에는 아직도 시계 마니아가 꽤 많고, 고가의 시계를 차고 싶어 하는 욕망도 강하다. 하지만 일반 직장인 월급으로는 몇천만 원을 하는 고가의 롤렉스시계 같은 명품을 구입하는 것은 현실적으로 어렵다. 이러한 소비자 욕구를 해결한 것이 '카리도

케'(日)다. 월 22만 원에 2천여만 원하는 명품 시계를 빌려주는 서비스다. 이 서비스는 많은 재고를 보유해도 공간을 적게 차지하고 관리도 쉬운데다 시세가 명확해 가격별 서비스 가능 상품 설정이 매우 용이하다. 또한, 일정 기간 이상 제품을 운영하다가 매각 처분해도 초기 구입 가격에 준하는 정도로 현금화가 가능하다. 서비스 초기에는 시계 구매 비용이 다소 높았으나, 운영에 들어가는 비용이 다른 서비스보다 상대적으로 낮아 성공적인 서비스가 되었다.

시계처럼 사용되는 또 다른 패션 아이템은 바로 안경이다. 도수렌즈의 경우 보통 6개월이 지나면 코팅이 벗겨지거나 흠집이 발생하여 교체를 하는 것을 추천하나 가격적인 부담으로 교체가 쉽지 않다. '메가네노다나카'(日)는 전국 116개 안경점을 통해 안경을 교환할 때마다 시력검사를 새로이 측정해 1년 단위로 교체하며, 어린이의 경우 횟수마저 제한 없이 교체할 수 있는 안경 서비스를 시작했다.

남자에게 면도기는 필수 아이템이라 할 수 있다. 미국의 '달러쉐이브 클럽(Dollar Shave Club)'은 어느 정도 절삭력이 증빙된 면도날을 저렴하게 정기적으로 배송해줌으로써 고객의 귀찮음을 해결해주었다. 국내에서는 유통 마진·광고비 등 가격 거품을 덜어내고 저렴한 가격을 공략한 '와이즐리'라는 면도기 구독서비스가 있다.

최근 1인 가구의 증가가 청소, 설거지, 세탁과 같은 기초적인 집안일을 대신 해결해주는 새로운 시장을 만들었다. 이 중 세탁 문제를 해결하기 위한 서비스가 바로 '런드리고'다. 모바일로 빨래 수거 신청 후 제공되어 문앞에 놓인 런드렛에 세탁감을 넣어두면 수거 후 익일 저녁에 다시 배송해주는 비대면 세탁서비스를 제공해 시장에 성공적으로 안착시켰다. 강남 3구에서 시작한 '세탁특공대'는 QR코드를 도입해 출고와 배송 정확도를 높이고 위치추적 시스템 등의 기술 고도화를 통해 서울 전역을 서비스 영역으로 확장하는 데 성공한다.

설거지, 청소와 같은 것을 대신해주는 온라인 가사도우미 서비스를 처음으로 시도한 곳은 '대리주부'를 운영하는 '홈스토리생활'이다. 이후 '청소연구소'를 운영하는 '생활연구소'가 등장했다. 소비자 주문이 들어오면 지역이나 선호하는 근무환경 등 조건에 맞는 가사 도우미들에게 알람이 울리고, 이를 수락하면 매칭이 완료되어 빠른 가사도우미 서비스가 가능하다. 보통 주문을 올리고 2~3시간이면 도우미가 매칭되고, 요금도 정찰제다. 이 밖에 이사 청소나 에어컨·세탁기 같은 가전 청소 등 특수 청소 서비스까지 제공하는 '미소', 사용자 후기 분석에 강점을 가진 '당신의 집사' 등 최근 주목받는 가사도우미 서비스들이 다수 나타나고 있다.

서비스명	성공 포인트
와이즐리	<ul><li>페이스북으로 젊은 층을 타깃한 마케팅 성공 사례 케이스.</li><li>"고객들의 불만이 와이즐리의 동력이다"라는 기준으로 설문조사를 수시로 하여 서비스 개선을 통해 고객 만족도를 상승시킴.</li><li>미국의 전략은 이동에 오랜 시간이 걸리는 것을 공략했다면 와이즐리는 유통 마진과 광고비 등 가격 거품을 덜어내고 현명한 소비를 돕겠다는 메시지에 집중.</li><li>독일 졸라겐에서 소비자가로 샘플을 사와 소셜미디어 등을 통해 고객을 모은 뒤 투자 유치로 스케일업 성공.</li><li>URL : wisely.wiselycompany.com</li></ul>
런드리고	<ul><li>1인 가구 특히 직장인의 귀찮은 빨래 숙제 해결.</li><li>타 산업 대비 선두주자의 시장점유율이 8%로 전체 수요를 받아줄 인프라 구축 한계를 알고 퍼스트무브성 사업 시작이 적중.</li><li>매우 편리하며, 다양한 가격 상품 구성으로 가성비 좋음.</li><li>URL : laundrygo.com</li></ul>

식(食), 당신도 모르는 건강과 입맛도 알아서 책임진다.
"푸드 애즈 어 서비스(food as a service)"

팬데믹 이후로 가장 큰 변화를 겪고 있는 시장이 바로 푸드 시장이다. 팬데믹 이전에는 집밥문화가 외식문화로 변화되다가, 팬데믹으로 인해 외식이 어려워지자 외식문화가 배달문화로 변해버렸다. 배달문화가 일반화되니 사람들은 배달음식으로 인한 건강문제에 관심을 가지게 되었고, 이를 해결하기 위한 다양한 서비스들이 나타나기 시작했다.

음식은 먹어서 없애버리는 특징이 있는 소비분야다. 그래서 대부분의 푸드 서비스는 많은 양의 음식을 저렴한 비용에 제공하거나 정기배송하는 것에 초점이 맞추어져 있었다. 하지만, 음식이 가지는 특징인 장기간 보관 문제와 다른 사람들과 공유 사용이 불가능하다는 특성으로 인해 개인별로 세밀하게 맞춤 제공을 하는 것이 중요해진 서비스이기도 하다.

즉, 푸드 애즈 어 서비스는 소비자의 식습관, 건강 상태, 습성과 취향에 맞춰 다양한 식당 및 제조사의 음식, 식재료를 공급할 수 있어야 하고, 음식의 특성상 질리지 않게 서비스해야 하는 감성적인 부분이 중요한 서비스 분야이다.

누구나 겪는 일이지만, 점심시간에 뭘 먹을지에 대해 고민을 해본 사람들이 많을 것이다. 이러한 문제를 해결하기 위한 푸드 애즈 어 서비스가 최근 나타나고 있다. 매번 제품을 골라 구매할 필요가 없어 의사결정과 구입 시간을 절약할 수 있고, 선택의 피로감을 해소해준다는 장점 때문에 빠르게 수요가 증가하고 있다. 이러한 푸드 애즈 어 서비스가 개인 소비자 측면에서 편의성을 높여주고 다양한 경험의 기회를 제공한다면, 기업 측면에서는 주문 횟수나 수량, 특성 등 관련 데이터를 수집·분석해 소비자 니즈를 파악하고 보다 만족도가 높은 개인별 맞춤 서비스까지 제공할 수 있어 지속적인 수익 상승과 충성고객을 확보하는 효과를 얻고 있는 시장이다.

식품산업통계정보시스템의 뉴스레터(2020년 8월)에 의하면 '푸드서비스'를 이용하고 있다는 응답자(1,374명)는 전체 응답자의 57.2%로, 구매력이 높은 30~40대에서 가장 높게 나타났다. 패션이나 건강 등 다른 '애즈 어 서비스'와 비교 시 20대 이하의 이용 비중이 현저히 낮고, 60대는 상대적으로 높아 식품을 주로 구매하는 연령 특성을 알 수 있다. 코로나19로 인한 사회적 거리두기의 영향으로 다른 라이프 애즈 어 서비스보다 푸드 애즈 어 서비스가 매우 빠르게 성장하고 있는 추세다.

푸드 관련 대기업들도 이러한 시대의 흐름을 놓치지 않고 제품의 다양성과 브랜드 인지도, 자체 물류 채널과 자사몰을 활용해 시장을 이끌어 가고 있다. 소비자 입장에서도 합리적인 가격에 신제품과 다양한 서비스를 이용할 수 있다는 장점이 어우러져 고객 충성도를 높일 수 있다. 기업 입장에서도 고객별 선호하는 제품의 구매 데이터 확보가 가능해졌다. 이러한 '푸드 애즈 어 서비스'는 대기업뿐만 아니라 유통 온라인 기업도 그 기류를 같이 이끌고 있다. 쿠팡이나 마켓컬리 등은 품목에 차별성을 둔 중소기업과 협업하여 이유식, 반찬, 전통주, 과자, 농산물 꾸러미에 이르기까지 특정 제품 특화 서비스로 승부를 띄우고 있다. 하지만 이러한 열풍과 반대로 3개월 내 1/3이상의 고객이 푸드 애즈 어 서비스를 받던 중 취소하는 높은 이탈율을 보이고 있으며 특히 간편식 서비스의 경우 6개월 내 60~70%의 이탈율을 나타내고 있다. 이유는 구성품의 아쉬움과 서비스 받는 중 사용량의 변화 등 다양한 이유가 있지만 호불호가 강한 푸드서비스의 특성상 결국은 한 번의 품질 오류가 치명타로 작용하는 경우가 많다. 또한, 가격적인 측면에서도 초기 론칭 시 형성된 가격이 소비자에게는 기본 가격으로 인식되면서 식자재 가격 상승으로 인해 일어나는 제품 상승가격이 도저히 심리적 만족감을 주지 못하는 것이다.

푸드서비스의 대표적인 품목은 짜장면, 김밥, 도시락과 같은 식사를 대상으로 하고 있다고 생각하기 쉽지만 실제로 '푸드 애즈 어 서비스'에는 '술'과 '커피' 서비스도 있다.

'사케라이프'(日)의 서비스에서는 창업한 지 500년이 된 역사 깊은 주류전문점의 오너가 고객 취향에 특화된 사케를 직접 선정한다. 1.8리터 한 병에 월 5,250엔(구이노미 코스), 720ml 한 병에 월 3,150엔(호로요이 코스)을 보내주는 서비스로 빠른 속도로 고객을 모을 수 있었다. 하지만, 특이하게 서비스한 지 2년쯤 되는 회원들이 "나에게 맞는 사케가 무엇인지 알게 됐다. 사케를 직접 고를 자신이 생겼다"며 탈퇴하는 일이 유행이 되면서 서비스 중단 사태를 빚고 말았다.

사케라이프가 실패한 주류서비스라면 '킨노구라'(日)는 성공한 서비스다. '킨노구라'는 이자카야 체인점에서 2시간 무제한 술을 제공하던 서비스가 폭발적인 반응을 얻으며 구독 서비스로 발전한 케이스다. 이 서비스는 일반적으로 술집에서 매출에 영향을 미치는 것이 술보다는 안주라는 점에 착안해 탄생했다. 실제로도 이 서비스를 이용하는 고객의 70% 이상이 안주를 2개 이상 주문함으로써 성공하게 되었다.

'킨노구라'가 일부 이자카야 체인에서만 제공되는 서비스라면 기린맥주의 '홈탭'은 공장에서 방금 제조한 신선한 맥주를 집에서도 즐길 수 있게 제공한다는 것에 차이를 두었다. 가격 자체는 동일 용량의 편의점 캔맥주보다 2배 이상 비싸나 "신선한 공장 직송 맥주는 자신에게 주는 선물이다"라는 마케팅이 적중하면서 푸드 애즈 어 서비스에는 가격보다 우선시 되는 것이 '가치'라는 성공 사례를 만들었다.

국내에서는 온라인으로는 전통주만 거래가 가능한 틈새시장을 공략한 '술담화'가 있다. 고객이 전통주에 대한 맛과 정보를 쉽게 접하기 어려운 점을 착안, 전통주 소믈리에가 2,030종의 전통주를 큐레이션해주는 전통주 구독 서비스를 한다.

커피를 좋아하는 사람에게는 자신만의 커피를 즐기고 싶어하는 욕구가 높다. 이러한 욕구를 해결하고자 파나소닉은 '더로스트' 커피 구독서비스를 선보였다. 계절의 변화에 맞춘 테마별 원두를 배송하고 취향에 맞춰 로스팅이 가능한 로스터기를 대여해줌으로써 커피 마니아를 확보하는 서비스를 만들었다.

건강에 관심이 늘어나면서 맞춤형 영양제 서비스인 '필리'도 나타났다. 전문가의 문진, 비타민 판매자, 복약 관리가 따로 되는 문제점을 해결하고 매달 변화하는 몸에 맞춰 영양제를 배송한다. 한국인 식습관과 영양성분 섭취 용량을 분석하고 유통마진을 줄인 가격으로 제공하며 무엇보다도 카카오톡 알림 서비스를 통해 섭취 알림 및 체크를 함으로써 고객의 건강을 챙겨주는 서비스를 제공한다.

'스낵트립'은 재미를 주는 과자 푸드 애즈 어 서비스다. 한 달에 한 번 특정 국가의 대표 과자를 해당 국가에 대한 정보와 과자 설명, 간단한 인사말이 담긴 설명서와 함께 제공하는데, 최근 불고 있는 레트로 감성과 코로나19로 해외여행을 못가는 상황을 더해 고객에게 간접 경험과 추억을 제공한다. 이러한 흐름에 롯데제과에서는 추억의 종합 과자상자를 다시 선보이기도 했다.

구내식당을 운영하던 기업들은 코로나19로 인해 직원의 식사 문제에 많은 고민을 하고 있다. 대기업이나 자금이 충분한 기업은 자체 주방을 보유하여 외부로부터 집단감염에 어느 정도 대비할 수 있지만 직원 수 100명 이하의 기업들은 그러기가 매우 어렵다. 이런 문제를 해결하기 위해 '달리셔스'라는 구내식당 대행서비스가 시작되었다. 유명한 맛집의 음식으로 직원들의 취향에 맞게 맞춤형 식사메뉴를 제공하고 해당 맛집에서 음식을 배송하여 구내식당 역할을 대행하는 서비스다. 특정 맛집 메뉴에 주문이 몰리는 경우 공급 문제를 해결하기 위해 공유주방을 활용해서 주문량을 처리한다. 최근에는 신축된 아파트 단지를 중심으로 공동조식서비스도 시작하고 있어 아파트 주민들의 매우 높은 만족도를 얻고 있다.

서비스명	성공 포인트
킨노구라	• 고객의 방문 횟수를 늘리고, 고객이 술과 함께 다른 음식도 구매를 하도록 유도함으로써 매출 증대 유도. • 실제로 정액권을 이용하는 고객의 70% 이상이 2품목 이상의 안주를 주문. • URL : gnavi.co.jp
홈탭	• 가격 자체는 동일 용량 대비 편의점보다 2배 이상 비싸나 신선한 공장직송 맥주를 제공한다는 가치 제공에서 차별화 성공. • 매주 수요일마다 자신에게 선물을 준다는 마케팅 적중. • 가격보다 더 큰 가치를 제공할 수 있느냐가 마케팅 포인트. • URL : hometap.kirin.co.jp
더로스트	• 하드웨어만 팔아서는 미래가 없다는 위기감에서 출발. • 일상화가 된 커피, 가정에서 신선한 로스팅 커피를 즐기고픈 기술적 문제 해결. • 마음대로 로스팅 테스트를 해보고 싶은 니즈를 충족. • 바리스타 챔피언 초빙 강연 및 팬사이트 오픈 등 온오프 마케팅 확대로 마니아 확보. • URL : panasonic.jp/roast/
오이식스	• 상품 선택이 아닌 '생활의 선택'에 서비스 초점. • 데이터를 축적하고 분석할 뿐 아니라 사용자 의견을 직접 듣기 위해 오이식스 사장부터 한 달에 한 번 고객의 집 방문. • 신규 서비스는 충분한 베타서비스 과정을 통해 의견을 수렴, 개선한 뒤 론칭. • 어떻게 하면 소비자 니즈에 딱 맞는 서비스를 제공할 수 있을지만 고민. • URL : oisixradaichi.co.jp
스낵트립	• 매달 바뀌는 과자를 기다리는 재미 제공. • 추억의 "과자선물 세트"의 레트로 감성 적중. • 코로나19와 맞물려 해외여행을 못가는 상황에서 간접 경험의 "재미" 제공. • 국내에서 접하기 힘든 스낵을 손쉽게 경험할 수 있는 흥미 유발. • URL : snacktrip.com

서비스명	성공 포인트
더브레드블루	<ul><li>당일 생산한 빵을 새벽 배송을 이용해 당일 배송.</li><li>최근 인기를 끄는 채식자의 순식물성 빵을 케이크, 밀푀유 등 다양하게 개발.</li><li>마가린을 사용하는 단순한 레시피를 쌀눈유나 다른 식물성 오일로 제조하기 위해 거듭 연구하며 개발부터 출시 이후까지 소비자 피드백을 적극 반영.</li><li>트랜스지방 문제 등 소비자의 질문에 즉각적인 피드백과 소비자 요구 반영한 빵 생산.</li><li>URL : thebreadblue.com</li></ul>
술담화	<ul><li>전통주는 온라인 판매가 가능하다는 틈새 공략.</li><li>전통주에 대한 맛과 정보를 쉽게 접하기 힘들다는 점 공략.</li><li>전통주를 취급하는 곳이 현저히 적음.</li><li>시음 노트 커뮤니티로 다른 사람과의 취향 공유.</li><li>URL : sooldamhwa.com</li></ul>
배상면주가	<ul><li>2년 동안 온라인 판매 데이터를 토대로 정기구독 서비스 론칭.</li><li>코로나19 이후 '홈술'이 늘어난 가운데 전통주에 대한 관심 재증폭.</li><li>맛이 만족스럽지 않을 경우 제품을 바꿔주는 품질보증 서비스 제공.</li><li>정기구독 제품은 지연이나 품절을 막기 위해 다른 제품보다 우선 출고.</li><li>URL : homesool.co.kr</li></ul>
데일리샷	<ul><li>주점은 별도 마케팅 비용 없이 홍보를, 소비자는 구독료 이상의 만족도를, 데일리샷은 매출을 올릴 수 있는 '3자 윈-윈'의 플랫폼.</li><li>소셜커머스나 다이닝 티켓 판매 서비스와 달리 제휴점으로부터 받는 수수료 없음.</li><li>제휴점들에 매장의 매출 데이터와 연동해 세대별, 성별, 상권별 주류 선호도나 고객들의 추가 주문 데이터를 정형화.</li><li>고객에게는 개개인의 선호도에 따라 맞춤형 술집을 추천.</li><li>URL : dailyshot.co/</li></ul>
롯데제과	<ul><li>개별 구매 온라인 최저가 대비 20% 할인 제공.</li><li>랜덤박스의 의외성으로 호기심 충족.</li><li>SNS에 사진을 올릴 수 있는 소확행 제공.</li></ul>

서비스명	성공 포인트
롯데제과	• 신제품은 추가로 증정하여 구독자 차별화. • 한정 상품 판매로 희소성 증대. • URL : lottesweetmall.com
필리	• 전문가의 문진, 비타민 판매자 , 복약 관리가 따로 되는 문제점 해결. • 매달 변화하는 우리의 몸에 맞춰 영양제 배송. • 유통기한 지나 버려지는 영양제를 완전히 복용할 수 있도록 섭취 체크 시 소정의 포인트를 제공하는 시스템. • 고객의 건강을 챙겨주는 것이 합리적 소비를 지향하는 고객들에게 어필. • URL : pilly.kr
달리셔스	• 맛집으로 알려진 100군데와 계약하여 식사를 공급. • 메뉴 제공시 직원들의 구성(나이, 연령, 숫자)을 조사하고, 사전 설문을 통해 선호도를 조사하여 최적의 맞춤 메뉴 구성. • 제공 물량의 한계로 인해 주문이 몰릴 시 운영 중인 공유주방 활용. • 즉시 배달이 필요하여 배달 회사 인수하여 직접 운영. • URL : kurrant.co

주(住), 전 세계 어디나 내가 머무는 곳이 집이 된다.
"하우스 애즈 어 서비스(house as a service)"

전통적인 소유와 자산의 개념에 가장 충실한 것이 바로 '집'이다. 하지만, 최근 아파트 가격의 급상승과 팬데믹으로 인한 강제적인 재택근무들이 일상화되면서 가정으로서의 집의 의미가 변화하고 있다. 재택근무가 오래 지속되면서 가정생활과 일의 경계가 희미해지고 있어, 근무의 효율을 높이기 위한 공간으로서 집에 대한 변화를 꾀하고 있다. 공간이 넓은 집의 경우에는 인테리어를 변화시켜 가정생활 공간과 일하는 공간을 분리시키는 사람들이 늘어났다. 공간이 적은 집에 사는 사람들은 디지털 노마드(Digital Nomad, 시간과 장소에 관계없이 일을 할 수 있는 사람들. 일을 할 수 있는 도구만 있다면 시간·공간의 제약 없이 일하는 사람들)가 되어 일할 수 있는 공간을 찾아 나가는 경우도 늘고 있다.

이러한 현 시장의 문제를 해결하고자 하는 것이 하우스 애즈 어 서비스다. 기존에는 일정 기간 이상의 임대 형식으로 보증금과 월세를 내는 형태로 공간이 이용되었지만, 에어비앤비가 성공하면서 짧은 기간 동안 빌려 쓸 수 있는 공간에 대한 개념이 확장되었다. 하우스 애즈 어 서비스는 소비자 입장에 맞추어 원하는 형태 및 공간의 특성, 가용 비용 등을 고려하여 필요한 시간에 맞추어 사용자에게 추천을 하고, 예약 및 결제도 자동으로 이루어지는 서비스로 진화하고 있다. 뿐만 아니라 공급자 입장에서는 빈집을 리모델링하여 임대 공간으로 활용할 수 있도록 하여 자원을 재활용한다는 측면에서도 의미 있는 서비스라 할 수 있다.

코로나19로 인한 원격근무의 연장으로 집에서의 공과 사의 경계를 구분하기 어려운 직장인이 사무실도 집도 아닌 제3의 업무 공간을 찾는 일이 많아지고 있는데, 이를 '워케이션(workation, 일work과 휴가vacation의 합성어)'이라 부른다. 여행지에 머무르며 업무와 휴가를 겸하는 근무 형태를 뜻하는 것으로 유행처럼 나타나고 있다. 워케이션이 새로운 개념은 아니다. 미국에선 2000년대 초부터 쓰던 말로 미국 특유의 고용 관행 때문에 본인이 비용을 대더라도 어느 정도 휴가를 즐기며 일하는 워케이션이 매력적인 옵션이 되었으며, 일본에서는 몇 년 사이 워케이션이 시행되고 있다. 일본항공(JAL)에서 2017년부터 연간 최대 5일 국내외 어디서든 회사가 지급한 컴퓨터로 담당 업무를 처리하면 정상 근무한 것으로 간주하는 제도를 도입한 것이 대표 사례이다. 워케이션은 노동력 부족에 따른 장시간 근무, 낮은 휴가 이용률이 문제가 되는 경직된 일본 근로 문화의 해결책으로 제기되었다. 국내에서도 협업도구들이 발전하고, 온라인 재택근무 기술들이 발전하면서 워케이션을 시도하는 직장인이 늘어나고 있다.

하지만, 국내에서는 아직도 자산으로의 부동산이 매우 큰 부분을 차지하고 있기 때문에 일자리가 몰려 있는 수도권을 중심으로 부동산 가격은 끊임없이 상승하고 있다. 그럼에도 불구하고 2018년에는 140만 호가 빈집 상태이며, 서울은 약 7% 가량이 빈집 상태이다. 주택의 거주 매력도에 영향을 미치는 요인(접도, 필지 특성, 건축연한 등) 이외에 지역의 특성(산업, 고용 등)과 소유자 특성(연령, 상속 여부 등)이 빈집 발생에 영향을 미치는데 이러한 주택 및 공간 자원의 방치로 인해 사회적 비효율을 야기하며, 주변 지가 하락, 인근 주민의 안전과 위생상 피해를 유발할 수 있어 체계적 관리가 필요하다. 지방에서는 점점 더 늘어나는 빈집을 처리하기 위해 지자체가 소유주에게 철거지원금을 제공하고 민간 투자를 유치하는 등 다양한 접근을 시도하고 있다.

빈집 증가 및 관리 문제는 '하우스 애즈 어 서비스'로 해결할 수 있지만, 현실은 국내 호텔업계의 수익 감소를 이유로 빈집 활용이 반대에 부딪혀 있다. 농어촌 지역의 빈집을 장기 임차하고 리모델링해 숙박을 중개하는 스타트업 '다자요'는 2019년 지역 민박업체로부터 농어촌정비법에서 '실거주자만 농어촌민박업을 할 수 있다'는 조항 위반으로 조사를 받았다가 현재 조건부 사업으로 간신히 명맥을 유지하고 있는 현실이다. 정부 입장에서는 기존 숙박업계의 이익 침해에 대해 마냥 무시할 수도 없기에 2019년 공유경제 활성화 방안으로 내국인을 대상으로 연 180일 이내의 숙박 공유 제공 허용을 위한 관광진흥법 개정을 추진하는 정도로 마무리가 되어가고 있다.

국내의 상황과는 달리 일본의 '어드레스'는 시골의 빈집을 리모델링 후 대여함으로써 도시와 시골의 양쪽 모두 경험을 제공하고 있는데 코로나19의 세계적 유행으로 회원수가 3~4배 폭발적 증가했다.

'서브스크라이프(subsclife)'는 MZ세대를 위한 가구 구독서비스를 론칭했다. 전월세로 인한 잦은 이사로 집 구조에 따른 가구 변경이 어려운 젊은 세대와 아름다운 집, 취향에 맞는 집으로 꾸미고 싶지만, 고비용으로 인한 가구 구입을 꺼리는 세대를 대상으로 시장 진입에 성공했다.

서비스명	성공 포인트
어드레스	● 13곳을 만들어 19년 4월 서비스를 시작했으며 코로나19의 세계적 유행으로 회원수가 3~4배 폭발적 증가. ● 초기 20-30대에서 50대까지 골고루 분포하고 있으며 자녀 교육은 "듀얼스쿨"을 통해 아이들은 도시와 시골의 양쪽 경험 제공. ● 글로벌 월정액 무제한 거주 서비스 출시. ● 30년간의 장기 불황 속 일본 젊은 세대에게 절약 본능이 작용. ● URL : address.love
하프(Half)	● 미국과 영국, 호주, 인도네시아, 대만, 한국 등 세계 36개국 509도시, 735거점으로까지 확대. ● 휴식하면서 일을 하는 데 충분한 환경이 조성된 시설 제공. ● hafH코인을 통해 업그레이드가 가능하며, 커뮤니티(요금제별 차등 지급, 여행 계획표 업로드, 친구 소개, 이벤트 등)를 통해 손쉽게 습득 가능. ● URL : hafh.com
서브스크라이프(subsclife)	● 전월세로 인한 잦은 이사로 집 구조에 따른 가구 변경이 어려운 젊은 층 타깃 성공. ● 아름다운 집, 취향에 맞는 집으로 꾸미고 싶지만 고비용으로 망설이는 가구 공략. ● 인기 브랜드 가구의 다양한 가격대와 최근 가전제품까지 확대. ● 법인의 창업이나 이전에 따른 가구 구비 비용 부담 감소로 법인 이용율 급증. ● 제품 파손에 대한 수리비 청구를 최대한 저렴하게 책정. ● URL : subsclife.com

동(動), 출퇴근의 일상과 이동의 개념을 바꿨다.

"모빌리티 애즈 어 서비스(mobility as a service)"

전기충전식 킥보드나 전기차와 무인자율주행차의 시제품들이 나오기 시작하면서 '모빌리티 애즈 어 서비스'는 다양한 미래를 그리는 이동 서비스의 대표주자가 되었다. 공유경제의 시작을 알렸던 카셰어링, 라이드셰어링 등을 시작으로 자동차 제조사의 미래를 좌지우지하는 모델로 급성장하면서 신차 5대 중 1대는 이러한 구독형 모델로 사용될 것이라는 전망이 봇물처럼 터져 나왔다. 이에 당연히 국내외 대형 자동차 제조사는 자사의 럭셔리 브랜드를 통해 시장에 뛰어들기 시작했다. 뿐만 아니라 다양한 스타트업 역시 새로운 비즈니스모델을 개발하면서 그 흐름에 탑승했다.

하지만 현실은 호락호락하지 않았다. 아직 파일럿 단계로 수익을 낼 수 있을 만큼 시장이 형성되지 않았기에 너도 나도 뛰어들었던 기업들은 사업을 포기하거나 중단하는 등 조정기를 겪고 있다. Volvo는 xc40 한 가지 모델만, 재규어 랜드로버는 영국에서만, 벤츠나 BMW는 내슈빌 등 아주 한정적인 지역에서만 서비스되고 있는 현실이다. 이렇듯 더딘 행보의 다양한 원인 중 가장 대표적인 것은 장기 렌트나 금융 임대 대비 60% 이상 비싼 서비스 이용료일 것이다.

이러한 현상은 국내도 마찬가지다. 롯데렌터카는 차종과 브랜드, 가격까지 마음껏 골라 타는 서비스형 프로그램 '오토체인지'를 내놓으면서 선착순 50명을 시작으로 시범 서비스에 돌입했지만 결국 정식 서비스 론칭에는 실패했다. 프리미엄 수입차 브랜드 미니(MINI)와 커넥티드 카 플랫폼 서비스 기업 에피카와 손잡고 국내 최초로 자동차 구독 서비스를 실시했으나 현재 중지된 상태다. 국내의 실패 이유는 해외와 마찬가지로 비싼 구독료가 가장 큰 문제였을 뿐만 아니라 번호판 인식을 통해 운용되는 주차장이 다수인 상황에서 바뀌는 차번호로 인한 주차장 사용의 번거로움 등이 문제점으로 작용했다. 거기에 '패션 애즈 어 서비스'와 마찬가지로 남과 함께 차를 쓴다는 데 거부감을 느끼는 이들이 많아서 국내에서는 모빌리티 구독 서비스가 더더욱 자리 잡기 어려웠던 것이다.

국내에서는 비마이카, SK텔레콤+uber 합작 티맵라이프 "우티", 카카오모빌리티 등과 더불어 자동차 제조사 현대와 기아가 '현대셀렉션'와 '기아플렉스'로 모빌리티 애즈 어 서비스를 선보였다. '현대셀렉션'은 차량 운영시 세금, 보험 등 유지 관리의 번거로움을 제거하고 카셰어링이나 렌트와 달리 선납금 및 위약금, 약정 금액, 중도 해지 수수료를 없애면서 공격적으로 고객 모집에 나서고 있으나 성공적인 서비스가 되지 못했다.

킥보드나 자동차의 사용 비용을 받는 다양한 서비스가 시도되지만, 국내의 경우는 음주운전을 피해 대리운전해주는 시장이 매우 잘 발달되어 있는 곳이다. 이러한 대리운전 시장은 최근 일반 운전기사 비서 서비스로 확장되어 가고 있다. '버틀러'가 만든 시간제 수행기사 서비스인 '모시러'는 고객이 필요할 때 원하는 장소와 이용시간을 예약하면 수행기사가 찾아가 운전을 대신해준다. 운전 외에 고객의 짐을 대신 날라주기도 하고 고객 차량을 자택으로 가져가 주차까지 해준다. 이러한 시간제 수행기사 서비스는 다양한 분야로 서비스 영역이 넓어지고 있다.

이동수단의 기본인 자동차가 내연기관에서 전기모터를 기반으로 한 전기차로의 전환이 시작되었고, 사람이 운전하지 않는 무인자율주행 기술이 발전함으로써 이동이라는 행위가 다른 일을 못하게 운전자를 얽매는 문제도 제거되었다. 이에 따라, 이동시간을 활용하는 새로운 모빌리티 애즈 어 서비스 시장을 대비한 새로운 시도는 계속될 것이다. 모빌리티 애즈 어 서비스의 시장안착을 위한 보다 합리적인 금융상품이 개발되고, 소유에 대한 경제관념이 점차 변하는 흐름에 따라, 자동차 제조사로서는 절대로 포기할 수 없을 뿐만 아니라 끊임없는 스타트업의 혁신이 이어지기 때문이다.

락(樂), 일상의 즐거움으로 힐링하다
"조이 애즈 어 서비스(joy as a service)"

사람들이 쉬는 시간에 제일 쉽게 접하는 것이 스마트 디바이스를 통한 음악이나 영상과 같은 디지털 콘텐츠다. 음악 서비스를 중심으로 시작된 디지털 콘텐츠 서비스는 멜론에서 시작되었다. 그 뒤 유튜브, 넷플릭스로 확장되면서 음악에서 동영상까지 아우르는 콘텐츠 소비 형태로 진화되었다. 지금은 절대 아성을 쌓아가고 있던 넷플릭스에 이어 디즈니플러스, HBO MAX, 국내의 웨이브와 티빙 등 복수의 OTT서비스도 서비스를 시작하면서 소비자들의 시간을 장악하기 위한 경쟁은 더욱 치열해지고 있다. 기존에는 주로 만들어진 콘텐츠를 유통하는 데 그쳤지만 이제는 각

채널별로 오리지널 콘텐츠를 제작하는 등 고객을 묶어두기 위한 유지비용이 급격하게 증가하고 있다.

이러한 디지털 콘텐츠 소비 흐름의 변화는 영화 관람에서도 예외가 아니다. 격변하고 있는 영화 시장 속에서 미국의 '무비패스'는 한 달에 세 편의 영화를 극장에서 관람할 수 있는 회원권을 팔면서 폭발적으로 회원 가입을 유치했다. 그러나 시대의 변화를 견디지 못하고 경영난으로 결국 서비스가 중단됐다. 사용자가 늘어나는 만큼 회원 유지를 위한 비용이 더 폭발적으로 증가했고, 동일한 콘텐츠를 즐길 수 있는 유사 서비스의 증가로 사용자의 피로감과 비용에 대해 느끼는 부담감이 늘어났기 때문에, 무비패스의 서비스 모델이 확장성을 잃고 한정된 회원을 대상으로 하는 제로섬 게임으로 변질되었기 때문이다.

그림 서비스 '핀즐'은 2017년 세계 최초로 자신의 공간에 그림을 걸어두고 감상할 수 있는 조이 애즈 어 서비스를 론칭했다. 핀즐은 미술시장이 더 크게 성장하지 못하는 이유가 갤러리 중심의 유통구조로 한정된 데 있다고 분석하고, 음악, 영화, 도서가 쉽게 소비될 수 있는 라이센스 프레임으로 옮겨와 시장의 성장을 이끌었듯 미술 역시 라이프 서비스로 소비와 유통을 확장시키면 성공할 수 있을 것으로 생각했다. 핀즐과 비슷한 서비스로 '오픈갤러리'도 있다. 신인 작가의 작품을 선택하면, 이후의 복잡한 설치와 교체 작업은 모두 '오픈갤러리'의 전문가와 큐레이터가 전담해 진행하는 것으로 핀즐과 차별성을 두는 서비스다.

꽃 구독서비스를 내놓은 "꾸까"는 화훼 시장의 유통구조 변화를 시도했다. 편의점 형태의 지역 대상 서비스로 전국 모든 지역을 대상으로 하며, 배송 중 꽃이 파손되면 100% 재발송하는 등 꽃 품질을 일관되게 유지하면서 정기 고객을 모집하여 시장 진입에 성공한다.

그림이나 꽃이 성인을 위한 것이라면 "레고라운드'는 어린이를 타깃으로 레고 장난감을 교환해주는 조이 애즈 어 서비스다. 다른 상품에 비해 금방 싫증을 내기 쉬운 장난감은 구매 대비 비용을 줄여주는 서비스로 접근하기 쉽다. 하나의 레고를 완성한 뒤 더 새롭고 높은 레벨의 레고 조립을 원하는 아이들 취향도 정확히 저격했다.

즐거움과 관련된 시장 중 가장 큰 변화를 맞은 것이 바로 여행 서비스다. 팬데믹으로 막힌 하늘길과 바닷길 대신 온라인으로 하는 '랜선 여행'이라는 새로운 방식의 여행을 만들어냈다. 코로나19 장기화로 억눌린 여행 수요와 업계의 자구책이 맞물리며 랜선 여행, 가상 여행이 진화하고 있다. 세계적으로 가장 인기를 끄는 랜선 여행 웹페이지는 'Drive & Listen'으로 "현지 라디오를 들으며 차를 타고 도시를 여행하자"는 게 모토인 무료 서비스다. 웹페이지에 접속해 서울, 뉴욕, 파리 등 세계 50여 개 도시 중 여행하고 싶은 곳을 클릭하면 현지 라디오 방송과 함께 차를 타고 도시를 누비는 듯한 영상이 재생된다.

마이리얼트립, 프립 등 여행업계도 랜선 여행 프로그램을 잇 달아 출시했다. 현지 거주 가이드가 화상을 통해 직접 여행지를 소개하기도 하고, 박물관, 미술관 등 특정 주제에 맞춰 도슨트 투어를 운영하기도 한다. 라이브 랜선 여행만을 전문적으로 운영하는 스타트업 '가이드라이브'도 등장했다. 한 시간 정도 진행하는 '가이드라이브'의 투어는 회당 1~2만 원 수준으로 처음에는 누가 돈을 들여 가상 여행을 하겠냐며 우려 섞인 시선을 받았지만, 지금도 소비자 수요가 꾸준하게 증가하는 추세다.

국내 여행지도 랜선 여행으로 들어오고 있다. 문화체육관광부가 최근 선보인 '집콕여행꾸러미' 시리즈에서 군산, 경주 상품이 큰 호응을 얻었고, 에어비앤비, 클룩 등 해외 기업도 국내외 가상 여행, 랜선 체험 서비스를 선보였다. 미국 소셜 애플리케이션인 틴더도 1일 가상 체험과 여행을 즐길 수 있는 '패스포트' 기능을 한 달간 무료로 제공한다고 밝혔다. 고객은 목적지를 선택한 뒤 현지에 있는 사람과 대화하거나 가상 체험을 즐길 수 있다. '구글 어스' '갈라360'은 가상현실(VR) 기술을 활용한 랜선 여행, 실감 미디어 콘텐츠를 강화하고 있다. KT도 슈퍼VR 플랫폼에서 160여 편의 가상 여행 콘텐츠를 제공한다. 제주도 여행지 200여 곳을 360도 영상으로 서비스하는 '제주투브이알'도 인기다.

서비스명	성공 포인트
핀즐	• 큐레이터가 매달 선정한 아티스트의 작품을 집에 걸어 감상할 수 있도록 A1 사이즈의 대형 아트 포스터를 제공. • 대표가 신혼집 인테리어 중 그림 구매를 알아보다가 높은 가격대와 낮은 접근성을 보고 사업 론칭. • 미술시장이 더 크게 성장하지 못하는 이유는 갤러리 중심의 유통 구조로, 음악, 영화, 도서가 쉽게 소비할 수 있는 라이센스 프레임으로 옮겨와 폭발적으로 성장했듯 미술 역시 라이프 비즈니스로 소비와 유통 확장. • 사업 초반 작가 섭외가 매우 어려웠으나 진정성을 바탕으로 설득을 통해 작가들의 응답이 오기 시작함. • URL : pinzle.net
오픈갤러리	• 작품을 선택하면 이후의 복잡한 설치와 교체 작업은 모두 오픈갤러리의 설치 전문가와 큐레이터가 전담해 진행. • 작품 구매 가격의 1~3% 수준의 비용으로 3개월 이용. • 양질의 작품 유통으로 신인 작가의 경제적인 기반 마련이 목표. • URL : opengallery.co.kr
꾸까	• 화훼 분야의 낡은 시장 및 유통 구조에 변화 시도. • 스타트업의 상당수가 타깃이 여성인 걸 감안, 다양한 취향을 가진 여성을 주요 고객 삼아, 상품으로 꽃을 선정. • 편의점 형태의 지역 대상 서비스로 전국 모든 지역을 타겟하고 있고 모든 지역에 꽃 품질이 일관되도록 배송 방법 설계. • 배송 중 파손건은 100% 재발송. • URL : kukka.kr
레고라운드	• 매 대비 비용이 적게 들며, 금방 싫증나는 장난감으로 인한 낭비 요소 제거 • 하나 완성시 새롭고 더 높은 레벨의 레고 조립을 원하는 아이들 취향 저격. • URL : legoround.co.kr
Drive & Listen	• 세계적으로 가장 인기를 끄는 랜선 여행 웹페이지. • "현지 라디오를 들으며 차를 타고 도시를 여행하자"는 게 모토. 웹페이지에 접속해 서울, 뉴욕, 파리 등 세계 50여 개 도시 중 여행하고 싶은 곳을 클릭하면 현지 라디오 방송과 함께 차를 타고 도시를 누비는 듯한 영상이 재생. • URL : driveandlisten.herokuapp.com

서비스명	성공 포인트
가이드라이브	● '살아 있는 여행', '살아 있는 가이드'라는 모토로 실력 있고 진정성 있는 여행 가이드를 발굴하여 여행의 본질에만 집중할 수 있도록 돕고 가이드와 함께 '여행의 경험이 살아 있는 여행'을 만드는 것이 기본 사업. 코로나로 인해 가이드를 중심으로 한 랜선여행으로 피보팅 수행. ● 박물관 도슨트 투어, 서울 청계천 여행, 부산 구시가지 투어 등 다양하고 참신한 테마의 국내 여행 상품을 랜선 여행으로 출시. ● URL : guidelive.live

신(身), 나보다 내 몸 상태를 더 잘 알고 있다.
"헬스케어 애즈 어 서비스(Healthcare as a service)"

고령화 시대와 팬데믹을 겪다 보니 건강에 대한 관심은 더욱 증가하게 된다. 라이프 애즈 어 서비스에서 향후 가장 큰 시장으로 성장할 것으로 예측되는 시장이 맞춤형 건강관리를 해주는 헬스케어 애즈 어 서비스다.

'헬스케어 애즈 어 서비스'는 다양한 형태로 이루어지고 있다. 의료 기술이 발달한 미국의 경우에는 우리나라와 다른 의료보험 체계로 헬스케어 애즈 어 서비스가 보다 활성화되는 모습을 보이고 있으나, 국내에서 헬스케어 애즈 어 서비스를 시도하기 위해서는 식품의약품안전처·한국보건의료연구원·건강보험심사평가원 등 3개 이상 기관의 심사를 받아야 하는 복잡한 구조로 되어 있다. 심사 기간도 평균 1년 이상 소요되고, 현행 빅데이터·원격의료 규제로 디지털 헬스 산업 및 관련 구독 서비스의 성장이 제한받고 있으며, 개인정보보호 문제로 시민단체와 의료정보의 민감성을 강조하는 의료계 쌍방의 반대가 커 활성화 가능성을 예측하기 어려우나, 결국에는 다양한 서비스가 나타날 것으로 예측된다.

글로벌기업인 '아마존'(美)은 화상진료 '비디오케어(video care)'와 문자 서비스 '케어 챗(care chat)'을 통해 예약부터 진료까지 걸리는 평균 21일의 기간을 60초로 단축했다. 추가적인 진료가 필요할 경우 가정이나 사무실로 간호사 혹은 의사가 직접 방문하는 '모바일케어(mobile care)'라는 추가 유료 서비스나, 처방된 약을 바로 배송 받을 수 있는 '케어 커리어(care courier)' 서비스도 이용할 수 있다. 추가로 아마존의 인공지능 비서인 알렉사는 내장된 안경, 반지, 이어폰 등 웨어러블 기기를 통해 체온, 심장박동, 수면패턴 등 각종 생체 정보들을 헬스케어 서비스와 연동할 예정이다.

아마존이 온라인 진료에 집중했다면 'Noom'은 체계적인 커리큘럼으로 전문 코치가 식단 조절과 생활 습관을 지속적으로 관리하는 다이어트 건강관리 서비스로 메가 히트를 기록했다. 국내기업으로 국내에서 서비스를 시작하였으나, 다양한 의료 규제와 의료기관과의 연계 실패로 미국으로 본사를 이전하여 성공한 국내의 대표 헬스케어 기업이다.

홈트레이닝 서비스인 '펠로톤'(美)은 홈트레이닝 시장의 기준이 되었다. 커넥티드 피트니스 제품(Connected Fitness Products)을 구매하면 펠로톤에서 서비스하는 독점적인 스포츠 콘텐츠를 이용할 수 있는 서비스로 커뮤니티 활성화를 위해서 많은 노력을 투입한다. 매일 14개 정도의 클래스가 라이브 스트리밍을 통해 제공되며, 이를 활용해 동기 부여와 경쟁심 유도 그리고 다음 운동에 참여할 가능성을 높이는 고객 유도 전략 덕분에 성공적인 서비스로 자리매김했다. 운동이 끝나면 펠로톤 머신이 자동으로 서버와 연결해 운동 효과나 이전 운동 성과와의 비교 또는 개선 여부 등을 정리해 사용자들에게 헬스케어 정보를 제공한다.

케어 서비스에 집중되는 미국의 헬스케어 애즈 어 서비스와 달리 국내의 서비스들은 주로 제품에 집중되고 있다. 2016년에 10대 여학생의 신발깔창 생리대 사건을 계기로 관련 프로젝트를 경험한 대표가 창업한 '해피문데이'에서는 월경언니라는 컨셉의 콘텐츠 제작을 통해 누구나 쉽게 여성의 월경에 대한 이야기할 수 있는 사회 분위기를 조성하고 사탕수수를 원료로 활용한 투명 플라스틱 어플리케이터를 도입하는 등 친환경 제품 개발에 집중하면서 생리대 구독서비스 시장을 개척하고 있다.

'월간임신'은 임신과 출산에 필요한 의약품이나 소모품 등(약 3백여 개 아이템)을 비교 구매해야 하는 귀찮음을 해결해주는 구독서비스를 시작하였다.

사회적 거리두기로 인해 가정에 머무는 시간이 많아진 가운데 우울함을 달래고 행복을 더하기 위한 방법으로 반려동물이 많이 입양되고 있으며, 그에 따른 반려동물의 헬스케어 시장도 빠르게 성장하고 있다. 다만, 반려동물 질병 치료가 아직 법적으로

의료보험 체계가 되어 있지 않아 반려인들에게 의료 부담을 주고 있어, 현재의 반려동물용 헬스케어 애즈 어 서비스는 예방과 관리 차원에서 서비스가 이루어지고 있다.

아직 서비스가 활성화되어 있지 않지만 선제적 예방의학을 기반으로 한 헬스케어 애즈 어 서비스들도 속속 등장하고 있다. 전체 유전자(DNA) 정보를 분석하여 향후 발병할 가능성이 높은 질병을 분석한 후, 예측되는 병의 발병을 지연하거나 예방할 수 있는 서비스를 제공하고 있는 AI 기반 유전자 분석서비스 스타트업 '아이크로진'과, 소변검사를 통해 환경오염물질이 체내에 누적되는 수준을 분석하여 향후 발병할 수 있는 질병을 예측해주고, 발병을 예방할 수 있는 디톡스 방법을 제공하는 스타트업 '군빙'과 같은 서비스들이 선제적 예방의학 시장을 두드리고 있다.

반려동물 AI 헬스케어 솔루션 알파도펫은 연령별, 견종별, 성별, 예방접종 여부별, 사료 주요 성분별 맞춤형 건강증진 서비스를 제공하고 있다. 반려동물은 피부병, 외이염, 눈질환 등에 자주 노출된다. 그러나 피부병과 외이염은 털과 귓속에 가려져 있어 육안으로 확인하기 어렵다. 진료비도 고가라 반려동물을 키우는 주인에게 부담이 된다. 이에 알파도펫은 강아지, 고양이 등 반려동물 신체 상태, 식습관, 생활패턴 등 헬스케어 데이터를 활용해 질병 예측 및 예방을 목적으로 맞춤형 관리를 제공한다. 반려동물의 눈, 치아, 귀 등을 매일 1회 이상 촬영해 나타나는 이미지 변화를 바탕으로 질병 전조증상을 알려주는 기능을 갖고 있다.

펫펄스(PetPuls)의 개목걸이는 AI와 내장마이크를 사용해 짖는 소리를 분석 및 추적해서 행복·불안·슬픔·분노·편안함 다섯 가지 감정 상태를 감지한다. 크기가 각기 다른 50여 종의 개에서 수집한 1만 개 이상의 '짖는 소리'에 대한 샘플 데이터베이스를 사용하여 와이파이를 통해 스마트폰의 앱에 정보를 전송해 반려견이 현재 어떤 기분인지 알려주는 서비스를 하고 있다.

헬스케어 애즈 어 서비스 시장은 해를 거듭할수록 성장할 것으로 예상되고, 그에 따른 보험사와 빅데이터, AI 기술의 발전이 다양한 서비스를 만들어낼 것으로 예상하고 있다.

서비스명	성공 포인트
아마존케어	• 예약부터 진료까지 평균 21일을 60초로 변경. • 코로나19를 통해 검사 수용력이 충분치 않다는 페인포인트 저격. • 사업에 대한 도전과 실패를 겁내지 않는 아마존 기업 문화. • URL : amazon.care
KardiaCare	• 매우 저렴하고 간편하게 심전도 측정하고 의사가 검토. • 월별 분석 결과 및 복용 약물 데이터 기록과 저장. • URL : alivecor.kr
Noom	• '행동이 바뀌면 습관이 바뀌고, 습관이 바뀌면 운명이 바뀐다'는 지극히 선하고 건전한 목표를 비즈니스화. • 최고심리학자(Chief of Psychology)를 고용, 뇌 구조 활용해 식이장애 해결 시도. • 인공지능(AI) 기술을 광범위하게 활용하면서도 2,000명 넘는 사람들을 코치로 채용. • 초기에 너무 크게 사업을 시도한 것이 실패 원인, 작고 선별적으로 새롭게 시도하여 성공. • URL : noom.com

서비스명	성공 포인트
Pleoton	• 펠로톤 제품과 서비스는 상대적으로 비싸며, 월 구독료도 39달러로 경쟁 서비스군에서 가장 비쌈에도 불구 사용자가 지속적인 증가. • 커뮤니티 활성화를 위해서 많은 노력을 투입하며, 매일 14개 정도의 클래스가 라이브 스트리밍을 통해 동기부여와 경쟁심 유도 그리고 다음 번 운동에 참여할 가능성을 높이는 전략 주효. • 콘텐츠 제작 환경에 막대한 투자를 하여 실감나는 스트리밍 콘텐츠를 만드는 데 주력. • URL : onepeloton.com
Talkspace	• 미국은 2019년 약 5,200만 명(5명 중 1명)이 정신과적 질환을 경험했으나 치료 받은 사람은 절반이 안 되고 있다. 특히 코로나19로 불안과 우울증과 같은 상태가 악화되어 정신과적 치료에 대한 수요가 급증했다. • 환자가 원하는 치료 스케줄에 언제든 맞출 수 있으며, 본인에게 맞는 치료사로 언제든지 변경 가능. • 비대면으로 이루어져 시간과 장소의 제약이 적음. • URL : talkspace.com
해피문데이	• 2016년에 10대 여학생의 신발깔창 생리대 사건을 계기로 관련 프로젝트 경험을 시작으로 창업 결심. • 월경언니라는 컨셉의 콘텐츠 제작을 통해 누구나 쉽게 이야기할 수 있는 사회 분위기 조성. • 사탕수수를 원료로 활용한 투명 플라스틱 어플리케이터를 도입하는 등 친환경 제품 개발에 집중. • URL : happymoonday.com

3.
라이프 애즈 어 서비스의 향후
전망 및 결론

지금까지 라이프 애즈 어 서비스 현황을 살펴보았지만, 애즈 어 서비스로 전환되는 라이프 관련 6가지 산업 분야가 디지털 서비스로의 전환과 더불어 코로나 사태의 영향에서 자유롭지 못하다는 것을 알 수 있다. 서비스 분야의 경우 더욱 더 사회의 반영이 바로 현상으로 나타나는 분야다 보니 매우 당연한 결과이다. 비대면, 언택트 서비스 등의 일반화와 사회적 거리두기의 일상사로 인한 장·단점에서 발생되는 심리적인 장벽이 허물어지거나 새로운 문화가 만들어지는 패러다임에서, 각 분야별로 서비스 전환에 따른 대면성의 정도, 대체재의 존재 여부, 서비스 비용의 부담 등이 앞으로의 전망을 어렵게 만들고 있다.

현재와 같은 코로나19 상황에서 진행되는 애즈 어 서비스는 변동성(Volatility), 불확실성(Uncertainty), 복잡성(Complexity), 모호성(Ambiguity) 등으로 대변되는 현상들을 신속하게 파악하여 빠른 적응이나 대응을 시도해야 한다. 물론, 이러한 상황 파악 및 대응이 쉬운 일도 아니며, 경우에 따라서는 많은 시간, 인력, 비용이 발생하게 된다. 라이프 애즈 어 서비스를 운영하는 측면에서는 무엇보다 유연한 사고가 필요하다. 그리고 과감한 방향 선회와 함께 실패를 용인하는 관용적인 태도 또한 경쟁력을 키우는 데 중요하다.

이러한 어려움에도 불구하고 본 절에서는 근미래에 일어날 수 있을 것으로 예상되는 라이프 애즈 어 서비스의 각 6개 분야(의식주동락신)의 현상 등을 정리해보고자 한다.

패션 애즈 어 서비스

빅데이터 분석을 통한 AI 맞춤형 서비스 필수

● 패션 애즈 어 서비스가 증가할수록 개인들의 취향이나 선호하는 트랜드 정보들이 늘어남에 따라 체형에 맞는 스타일링을 추천하는 개인 맞춤형 의류 서비스들은 더욱 늘어날 것이다.

● 개인의 신체 상태를 측정하고 거기에 맞는 피부 맞춤형 화장품 구독서비스, 두비 맞춤형 구독서비스는 보다 일반화될 것이다.

소유에서 임시점유로의 사용 개념 전환

● 당근마켓, 중고나라와 같은 중고거래가 일반 온라인 쇼핑과 같이 MZ세대들에게 일반화되면서 옷을 구매하는 것이 영구소유권을 의미하는 것이 아닌 잠시 입다가 다시 되파는 개념으로 소비하는 소비자들이 증가하고 있다.

● 심지어는 패스트패션으로 인한 의류의 증가로 인한 1인세대들을 대상으로 한 임시보관 서비스들이 중고거래 서비스와 연계

되어 의류 거래를 활성화하는 촉매재 역할을 하는 서비스들이 활성화 될 것이다.

패션상품의 양극화는 더욱 심화

- 코로나19로 인한 여행 불가 상황들이 만들어내는 보복적 명품 구매는 더욱 더 심화될 것이며, 고가의 명품 소비와는 반대되는 일반 패션 제품들은 보다 저렴한 제품들이 경쟁력을 가지는 시장으로 양극화될 것이다.

지속가능한 친환경 패션에 대한 관심 증대

- MZ세대가 대상고객층인 패션 분야의 경우 최근 패스트패션으로 인해 한 해에 버려지는 수백만 톤의 버려지는 의류들이 탄소 발생과 환경오염의 주범으로 떠오르고 있다. 2020년 8월 150여 개 의류브랜드가 참여한 패션협약(pact)에 의해 2030년까지 의류소재 재활용 및 지속가능한 소재로만 의류를 생산하겠다는 친환경 노력이 필요해졌기에, 이에 대한 것이 패션 애즈 어 서비스에도 필수적 요소로 자리 잡을 가능성이 높다.

푸드 애즈 어 서비스

배달 맞춤형 푸드 레시피 개발 일반화

- 일반적인 음식점들도 배달을 위한 맞춤 메뉴로 전환하고, 배달 용기도 다양해지면서 기존에는 음식점에서만 식사가 가능했던

음식들도 배달시스템 및 배달용기의 발달과 함께 배달음식으로 일반화되어 갈 것이다.

- 지금까지 푸드 레시피의 개발은 대부분 대기업을 중심으로 이루어졌지만, 밀키트를 제공하는 스타트업들이 증가하면서 푸드 레시피 개발을 대행해주는 푸드 레시피 전문개발 회사들이 늘어날 것이다. 이러한 레시피는 전자레인지 오븐, 에어플라이어 등과 연계된 서비스를 만들어낼 것이다.

건강과 맛을 동시에 만족시키는 AI 맞춤형 푸드 서비스 증가

- 건강이 중요해지면서 가장 건강에 많은 영향을 미치는 음식을 개인의 건강 상태에 맞춰 제공하고 심지어 맛도 개선되어, 건강과 맛을 동시에 맞춰주는 레시피를 개발해주는 AI와 이를 기반으로 한 맞춤형 푸드 애즈 어 서비스는 더욱 증가할 것이다.

- AI 맞춤형 푸드를 제공하는 회사들은 B2B 시장을 대상으로 한 기업 맞춤형 푸드 공급 시장을 공략할 것이며, 보다 많은 푸드 제품을 맞춤형으로 제공하는 서비스가 시장을 장악해나갈 것이다.

식사용 외에 다양한 푸드 서비스 증가

- 코로나19의 영향을 가장 많이 받은 푸드 시장에서 비대면 시대에 대응하기 위한 다양한 식사용 제품 외에 디저트, 음료수와 같은 신상품의 개발이 가속화될 것이다.

로봇쉐프 활용의 확대

● 로봇쉐프가 현재는 샐러드, 치킨, 아이스크림, 커피 등의 단순한 수준에 머물러 있지만 결국 일반 음식분야까지 확산될 것이다.

입주민에게 식사서비스를 제공하는 아파트 확대

● 고급아파트 단지들이 늘어나면서 아파트 관리비에 식사 비용을 포함하여 식사 서비스를 입주민에게 제공하는 서비스들이 늘어나고 있다. 향후, 팬데믹 상황이 진정되면 더욱 더 이 서비스는 다양한 형태를 가지고 확산될 것이다.

하우스 애즈 어 서비스

워케이션 맞춤형 하우스 애즈 어 서비스의 출현

● 팬데믹으로 인해 재택근무가 늘어나면서 인테리어를 변경하는 노력 외에 휴가지에서 근무를 하는 워케이션 근무자들이 증가했다. 워케이션을 지원하기 위한 근무환경과 워케이션 업무를 지원하는 하우스 애즈 어 서비스들이 출현할 것이다.

지역 기반 하우스 애즈 어 서비스 개발

● 개인 공간을 찾고자하는 사용자들의 확산으로 집 주변에 임시로 머무를 수 있는 공간을 찾아주는 서비스가 출현할 것이다.

공동화되어가는 지방 빈집들을 활용한 하우스 애즈 어 서비스 활성화

● 재택근무 확산으로 한달살이 생활을 하는 직장인들이 늘어나
면서 한달살이용으로 수리한 빈집들을 대상으로 한 하우스 애
즈 어 서비스가 활성화될 것이다.

모빌리티 애즈 어 서비스

무인이동로봇을 이용한 배달서비스의 시작

● 배달 문화가 일반화되면서 빠르게 배달해야하는 문제로 인해
다양한 사고가 일어나고 있으나, 이러한 문제를 해결하기 위한
배달 전용의 무인이동로봇들의 상용서비스가 시작될 것이다.

대리운전 서비스의 진화

● 무인자율주행 자동차가 출현하기 전에, 운전에 대한 부담을 줄
여주기 위한 수행비서와 같은 서비스들이 다양화되어 진화할
것이다.

이동 전 구간을 지원하는 멀티모달 원스톱 이동서비스 시작

● 현재는 공유차, 공유킥보드, 공유자전거 각각의 공유서비스를
하나씩 결제하면서 이용하여야 하지만, 이동하고자 하는 전 구
간에 맞춰 적절한 공유서비스를 AI가 알아서 제공해주는 멀티
모달(Multi-modal) 원스톱 이동 서비스가 시작될 것이다. 멀티모
달 원스톱 이동서비스란 월정액 요금을 내고, A에서 D지점까

지 이동시 A-B구간은 자전거, B-C구간은 지하철, C-D구간은 택시를 이용하는 등 다양한 교통수단을 끊임없이 연결해 A출발지에서 D지점인 목적지까지 하나의 이동서비스로 이동 가능하도록 하는 서비스를 가리킨다.

조이 애즈 어 서비스

취미를 찾아주는 AI 취미가이드 서비스 증가

● 경제적으로 안정된 중장년층들이 고령화 시대로 접어들면서 100세 시대를 대비한 취미생활을 찾고 있다. 시간적, 경제적 여건에 맞춰 취미를 찾아 지원해주는 맞춤형 AI 서비스들이 증가할 것이다.

게임, 음악, 영상과는 다른 디지털 콘텐츠 서비스의 출현

● 메타버스라는 컨셉이 10여 년만에 다시 대두되면서, VR/AR을 기반으로 한 새로운 디지털 콘텐츠 서비스들이 출현할 것이다.

랜선 여행과 같은 실시간 스트리밍 기반의 서비스 다수 출연

● 여행길이 막히면서 여행 욕구를 해소하기 위한 방편으로 나타났던 랜선 여행과 같은 서비스들이 여행 외에도 다양한 경험을 만들어내는 서비스로 진화할 것이다.

헬스케어 애즈 어 서비스

예방과 관리를 위한 건강상태에 따른 개인맞춤형 AI 서비스 성장

- 건강검진 결과나 DNA 검사 등을 통한 건강상태 진단을 활용한 예방과 관리 차원의 맞춤형 건강관리를 관련 보험 상품을 파는 보험사나 건강검진 센터와 연계시킨 다양한 서비스들이 출현할 것이다.

홈트레이닝 AI 서비스의 지속적 성장

- 코로나19로 인한 재택 생활로 홈트레이닝 시장이 일반화되었다. 이를 기반으로 한 홈트레이닝 기술이 발전하고 AI 서비스 시장도 지속적 성장을 할 것이다.

AI 기반 맞춤형 기능성 식품 서비스의 등장

- 지금까지 기능성 식품들은 광고나 마케팅 등 정확하지 않은 정보를 기반으로 소비자가 구입해야 했다. AI를 이용한 헬스케어 애즈 어 서비스를 통해 개개인의 건강 상태에 맞춰 기능성 식품의 활용도를 높여주는 서비스가 등장할 것이다. 그러나 이를 위해서는 규제가 해소되어야 하는 단계가 선행되어야 한다.

이 6가지 분야에서 라이프 애즈 어 서비스의 경쟁력을 높이기 위한 방안을 기술적, 공급자적, 위기관리적 측면에서 살펴보자.

1. 라이프 애즈 어 서비스의 대상이 되는 사용자의 욕구를 정확히 분석하는 기술 개발이 필요하다.

라이프 애즈 어 서비스는 트렌드, 그리고 소비 세대의 변화에 민감한 서비스이다. 거기다 사람의 삶과 직접적으로 관련된 시장의 특성을 가지고 있어 사용자의 의도를 정확하게 파악하지 못할 경우 바로 서비스 실패로 이어진다. 그러므로 정확한 니즈 분석과 그 니즈를 만족시키기 위한 서비스 비용의 적정성을 분석해줄 수 있는 기술 개발이 필요하다.

또한, 라이프 서비스가 아닌 라이프 애즈 어 서비스가 되기 위해선 특정 제품에 특화된 서비스가 아닌 소비자의 특정 문제를 해결해주기 위해 소비자 측면에서 다양한 공급자를 수용하는 포털과 관련한 형식의 서비스 인프라 구축이 필수가 된다.

2. 라이프 애즈 어 서비스는 라이프 서비스보다 세밀해야 하고, 소비자 입장을 고려한 서비스 공급 구조를 가져야 한다.

기존의 라이프 서비스인 구독서비스, 렌탈서비스 등은 실시간 변화에 대응이 어렵고, 사용자의 상황이나 데이터를 수집하여 맞춤형으로 제공하는 데 한계가 있다. 그러므로 라이프 애즈 어 서비스가 되기 위해선 소비자의 상황을 정확하게 판단하기 위한 정보 수집 체계와, 공급망과 실시간 대응할 수 있는 물류 공급 체계,

인공지능 분석 기능 등을 기존 구독서비스, 렌탈서비스 등에 잘
녹여넣어 개선시켜야 한다.

3. 라이프 애즈 어 서비스가 가지는 특징이기도 한, 물리적인
제품을 안정적으로 제조하고 공급할 수 있는 표준화된 공급망 프
레임워크의 개발이 필요하다.

다른 서비스들과 다르게 의식주와 관련된 라이프 애즈 어 서
비스는 실제로 물리적인 제품을 제조하거나 공급해야 하는 속성
을 가지고 있다. 이러한 속성으로 인하여 아무리 잘 만들어진 앱
서비스라 해도 실제 제품을 공급받지 못한다면, 고객은 서비스에
대한 신뢰를 잃어버리고 빠르게 서비스에서 이탈하게 될 것이다.
그러므로 성공적인 라이프 애즈 어 서비스가 되기 위해선 제조를
포함한 안정적인 공급망을 확보하는 것이 중요하다. 하지만, 서비
스별로 공급하고자 하는 제품의 특성이 다르기 때문에 안정적인
공급망을 구축하기는 쉽지 않다. 그러므로 신규 라이프 애즈 어
서비스를 개발하더라도 안정적인 공급망 구축의 문제로 인해 서
비스가 실패할 확률이 높다. 이러한 문제를 해결하기 위해선 각
라이프 애즈 어 서비스의 특성에 맞는 표준화된 공급망 프레임워
크의 개발이 필요하다.

3. 제2의 팬데믹 상황이 왔을 때를 대비해 지속가능할 서비스

가 될 수 있는 대응 매커니즘에 대한 준비가 필요하다.

라이프 애즈 어 서비스는 팬데믹과 같이 사람들 사이의 사회적 거리를 늘려야 하는 상황에 가장 영향을 많이 받을 수 있는 서비스이다. 팬데믹과 같은 상황이 반복적으로 발생하는 경우 이러한 경우를 대비한 서비스 대응 매커니즘이 사전에 준비되어 있어야 지속가능한 서비스가 이루어질 수 있다. 이러한 상황에 가장 잘 맞는 BCM(Business Continuity Management: 사업 지속 매니지먼트), BCP(Business Continuity Plan: 사업 지속 계획)이라는 오랫동안 체계화된 재난관리 기술들이 있는데, 이러한 기술들을 근간으로 한 대응 매커니즘이 서비스 내에 준비되어 있어야 한다.

3장

나만의 가상학교가 온다:
러닝 애즈 어 서비스

김돈정 | 현 산업기술평가관리원 지식서비스PD

고려대학교에서 심리학을, 북한대학원에서 북한학 석사를 받았다. 건국대학교에서 프로그래밍 기반 로봇학습으로 교육공학박사를 취득했다. 삼성카드 기획실을 거쳐 SK텔레콤에서 T-map서비스, 스마트빔 개발과 AI사업단에서 인공지능스피커 서비스 기획을 하였다. ICT를 활용한 격차 해소에 관심이 많다

#2030 상상하기 : 러닝 애즈 어 서비스

#장면 1 (어느 미래학교)

음악교사 K는 다음 주에 있을 비엔나 음악홀 오케스트라 공연을 준비 중이다. 오케스트라 단원인 그의 학생들은 각자의 집 컴퓨터 앞에서 연습에 열중하고 있다. K교사가 가상교실 속에서 바이올린을 연습하는 A군을 클릭하자 지난 한 달간 연습량과 어느 부분에서 주로 실수를 하는지 등 학습 요약 정보가 나타난다. K교사가 다니는 학교는 별도로 구비한 건물이 없다. ○○대학과 연습실, 운동장, 강당, 교실 모두를 공유하여 쓰고 있다. 일주일에 하루만 오프라인 공간에서 학생들을 만나고 대부분의 수업은 가상교실에서 이루어진다. 수업 교재도 클라우드에 있어 언제든지 꺼내 쓸 수 있다. 교과서와 책상, 교실이 없는 학습 환경이다.

K교사가 메타버스 공간 내 지휘자의 자리에 서서 지휘봉을 들자 학생들은 선생님의 지휘에 따라 연주를 시작한다. 수업이 끝나고 학생들과 다음 주 비엔나 음악홀 공연에 대해 가상공간 속에서 논의한다. 가상무대를 어떻게 꾸밀지? 온라인 홍보는 어떻게 할지? 최고의 교사이자 지휘자인 K교사와 학생들의 오케스트라 공연이 기대된다.

#장면 2 (L군의 미래학습)

오늘은 뭘 배우지? L군의 오전 시간은 삼각함수 수업이다. 담당은 피타고라스 선생님이다. 선생님은 삼각함수의 개념을 내가 좋아하는 목소리 톤으로 알기 쉽게 설명한다. 제시된 문제를 틀리게 풀자 L군이 이해할 수 있도록 몇 번이고 반복하여 설명한다. 아무리 오랜 시간이 걸려도 다음 단계까지 기다리고 또 설명한다. 피타고라스 선생님은 인내심이 짱이다.

L군은 학교에 가지 않고 홈스쿨링을 받는다. L군의 교실은 가상교실로 L군의 방은 조명과 음향 시스템이 학습에 최적화될 수 있도록 튜닝되어 있다. 각 과목별 선생님은 모두 AI 튜터이다. 미술은 고흐, 과학은 아인슈타인 튜터가 가르쳐 준다. AI 튜터는 L군이 가지고 있는 학습데이터뿐만 아니라 사소한 습관과 흥미, 적성, 학습적인 능력까지 파악하여 그에 맞게 독려하고 칭찬해준다. 그야말로 맞춤형 학습이다. L군은 별도로 시험을 치르지 않는다. 평소에 학습하는 동안 저장되는 데이터를 수집하여 학업 성취도와 역량이 자동으로 분석, 평가되어 진학과 진로에 활용된다.

L군의 오후수업은 4km 달리기이다. 고글을 쓰고 트레드밀에서 달리기를 시작한다. 2km쯤 지나자 오른쪽에 AI 페이스메이커가 나타나 조금 더 속도를 올리라고 손짓한다. 모든 학습은 L군을 중심으로 진행된다. 러닝 애즈 어 서비스는 L군의 진로 탐색부터 퇴직 이후까지 평생학습의 동반자가 된다.

1.
나만의 가상학교,
러닝 애즈 어 서비스를 만나다

블록체인과 비트코인, 코로나 팬데믹, 기후온난화는 우리가 여태 껏 겪어보지 못한 일들이다. 한 번도 경험하지 못한 이런 일들에 어떻게 대응해야 할지 학교에서는 가르쳐준 적도 배운 적도 없 다. 그동안 학교는 다양한 삶의 지식을 제공할 의무보다는 전형 적인 커리큘럼과 국영수사과음미체 등 모든 과목을 가르쳐야 하 는 지식의 주입에만 몰두했다. 입시에만 빠진 초중고 12년간 미 래사회에 필요한 디지털 역량, 금융·부동산 지식은 물론 연주할 악기 하나, 변변히 할 줄 아는 운동 하나 없이 학생들을 사회에 내보냈다. 자동차회사들은 앞으로 전기자동차만 생산하겠다고 하고, 전문가들은 자율주행의 시대가 얼마 남지 않았다고 한다. 그러나 고등학교, 대학교에서는 여전히 내연기관 중심의 수업이 이루어지고 있다. 학교에서 배우지 못한 학생들은 수업과 별도로 인터넷과 유튜브를 뒤져가며 공부를 하는 현실이다. 바뀌어야 한 다. 미래의 교육은 사회에서 필요한 지식을 제공하고 겪어보지 못한 문제라도 슬기롭게 해결할 수 있는 문제해결력을 길러주어 야 한다.

세계를 빛내고 있는 스타 손흥민, 페이커, 블랙핑크 등은 모두 학력이 중졸이다. 제대로 학교를 다니지 못했지만 멋진 성장의 커리어를 만드는 중이다. 학교에서는 우리 아이가 구글이나 인스타그램에 다니고 싶다고 해도 그걸 위해 뭘 배워야 할지 알려주지 못한다. 마찬가지로 우리의 학교는 학교의 지식과 실제 사회와의 갭도 메꾸지 못한다. 지금 학교는 교사 주도의 일방적 교육과 성적 중심의 경쟁 구조를 만들어내고, 왕따와 괴롭힘이 있는 공간으로 인식되는 중이다. 이제는 학생뿐 아니라 학부모들도 학교의 대안을 찾는다. 그 대안으로 비대면, 비소유 방식인 학습자 본인만을 위한 가상학교, 즉 애즈 어 서비스로의 변화가 진행될 것이다.

알타미라 동굴의 그림에서부터 백묵과 칠판이라는 교실의 모습은 21세기의 학생을 가르치는데도 변하지 않는다. 오죽했으면 19세기의 교실에서 20세기의 교사가 21세기의 학생을 가르친다고 할까. 그러나 코로나 팬데믹으로 인한 2020년 봄 온라인 전면 개학은 교육의 모든 것을 한꺼번에 뒤흔들었다. 중고등학생들에게는 3년간 학교생활의 대부분을, 대학생에게는 대학생활의 절반을, 학교를 가지 못하거나 온오프라인 병행 수업으로 보내야 하는 시기가 시작된 것이다. 학교와 교실의 비대면화, 가상화는 이미 변화의 진행 방향에 있었지만 그동안 학교는 외면해왔다. 이를 코로나 팬데믹이라는 상황이 수면위에 올려놓은 것일 뿐이다.

교재를 통한 지식 습득, 교사 중심의 교습, 학교 공간에서의 교육으로 대변되는 학교 서비스의 통합된 구조는 MZ세대 학습자를 위시한 인구 구조의 변화와 디지털 기술로 인해 해체되는 중이다. 학교는 교육의 공급자가 아니라 교육의 소비자인 학습자를 중심으로 재구성될 것이다.

2021년 하계올림픽에서 MZ세대 선수들은 여러 장면에서 이전 세대의 선수들과는 다른 모습을 보여줬다. 이들은 메달에 집착하기보다는 경기를 즐긴다. 자신의 다양한 모습, 성정체성조차도 가감 없이 드러낸다. 미국 체조스타 시몬 바일스는 심리적 부담감으로 체조경기를 기권하면서 "우리는 자신에게 집중해야 한다. 왜냐하면 결국 우리도 인간이기 때문"이라는 말을 남겼다. 메달 앞에 자신을 희생하기도 했던 이전 세대와는 많이 다른 모습이다. 어릴 때부터 디지털기기에 익숙하여 디지털 네이티브로 불리는 MZ세대는 본인 중심적이다. 이런 세대의 변화에 관심을 가져야 한다.

게다가 우리나라는 저출산의 일상화 시대를 맞이했다. 통계청에 따르면 우리나라의 생산가능 인구는 2010년 73%에서 2050년 51% 수준으로 급격한 하락이 예상된다. 이에 따른 학령기 인구의 감소는 그동안 시행했던 양 중심의 학습에서 질 중심의 학습으로의 변화를 요구한다. 동시에 인구의 고령화는 학습의 영역을 기존의 초·중·고(K-12) 중심에서 벗어나 그 이상으로 확장되도록 요구하고 있다. 교육은 현재 하고 있는 일에서 새로운 업무와 직무를 배워 업그레이드하는 등의 산업 훈련 영역과 은퇴 후의 평생학습까지 포함하여야 한다.

새로운 기술의 등장도 주의 깊게 살펴봐야 한다. 클라우드 슈밥(Klaus Schwab)이 4차산업혁명을 주창한 이후 인공지능, 빅데이터, AR/VR, 메타버스 등과 같은 디지털 기술이 속속 등장한다. 이 기술들은 교재를 디지털화하고 학교와 교실, 수업을 가상공간에 머물게 한다. 나아가 학습자의 데이터를 수집, 분석하고 인공지능 알고리즘을 활용하여 학습자 중심의 개인 맞춤형 교육을 가능하게 한다. 고비용, 장소, 시간의 이유로 일부 전문가 과정이나 고소득층, 소수의 운 좋은 학생에게나 허용되던 1:1 학습 말이다.

이러한 변화의 움직임을 다음과 같이 정의해본다. 기존 교육산업 구조를 해체하여 교육의 생산, 유통, 소비 과정을 디지털 플랫폼의 기반 하에 자동화하여 구현하고 소비자인 학습자에게 비대면, 비소유 방식으로 지식과 경험을 제공하는 학습자 중심의 맞춤형 서비스 즉, 러닝 애즈 어 서비스로의 변화가 일어날 것이다.

교육 서비스와 러닝 애즈 어 서비스(LaaS)는 무엇이 다른가?

우리가 받아온 전통적인 교육 서비스와 새롭게 다가오고 있는 러닝 애즈 어 서비스는 무엇이 다를까? 크게 지식의 습득 형태, 교육을 하는 공간, 기술의 적용 여부, 어떤 학습자를 길러낼지와 같은 지향점, 누가 주도하고 있는지 등으로 구분된다.

지식의 습득 형태는 전통적인 교재인 책 중심에서 동영상, 오디오, 경험 중심으로 변화되고 비소유, 비대면의 형태가 일상화된다. 교육이 진행되는 공간은 학교라는 오프라인 중심에서 온·오프라인 교육이 병행되고, 가상공간 속으로 들어간다. 교육 현장에서 기술의 적용은 단순히 컴퓨터를 활용하는 IT기반의 교육에 머물러 있지 않고, AI, 빅데이터, AR/VR 등 다양한 디지털 기반 기술이 적용된다. 이를 '에듀테크(EdTech)'라고 한다. 교육의 지향점은 평균적인 학생을 길러내는 보통 교육이 아니라 학습자 개개인의 성장을 이뤄내는 맞춤형 교육을 지향한다. 마지막으로 교육의 주체는 지식을 전수해주는 교수자 중심의 교육이 아니라 지식을 스스로 정의하고 학습하는 학습자 중심의 교육이 되는 것이다.

교육서비스와 LaaS의 차이

구분	교육 서비스		러닝 애즈 어 서비스
지식의 습득	책		동영상, 오디오, 경험
교육 공간	오프라인 공간		온·오프라인 + 가상 공간
기술의 적용	단순 기술 적용	→	디지털 기술 적용
교육 지향점	공통(보통) 교육		맞춤형 교육
교육 주체	교수자 중심		학습자 중심

러닝 애즈 어 서비스의 등장으로 전통적인 교육의 구조는 해체될 것이다. 그리고 교육의 한 축을 담당하고 있는 교사의 역할은 재정의될 것이다. 인공지능의 시대가 올 20년 후에도 남아 있을 직업 상위에 초등학교 교사가 있듯이 교사는 여전히 중요하

다. 단순 지식의 전달, 방대한 데이터의 분석과 같은 인공지능이 더 잘할 수 있는 영역은 디지털 기반의 다른 교육 수단에 맡기고, 문제해결력과 창의성을 증진하는 촉진자로의 역할로 재정의되어야 한다. 이제 교육이 변화되고 있는 다양한 사례를 살펴보고 앞으로의 방향을 고민해보자.

2.
러닝 애즈 어 서비스의
현황 및 변화 방향

우리나라에서 저출산 현상이 일상이 되었다. 2020년만 해도 태어난 아이가 27만 명이고 돌아가신 분이 30만 명으로 사망자 수가 출생자 수보다 많아지는 첫 해가 되었다. 같은 해 합계출산율은 0.84명에 불과하다. 이는 OECD 국가 중 최하위 기록으로 추세가 계속된다면 50년 내에 1,200만 명의 인구가 줄어들 예정이다. 학령기 인구는 이미 감소 중으로, 교육부 통계에 따르면 2021년 학생 수는 595만으로 10년 전보다 160만 명 이상이 줄었다. 그동안 콩나물 교실로 대표되던 학급당 학생 수는 꾸준히 줄어들어 왔고 (초등학교 21명), 그 추세가 가속화되고 있어 교사 중심의 전형적인 1:N 교육에서 질적인 전환이 요구된다.

한 명의 교사가 수백 명의 학생을 담당하고 있는 체육 수업을 생각해보자. 체육 수업의 하나인 '뜀틀'은 도움닫기를 뛰어올라 넘어가면서 점프력과 균형감을 배우는 수업이다. 그러나 사전 학습이 부족한 상당수의 학생들은 뜀틀을 넘지 못하고 뜀틀 위에 걸터앉는다. 다른 학생들도 보고 있는데, 이럴 때 실패한 학생이 느끼는 감정은 무엇보다 창피함일 것이다. 이런 교육은 학생 개

개인을 위한 수업이 아니다. 실력을 보강하기 위해 연습할 시간도 제대로 주어지는 경우가 드물다. 개개인에 맞춰 뜀틀의 높이를 조정하는 일조차 체육 수업에서는 사치에 가깝다. 수업에 쓸 장비도 시간도 부족하거니와 무엇보다 한 명의 체육교사가 수백 명의 학생을 담당하기 때문이다. 교육의 질적인 전환이란, 재미없고 스트레스만 주는 수업을 벗어나 개개의 학생들에게 적합한 수업을 제공하는 것에서 시작되어야 한다. 뜀틀 수업의 요령을 동영상을 통해 사전학습하고 가상공간에서 연습을 해보거나, 뜀틀을 대신하여 케이팝(K-Pop) 댄스로 균형감, 점프력을 배운다면 더 즐겁지 않을까, 그에 걸맞는 학습교재, 공간, 커리큘럼을 개발한다면 말이다.

교육의 디지털 전환과 맞춤형 학습을 지향하는 러닝 애즈 어 서비스는 현재진행형이다. 관련 시장은 '에듀테크(Edtech)' 분야이다. 에듀테크는 4차산업혁명 기술이 접목된 기술 중심의 새로운 교육 산업으로 정의된다. 교육 분석 기관 홀론아이큐(Holon IQ. 21.1)에 따르면 글로벌 에듀테크 시장 규모는 2019년 1,830억 달러 규모에서 2025년 4,040억 달러 규모로 큰 성장이 예상된다. 2020년에 시작된 코로나 팬데믹은 교육의 디지털(digital)화, 비대면(untact)화로의 변화에 가속도를 높이는 중이다. 이러닝 실태 조사에 따르면 국내 시장도 2019년 3.9조 규모에서 2020년 4.6조로 크게 증가한다. 시장이 커지는 만큼 관련 기업의 인력부족율도 35%에 달한다.

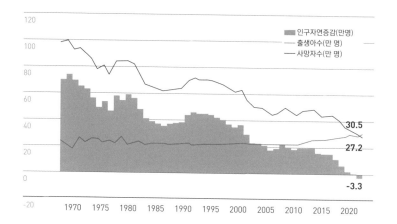

인구 자연증감(출생자수−사망자수, 통계청)

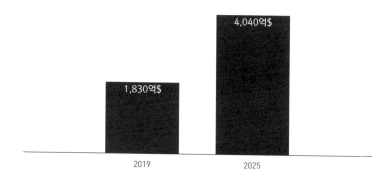

Edtech 시장 예측(Holon IQ)

이를 시사하듯 구글, 애플, 마이크로소프트 등 글로벌 빅테크 기업들도 미래의 격전지를 교육으로 보고 뛰어들고 있다. 구글은 자사 제품의 교육적 활용 측면에서 Google Education과 크롬북을 학교에 보급하고 있고, 애플은 iPad Schoolwork를, 마이크로소프트도 Office 365 기술 기반의 서비스를 개발하고 있으며 게임인 마인크래프트를 인수하여 교육 사업을 확장하고 있다. 코세라, 미네르바 대학 등 수많은 스타트업들이 비대면화, 지능화, 가상화 기술로 무장하고 뛰어드는 중이다. 해외 각국 정부도 적극적이다. 영국은 '교육의 디지털 전환을 전략산업'으로 보고 수요자의 입장을 반영하여 공급 기업에 기술개발을 위한 제도와 방향을 제시하고 있고, 싱가포르는 '제2의 핀테크' 육성 차원에서 에듀테크 산업의 생태계 구축을 위한 인프라 강화와 전문 스타트업을 육성하기 위한 전문 벤처캐피탈인 'Eduspaze'를 설립(2019년)하여 지원을 진행한다.

이제 구체적으로 러닝 애즈 어 서비스의 변화 방향으로 지식이 클라우드와 경험 속으로 옮겨가는 모습과, 교실과 학교를 사라지게 하는 기술, 그리고 데이터와 인공지능을 이용한 학습자 중심의 학교를 제시한다.

지식은 클라우드(Claud)와 경험으로, Knowledge as a Service

교육학자 존 듀이(John Dewey)가 '교육은 삶 그 자체이다'라고 하였듯이 교육은 우리의 삶 속에 있어야 한다. 지식 습득은 몸에 새길 수 있도록 경험을 통한 습득이어야 하고, 학습도 경험하지 못한 일과 사회적 난제를 해결하는 문제해결 중심의 학습이어야 한다. 직지심경과 쿠덴베르크로 시작한 금속활자의 시대 이후 천

주요 출판 기업 매출액 현황

구분	기업수	2018	2019	2020	전년대비 증감률
주요 출판업계	78	4,553,232	5,014,310	4,808,048	△4.1
교육 출판	44	3,733,442	4,022,659	3,577,629	△11.1
단행본	23	362,563	383,700	425,153	10.8
웹툰·웹소설	5	110,611	126,813	148,693	17.3
전자책 플랫폼	9	427,721	559,474	749,177	34.0

자료 : 대한출판문화협회, 2020년 출판시장 통계(단위: 백만 원, %)

년간 지식은 책을 중심으로 읽히고 전달되었다. 그러나 클라우드를 비롯한 동영상과 오디오 콘텐츠, 메타버스의 등장은 디지털 환경을 통한 지식의 생산과 유통 그리고 소비를 바꾸는 중이다. '클라우드(Cloud)'는 자체적인 하드웨어, 솔루션, 소프트웨어를 소유하지 않고 온라인 공간에서 정보를 공유하고 활용하는 기술로 IT분야를 시작으로 기업 규모와 무관하게 다양한 산업군의 기반 인프라로 자리를 잡아가고 있다. 교실 수업을 통한 지식습득의 도구로만 활용되던 교과서가 디지털교과서, 모바일 세대에 적합한 인강과 유튜브 짤강(짧은강의), 오디오 콘텐츠 등으로 다양하게 해석된다. 이러한 다양한 지식은 교사가 아니더라도 누구나 만들고 제공할 수 있다.

바야흐로 교재 및 콘텐츠를 직접 소유하는 대신 공유하고 구독하기 시작한다. 학습을 제공하는 경험이 다양해지고 있으며, 전통적인 지식 전달의 형태와 공급자가 바뀌고 있다. 출판 분야를 보더라도 인구 감소 및 코로나의 영향으로 교육 출판의 매출은 11.1% 감소한 반면, 전자책 부분 매출은 2019년 5,594억에서 2020년 7,491억 규모로 34%나 꾸준히 성장하는 것을 알 수 있다.

교재, 교구는 소유하지 않고 구독한다

애즈 어 서비스의 전형적인 형태는 구독모델이다. 소유하지 않고 점유하는 형태로 디지털 경제에서 영향력이 점점 더 커지고 있다. KT경제연구소에 따르면 2020년 구독경제 시장은 40조 원에 달한다. 교육 분야도 예외가 아니어서 구독형 교육 프로그램은 다양한 콘텐츠를 제한 없이 이용하여 다양한 학습 경험을 제공하고, 이를 통해 자기주도적 학습 태도 형성에 도움을 준다는 측면에서 긍정적이다.

국내에서도 다양한 사례가 속속 등장하고 있다. 한솔교육의 '신기한 한글나라AI'는 기존 한글나라 프로그램이 제공했던 놀이교구를 구매가 아닌 구독형 서비스로 제공한다. 월 1만 원대의 구독료를 납부하면 교구, 그림책 및 감정 AI기술이 탑재된 한글나라 앱까지 이용 가능하다. YBM넷의 '와이비엠 리더스(YBM Readers)'는 구독형 온라인 영어 도서관이다. 가입을 하면 미국 교과서 연계 도서 1,000여 권을 온라인에서 자유롭게 이용할 수 있다. 폴란드와 뉴욕에 본사를 둔 '브레인리(Brainly)'는 수학과 역사를 중심으로 모르는 걸 물어보고 지식을 공유하는 플랫폼이다. 3.5억 명의 학생과 교사, 전문가가 함께 어려운 문제나 숙제를 푼다.

좀더 실생활과 연계되어, 본인이 원하는 전문지식이나 취미를 배울 수 있는 구독형 학습 서비스도 속속 등장하고 있다. '마스터클래스(Masterclass)'는 세계 최고의 셀럽과 전문가의 강의를 한 곳에서 들을 수 있는 구독 플랫폼이다. 창업자 데이비드 로지어(David Rosier)는 배움은 즐겨야 한다면서 이 서비스를 기획했다. 더스틴 호프만(Dustin Hoffman)이 어떻게 연기하는지 가르쳐 주고, 테니스 스타, 베스트셀러 작가가 테니스와 글쓰기를 직접 가르쳐준다. 2020년 가입자가 급증하면서 회사 가치가 27.5억 달러 규모에 달할 정도다.

지식습득 수단은 동영상 그리고 오디오

대한출판문화협회에 따르면 해마다 출간되는 책은 2015년 4만 5천 권에서 2020년 6만5천 권으로 45%나 증가(납본 도서 기준)한 반면, 1인당 독서 권수는 2009년 17.4권에서 2019년 14.4권으로 최근 10년 이래 최저 수준이다. 책은 넘쳐나는데 읽는 사람이 없다. 1995년 이후 출생한 Z세대는 인터넷, 모바일 등 디지털 문화에 익숙하고, 이들에게는 이미 책 대신에 동영상과 오디오가 그 자리를 차지하고 있다. 지식의 습득이 책 중심에서 다른 도구, 다른 장소, 다른 방식으로 변하고 있는 것이다. 직장인의 학습도 이와 다르지 않다. 회사에서 제공하는 HRD 교육보다 코세라, 오더블, 유튜브 등 다양한 외부 학습자원을 더 많이 활용하고 있으며,

그것도 매회 학습 시간과 분량을 극도로 줄여놓은 마이크로러닝(Microlearning)으로 진화하고 있다.

유튜브 동영상을 통해 우리는 뜀틀 잘하기, 짜파구리 만드는 법, 역사 지식과 백신과 관련된 정보를 얻을 수 있다. 요즘은 포털 검색보다 동영상 검색을 먼저 할 정도다. 책을 대신 읽어주는 북튜버도 등장했다. 이 외에도 과학, 디자인 등 전문분야 강연 플랫폼인 '테드(TED)', '세바시' 등도 새로운 동영상 기반의 지식 습득 장소이다. 그리고 이 모든 것을 스마트폰과 태블릿PC로 향유한다.

또한 화면을 들여다보고 집중해야 하는 사진, 동영상 콘텐츠와 달리 멀티태스킹이 가능하고 도중에 자유로운 행동도 가능한 오디오 콘텐츠 역시 활성화되고 있다. 오디오를 통한 학습은 눈의 피로도를 감소시키고, 이동 중 학습에 적당하며, 누구에게나 익숙한 형태이다. 골드만삭스는 오디오 콘텐츠 시장이 2030년에 약 750억 달러 규모에 이를 것으로 전망한다. 10년 안에 약 3배 정도의 성장 규모로, 인공지능(AI) 스피커 활용, 무선 이어폰의 보급이 오디오 시장을 열어가고 있다.

대표적으로 오디오 콘텐츠로 팟캐스트, 클럽하우스와 같은 음성 기반의 소셜미디어가 있다. 학습 분야의 '듣는교과서' 서비스는 AI스피커를 활용하여 초중등 전 과목 교과 내용을 오디오 강의로 제작하여 제공하는 오디오 학습 플랫폼이다. 스마트폰과 연결하면 자투리 시간을 활용하여 학습 콘텐츠를 들을 수 있다. 오

듣는교과서 (출처: 홈페이지)

디오 서비스 이용은 해외에서 더 활발하다. 아마존이 인수한 '오더블(Audible)'은 내가 원하는 때, 원하는 책을 자유롭게 제공하는 오디오북의 대표적 사례이다.

지식은 가상세계 저 너머에서

지식은 '메타버스(Metaverse)'라고 일컬어지는 가상세계에서도 습득하고 경험할 수 있다. 메타버스는 1992년 소설가 닐 스티븐슨(Neal Stepenson)이 발표한 소설 『스노우 크래시 *Snow Crash*』에서 유래한 개념으로 몰입형 3차원 가상세계를 의미한다. 메타버스의 대표 사례로 언급되는 '로블룩스(Roblox)'는 누구나 게임을 만들수 있도록 한 게임 플랫폼이다. 월간 이용자 수는 1.5억 명에 달하고 기업 가치는 500억 달러에 달한다. 미국 9~12세 어린이 중

2/3가 로블룩스를 한다. 로블룩스는 어린이들이 자기주도적으로 놀고, 탐색하고, 사교하고, 만들고, 배울 수 있는 가상공간이다. 일반적인 지식도 게임공간 속에서 배운다. 게임 내에서 '디지털 구찌(Gucci)' 가방이 판매되고 이를 구매한 어린이들이 게임 안에서 들고 돌아다닐 경우, 가방의 브랜드명을 실제 가방보다 먼저 알게 되는 것이다.

또 다른 메타버스인 '마인크래프트(Minecraft)'는 블록 기반의 창작형 게임이다. 게임 판매 누적 2억 장이 넘어 21년에 가장 많이 팔린 게임이다. UC버클리 대학에서는 코로나로 오프라인 졸업식이 어려워지자 학생들이 마인크래프트 내에 캠퍼스를 건설하고 총장, 학생들이 참석하여 가상 졸업식을 진행했다. 자폐아를 위한 공간도 구축된다. 개발자 스튜어트 던컨(Stuart Duncan)은 게임 내 자폐아를 위한 커뮤니티 서비스(AutCraft)를 구축하였다. 이 서비스 내에서는 인터넷 공간에서 익숙한 괴롭힘을 찾을 수 없다. 자폐 아동과 그 가족을 위해 설계되어 때때로 친구들과 약간 다르게 행동하는 아이들을 위한 놀이와 자기표현이 가능한 안전한 온라인 환경을 만들었다. 아이들은 책이 아닌 게임을 통해 다른 친구의 행동과 글을 보고 읽기 쓰기를 배우고 말을 한다. 그들만의 성공적인 공동체가 만들어진 것이다.

실세계와 현실세계를 연결하는 기술인 증강현실(AR)과 가상현실(VR) 기술은 '오큘러스 퀘스트2(Oculus Quest2)'를 비롯한 가벼운 AR기기 개발 등에 힘입어 현실감 있는 학습 경험을 제공한다.

동시에 가상공간에서 학습에 활용할 수 있는 콘텐츠도 속속 만들어지고 있다. 구글이 만든 '구글 익스페디션(Google Expedition)'은 1천 개 이상의 VR과 AR 교육용 콘텐츠를 제공한다. 사용자들은 피라미드, 우주정거장, 수술실과 같은 다양한 실세상 혹은 가상의 세상 속으로 이동할 수 있다.

실습 중심의 학습 콘텐츠와 VR 기술을 접목하면 학습효과를 극대화시킬 수 있다. 글로벌 유통회사인 '월마트(Walmart)'는 VR 게임으로 월마트의 매장 환경을 구현하여 매장 관리하기, 점장 교육 등 다양한 직무를 학습할 수 있도록 한다.

학교를 사라지게 한 기술, School as a Service

비대면, 가상화 기술의 지원으로 코로나 팬데믹 기간 동안 집은 재정의되었다. 아이들 공부방은 학교 교실로, 서재는 회사 업무공간으로, 거실은 홈트레이닝을 하는 헬스장으로 바뀌었다. 학교 공간도 재정의된다. 당연히 있어야 한다고 생각했던 교실, 운동장,

식당이 사라지거나 공유되기도 한다. '언택트 수업(untact class)'이 지난 2년간 진행되었듯이, 교사와의 만남, 교실 수업도 꼭 오프라인이 아니라 온라인, 가상공간에서 가능해졌다.

교사 주도의 수업에도 변화가 오고 있다. 그 이면에는 디지털 기반의 ICT 기술이 있다. 게임을 응용하여 학습자 혼자 게임하며 미션을 해결하듯이 수업이 진행되고, 가상현실(VR), 증강현실(AR), 확장현실(XR) 등 실감형 기술을 활용하여 가상공간은 교실이 된다. 교사가 그 가상공간에 있기도 한다. 온·오프라인이 공존하거나 대면과 같은 비대면 환경 및 서비스를 지원하는 기술이다. 앞으로 언제 어디서나 참석이 가능한 교실과 참여와 경험 중심의 학습이 학교와 사회와의 갭을 축소시킬 것이다.

학교가 사라진다, 온라인 학교

앞서 언급하였듯이 교사와 학생이 오프라인에서 만나야만 한다는 상식은 변화하고 있다. 온라인 학교로 기존 오프라인 수업의 문제점을 해결하고 우수 학생을 길러내는 성공적인 사례들이 나오고 있다.

'미네르바 대학(Minerva university)'은 물리적 학교 공간을 없앤 온라인 중심의 글로벌 교육기관이다. 여기서는 런던, 서울 등 전 세계 7개의 도시를 돌아다니며 학생 중심으로 수업이 진행된다. 학교는 '액티브 러닝 포럼(Active Learning Forum)' 플랫폼을 통해 라이브 강의를 비대면으로 듣는다. 교수가 학생을 가르치는 것이

Minerva School (출처: 홈페이지)

아니라 학생이 배우고 싶은 것을 학습하고, 개인별 발표 빈도를 표시하여 교수가 적극적인 학습참여를 유도한다. 졸업생은 유수의 글로벌 IT기업과 하버드 박사 과정에 바로 들어갈 정도로 성과를 내고 있다.

　고등학교 사례로 일본 IT기업인 드왕고가 설립하여 2016년 개교한 'N고등학교'가 있다. 이 학교는 이지메 등 등교의 여러 폐해를 개선하고자 설립되었다. 모든 수업은 인터넷으로 이루어지고 학생들이 온라인에 질문을 올리면 교사가 체크하고 보완해준다. 학교 소풍은 드래곤퀘스트 같은 RPG게임으로 대신하고, 입학식은 VR헤드셋으로 가상현실에서 치른다. 최근에는 유명 프로게이머도 배출하는 등 IT분야에서 주목할 만한 재학생, 졸업생이 많다. 학생들은 10대에서 80대까지 다양하고, 2020년에는 재학생이 1만5천 명에 달했다. 우리나라에도 학교에 적응하지 못하는 자의반 타의반의 고교 중퇴자, 자퇴자들이 2만5천 명이나 된다. 이들만을 위해 적합한 콘텐츠를 개발하고, 학습 경험을 제공하는 온라인 학교도 생각해볼 필요가 있다. 학업 중단율을 감소시킬 수 있고, 개개인에게도 더 나은 취업의 기회를 찾을 수 있는 대안적 선택이 될 것이다.

온라인 학교만이 아니라 오프라인 학교도 더 이상 넓은 운동장, 수영장, 식당, 실험실, 강의실을 소유하지 않는다. 핀란드에 있는 학생 350명의 'Haukilahti Upper Secondary School'에는 별도의 학교 건물이 없다. 인근 알토(Alalto) 대학의 시설물을 공동 사용한다. 필요할 때 실험실, 음악실, 스포츠 시설 등을 활용한다. 대학은 시설물의 활용도를 높이고 학교 운영 비용을 낮춰 새로운 형태의 저탄소 학교를 실현하고 있다. 학교는 단순히 학교 건물이 아닌 학습을 포괄적으로 지원하는 서비스인 것이다. 전통적인 공간인 교실은 줄이고 오히려 가상실습 공간, 예체능 수업 공간 등은 더 늘려서 학교가 사회와의 갭을 줄여주는 현장의 경험을 주는 곳으로 바뀌어야 한다.

온라인과 오프교육이 결합된 모습으로 우리나라에는 '에스엠 학교(SM Inistute)'가 있다. 이 학교는 온라인 교육 콘텐츠와 K-Pop을 가르치는 미국 고등학교 공인인증 디지털 스쿨이다. 학생들은 원하는 온라인 콘텐츠를 선택하여 학점을 스스로 이수한다. 실습 수업인 K-Pop댄스 과목은 이미지 인식 기술과 인공지능 분석을 통하여 평가되고, 전문 강사가 개별적으로 피드백한다. 한류의 붐과 함께 향후 글로벌 교육기관과의 협력을 통한 해외진출도 준비 중이다.

수업 자체의 변화도 주의 깊게 보아야 한다. 프랑스의 '에꼴 42'는 교사 없는 수업이 이루어지는 직업학교이다. 컴퓨터만 있는 캠퍼스에서 수업, 학사관리 등이 IT 기반으로 이루어진다. 주요 IT 분야의 새로운 기술을 습득할 수 있도록 미션 프로젝트 중심의 과정으로, 이를 통해 자신의 능력을 한 단계 업스킬(up-skilling)한다.

가상공간에서 수업이 이루어지는 미국 퍼즐게임 '폴드 잇(Fold it)'도 새로운 접근이다. 메타버스 공간 안에 실습할 학습자들이 디지털 실험실을 구축하고, 학생들 간의 집단지성을 통해 의학적 난제를 해결한다. 실생활과 기업에서 요구되는 다양한 문제들을 메타버스 공간상에 구축하고, 협업을 통해 다양한 사회적·과학적 문제들을 제시하고 이를 해결함으로써 학생들의 창의성을 키울 수 있다.

실생활인 산업현장을 대상으로 한 교육훈련도 있다. 국내기업 이노시뮬레이션은 운항승무원들의 비정상 운항 상황 대응을 위한 '가상운항승무원 트레이닝 서비스'를 지식서비스 과제로 개발하는 중이다. 별도의 객실 모션 하드웨어 플랫폼을 구축하고, VR 기기를 활용하여 비정상 상황을 대비한 객실승무원 협업 훈련을 실시하고 평가할 계획이다.

가상운항승무원 트레이닝 서비스

가상공간에서의 수업은 교사에게 실제 공간에서의 수업에서 오는 다른 역량을 요구한다. 단순한 지식의 전달을 넘어 티칭이 아닌 코칭, 코칭을 넘어 1:1로 학습자에게 이야기할 수 있는 튜터링적 역량이 필요하다.

학교가 나에게로 온다, Learning as a Service

앨빈 토플러(Alvin Toffler)가 저서 『부의 미래Revolutionary Wealth』에서 "시속 10마일의 속도로 움직이는 학교가 그보다 10배의 속도로 변화하는 기업에서 일을 잘 처리하도록 학생들을 길러낼 수 있을까?"라고 언급하였듯이 학교 현장에서는 새로운 기술의 적용이 느리다. 우리나라는 더 심각하다. OECD 보고서에 따르면 우리 학생들의 디지털 문해력은 중위권 이하이고, 수업 중 ICT 활용 비율은 최하위에 가깝다. 인터넷 인프라 최강국의 현실이다. 그러나 학교 밖은 에듀테크 기업을 중심으로 빠르게 움직인다. 테슬라의 전기차가 자동차 산업을, 카카오뱅크가 은행업을 변화시키고 있듯이, 에듀테크 기업들이 교육의 생산, 소비, 유통을 디지털 플랫폼 기반으로 자동화하여 학습자 중심의 새로운 교육 서비스를 만들고 있다.

이런 움직임은 에듀테크 스타트업에 대한 벤처캐피털(VC)의 투자 확대로도 알 수 있다. 에듀테크 투자 규모는 2020년 161억 달러로 전년 대비 두 배 이상 크게 성장하였다(HolonIQ, 2021.1). 투자에 힘입어 기업 가치가 1조가 넘는 유니콘 기업들이 속속 등장한다. 2021년이 들어서면서 온라인 강좌를 제공하는 '코세라(Coursera)'는 뉴욕증시에, 맞춤형 언어학습을 제공하는 '듀오링고(Duolingo)'는 나스닥에 상장을 하였다.

국내는 관련 투자가 상대적으로 미미하였으나, 2021년부터 본격화되는 중이다. 인공지능 교육기업을 표방하는 '뤼이드(Riiid)'는 2021년 5월 소프트뱅크 '비전펀드'에서 2,000억 규모의 투자를 유치하였다. 인공지능 기반의 수학 앱으로, 전 세계 20개국 이상에서 교육앱 차트 1위를 달성하고 있는 '매스프레소'는 2021년 6월 560억 규모의 시리즈C 투자를 받아 뤼이드와 함께 유티콘 기업에 이름을 올리는 등 교육 분야 스타트업에 대해 관심이 높아지고 있다.

글로벌 에듀테크 분야 유니콘 10대 기업 현황

순번	기업명	국가	분야	최근 투자 유치 시기	기업가치(억 달러)
1	Yuanfudao	중국	튜터링(개인지도)	'20년 12월	155
2	Byju's	인도	튜터링(개인지도)	'20년 11월	120
3	Zuoyebang	중국	튜터링(개인지도)	'20년 12월	100
4	VIPKid	중국	언어	'19년 9월	45
5	Udemy	미국	온라인 포스트 세컨더리 교육/스킬	'20년 11월	33
6	Coursera	미국	온라인 포스트 세컨더리 교육/스킬	'21년 3월(상장)	50
7	Duolingo	미국	언어	'21년 8월(상장)	50
8	Unacademy	인도	시험 준비	'20년 11월	20
9	Zhangmen	중국	튜터링(개인지도)	'20년 10월	20
10	Applyboard	캐나다	해외 유학 지원	'20년 9월	14

HolonIQ, 2021.1

기술 투자의 주요 방향은 학습자가 주도적으로 학습계획을 수립하고 필요한 학습내용과 경험을 수행하는 학습자 주도 서비스(Learner-driven Service) 개발이다. 이를 위한 교육 분야의 빅데이터 활용과 디지털 휴먼 기술을 활용한 가상의 선생님, 학생의 진화를 살펴본다.

나를 이해하는 데이터

교육 분야에서 빅데이터와 인공지능 기술의 활용은 나만을 위한 맞춤형 학습을 만들어낸다. 이는 학습자의 단순한 인구통계학적

정보 외에 교육 목표, 학습 장애물, 학습 동기, 학습 태도, 선호도 등을 파악하여 학습 효과를 극대화하는 교수 설계를 한다. 학습자는 인공지능이 제시하는 학습의 경로를 따라가게 된다. 학습자가 무엇을 배워야 할지에 대한 결정권은 교사가 아니라 학습자에게 있다.

지금은 영어, 수학 등 문제풀이형 과목이 많지만 앞으로 실습·실기과목도 가능해질 것이다. 실습·실기과목의 경우 카메라, 센서 데이터를 활용하면 교수 활동을 더 생생하게 전달하고, 학습자의 행동도 파악하여 문제점을 더 깊이 분석하여 잠재력을 발휘할 수 있도록 지원이 가능하다. 가상공간에서도 뜀틀이 너무 높으면 해당 학습자의 신체나 도움닫기 역량에 맞게 높이를 조절해준다. 또는 학습자의 적성을 고려한 K-pop 댄스 콘텐츠를 제시하거나 다양한 형태의 대체 가능한 콘텐츠를 제공할 것이다.

사회생활에 바쁜 직장인이나 평생학습 콘텐츠도 데이터 기반의 맞춤형 학습 서비스가 가능하다. 이들에게는 이동 중에도 학습이 가능한 5~10분의 짧은 학습단위인 '마이크로러닝'이 제공된다. 영업사원에게는 상황에 맞는 주제를 선정하고 바로 학습이 이루어지도록 스마트폰을 활용한 모바일 콘텐츠를 제공한다. 현장에서 핵심 개념을 기억하게 하고 배운 것을 바로 활용할 수 있도록 하는 것이다. 호주의 금융회사 선(Sun Financial Ltd)의 경우 80% 직원들이 마이크로러닝에 만족한다.

데이터 기반의 맞춤형 학습은 영어, 수학 분야에서 먼저 시작되고 있다. 우리나라의 뤼이드 사가 개발한 AI 기반의 TOEIC 학습 '산타토익(Santa TOEIC)'은 200만 명 이상 누적 이용자의 문제 풀이 데이터를 축적하여 별도의 교재 없이 추천한 문제만으로 학습 효과를 올릴 수 있다. 최소 7개 문항에 대한 풀이 결과로 사용자가 풀지 않은 13,000개 이상의 문항 중 어떤 보기를 선택할지 추천한다. 인공지능기술을 통한 예측과 콘텐츠 추천, 동기부여 기능을 제공하고 이를 통한 점수 향상 효과를 데이터로 증명한다.

웅진씽크빅은 초등학생을 대상으로 매일 1억 건 이상 회원 데이터를 수집한다. 이를 통해 학습 경로, 학습 성과, 문항 난이도 등을 파악하고 인공지능이 분석 및 성과를 예측하여 적정 난이도 문제를 제시한다. 책으로 수학문제를 풀 때는 344문항을 풀어야 진도가 나갔으나 인공지능 기술을 활용하면 그 절반인 164문항만으로 실력을 올려준다. 학습 지원 교사에게는 맞춤형 코칭이 가능해지고, 학생의 정답율은 10.5%, 학습완료율은 14% 상승하였다.

해외 사례로 카네기러닝(Carnegie Learning)의 '매시아(MATHia)'는 인공지능 기반의 수학 학습 솔루션이다. 학생의 강·약점을 고려하여 학습 경험을 개인화하고 지원한다. 문제풀이에 어려움을 겪는 학생에게는 1:1 맞춤 학습 경험을 제공하고, 수준이 높은 학생들에게는 도전적 문제들을 제시한다.

영국의 '서드스페이스러닝(Third Space Learning)'은 온라인 가

상 교실에서 인공지능 기술을 기반으로 교사와 초등학생들이 상호 의사소통이 가능하도록 학습을 지원하는 서비스이다. 인공지능 기술은 매주 수천 시간의 교수와 학습 활동을 통해 막대한 양의 데이터를 생성하는데, 모든 세션을 자동적으로 추적·관찰한다. 인공지능 기술은 강사들이 미처 파악하지 못한 학생들의 실수, 모르는 부분을 분석하여 교수 활동에 이용할 수 있도록 교사들에게 제공한다.

학습의 인공지능 기술 적용은 학습의 효과성을 검증하는 평가도 바꾸게 될 것이다. 같은 문제를 제시하여 순위를 매기는 평가에서 개인별로 최적화된 수준별 평가, 과정 중심의 평가가 이루어진다. 획일적인 지식을 평가하기보다는 실제 삶의 문제를 해결할 수 있는 역량을 평가하게 된다.

인공지능 기술에 좋은 점만 있는 것은 아니다. 학습의 성과를 위해 학습자를 불편하게 할 수도 있고, 데이터를 선택하고 분석하는 과정에서는 의식적이건 무의식적이건 특정 인종을 선호하거나, 특정 이념을 추종하는 등의 '선택편향(selection biases)'의 문제가 발생할 수도 있다. 알고리즘에서 실수들이 발생한다면 학습자가 원하지 않는 콘텐츠, 학습지도를 받을 수도 있음을 고려하여야 한다.

나만의 페이스메이커, AI Tutor

나만을 위한 맞춤형 학습이 진행되어도 자기주도적으로 학습을 완료하기는 쉽지 않다. 대표적인 비대면 학습인 MOOC(Massive On-line Open Courseware)에서도 코스 완료율은 30%가 채 되지 않는다. 학습의 지속성을 높이기 위해서는 멘토나 동료와의 상담, 토론 등 상호작용이 효과적이다. 이를 위해 가상의 멘토, 동료로 '디지털 휴먼(Digital Human)' 기술을 활용한다. 디지털 휴먼은 인간과 같은 얼굴, 표정, 감성적 반응을 통해 비대면, 가상공간에서 사람들을 더욱 편하고 친근하게 대할 수 있다.

디지털 휴먼이 학습 현장에 오면 AI 튜터(AI Tutor)가 된다. AI 튜터는 인간과 같은 모습 외에도 학습자의 시선, 자세, 동작 인식과 생체 인식 기술을 활용하여 감성 인식, 감성 진단 및 감성 교감을 가능하게 해준다. AI 튜터는 암기과목, 문제풀이 학습지도부터 피아노, 발레, 미술 등 예체능 실습, 가상 방문학습, 산업훈련

분야까지 다양하게 확장될 것이다. 가상공간에서 AI 튜터와 함께 피아노 합주를 하고, 가상의 달리기 트랙에서는 페이스메이커로 AI 튜너가 함께 뛰는 모습을 그려본다.

디지털 휴먼은 특정인의 모방에서 시작하여 새로운 가상인간 생성으로 나아간다. 특정인을 모방한 경우로는 2020년 2월 MBC 특집 가상현실(VR) 다큐멘터리인 〈너를 만났다〉가 있다. 다큐멘터리는 희귀 난치병으로 딸 나연이를 떠나보낸 장지성씨가 가상현실로 딸과 만나는 과정을 그렸다.

우선 가족들의 인터뷰와 핸드폰 속 사진, 동영상에 저장된 나연이의 다양한 얼굴과 표정, 몸짓, 목소리, 말투를 분석했다. 이를 토대로 360도로 둘러싸인 160대 카메라가 대역 모델의 얼굴과 몸, 표정을 동시에 촬영하고 '모션 캡처' 기술을 활용하여 나연이의 자연스러운 몸짓을 만들어냈다.

새로운 가상인간으로 디지털 휴먼 '김래아'가 있다. 얼핏 화면으로 보면 실제 사람 같은 이 여성은 LG전자가 CES 2021에서 선보인 가상인간이다. 컴퓨터그래픽으로 만든 외형에 AI기술로 목소리를 입힌 캐릭터로 모션 캡처 작업과 딥러닝 기술을 이용한 학습으로 탄생한 3D 이미지다. 4여개월간 자연어 정보를 수집한 뒤 학습 과정을 거쳐 목소리와 언어도 갖추고 있다. SNS를 통해 '팬층'을 확보하고 실제 브랜드 홍보모델로 발탁되는 등 인기를 끌고 있다.

학습 현장의 디지털 휴먼은 앞서 말했듯 AI 튜터이다. 교수모델을 장착한 교사에서, 수험생, 학생들까지 다양하게 진화하고 있다. 챗봇을 활용한 AI 튜터 모델로는 '왓슨 튜터(Watson Turtor)'가 있다. IBM과 피어슨이 같이 만든 왓슨 튜터는 소크라테스의 접근법을 활용한 교수모델을 사용하여 언제 어떤 대답을 학생들에게 해줄지를 관리하는 대화관리자이다. 왓슨튜터는 답을 끌어낼 목적으로 학생들에게 질문을 시작한다. 학생들의 대답은 시스템에 의해 분류된다. 학생들이 이상적인 대답에 가까워질 수 있도록 적절한 피드백이나 힌트 질문들을 제공한다.

사회에 활용되는 케이스로는 미국 육군의 해외파병 군인 지원 학습과 재향군인 심리 상담을 하는 가상 튜터가 있다. Institute of Creative Technologies에서 개발한 이 가상캐릭터는 실제 사람처럼 보이고 생각한다. 해외파병 군인은 튜터를 통해 해외 파견시 필요한 지식을 습득하고, 학습자가 문화적 민감성과 예의를 고려하지 않을 때 무엇이 잘못되었는지 시뮬레이션 해준다. 재향군인에게는 우울증 등 심리 상담을 하고 자살 위험의 징후를 사전에 인식하여 예방한다.

디지털 휴먼의 또 다른 모습으로 AI 수험생, AI 학생도 있다. 일본의 아라이 노리코 교수는 2011년부터 '로봇은 도쿄대학에 들어갈 수 있는가?' 프로젝트를 10년째 진행 중이다. 인공지능 기술을 이용하여 이미 수험생 상위 20퍼센트에 해당하는 성적을 달성했다. 현재 수준은 수학은 도쿄대 학생들보다 잘 풀지만 독해력은 아직 미치지 못하고 있다.

출처: hket.com

　　중국 웨이보에 따르면 베이징인공지능연구소 등에 의해 개발된 인공지능 학생 '화즈빙'이 중국 칭화대에 2021년 입학했다. 화즈빙은 디지털로 만들어진 외모와 목소리로 스스로 사람처럼 말한다. 외모와 목소리뿐 아니라 작곡도 한다. 문학과 예술작품도 배우게 해서 스스로 시를 쓰고 서양화의 붓 터치를 모방한 그림도 그린다. 알파고가 수천만 회의 기보를 연습해 최적의 수를 찾아낸 것처럼 화즈빙 역시 방대한 데이터를 배워 상황에 맞는 새로운 표현을 찾아내는 중이다.

2.
러닝 애즈 어 서비스를
만나기 위한 숙제

기존 교육산업 구조가 해체되고, 학습자에게 비대면, 비소유 방식으로 지식과 경험을 제공하는 학습자 중심 맞춤형 서비스 즉, 러닝 애즈 어 서비스로 변화하는 모습을 살펴보았다. 클라우드를 비롯한 동영상과 오디오 콘텐츠, 메타버스의 등장으로 과거 책을 중심으로 습득되고 전달되던 지식의 생산과 유통, 소비를 바꾸고 있다. 전통적인 학교 공간, 교사 중심의 수업에도 변화가 온다. 실감형 기술을 활용하여 가상공간이 교실이 되고, 교사가 그 가상공간에 있다. 또한 디지털 기기를 잘 활용하고 새로운 기술에 능숙하여 '디지털 네이티브'라고 불리우고, 나를 중시하는 MZ세대가 등장했다. 이 MZ세대에게 적합한 교육의 소비 방식이 요구된다. 저출산과 고령화라는 인구 구조의 변화는 1:N의 양중심의 교육에서 벗어나 학생 한 명 한 명을 살펴보는 교육, 학교 교육만이 아니라 성인, 은퇴이후까지 지속적으로 관리되는 교육으로의 변화를 요구하고 있다.

그 대안은 나만의 가상학교, 러닝 애즈 어 서비스다. 코로나 팬데믹으로 경험한 언택트 스쿨을 거쳐 교재, 교실, 학교가 가상

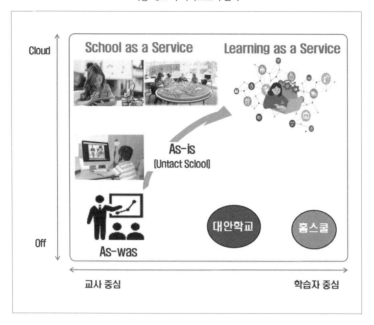

화되는 모습을 살펴보았다. 데이터와 인공지능 알고리즘을 활용하여 전통적인 교육서비스는 해체되고 미래는 학습자 중심의 맞춤형 서비스로 변화하여 러닝 애즈 어 서비스가 될 것이다. 지금 교육의 변화 10년은 과거 천 년간의 변화보다 더 클 것이다.

나만의 가상학교를 만들기 위해서 이제부터라도 준비해야 한다. 교육은 학교와 사회와의 갭을 줄여주는 역할을 요구받고 있다. 맥킨지에 의하면 미래 일자리에서 가장 중요한 역량은 디지털 역량으로 보고 있으며, 학교에서 이를 꼭 가르쳐야 한다고 제시한다. 그러나 우리의 교육 현장은 사회에서 요구하는 디지털 역량을 제대로 길러주지 못하고 있다. OECD 보고서에 따르면 우리 학생들과 성인들의 디지털 역량은 최하위 수준이다. 학생들이 생산적으로 ICT를 활용할 능력, 인터넷의 정보를 가짜뉴스인지 판별하는 능력은 최하위이다. 성인들도 다를 바 없다. 기술 기반의 문제해결력은 특히 60세 이상이 되면 OECD 국가 대비 급격히 떨어진다. 이에 대한 해결책이 필요하다.

러닝 애즈 어 서비스 실현을 위한 몇 가지 과제

첫째, 경험 지식 중심의 미래사회를 대비해야 한다. 2021년 6월에 실시된 '2022년 개정 교육과정을 위한 국민참여 설문조사'에서 학생들은 학교에서 진로직업교육, AI, SW 교육을 배우고 싶다고 의견을 주었다. 수요자에 맞게 학교 교육은 디지털 역량, 금융 지식 등과 같은 사회에 필요한 지식을 길러주어야 한다. 지식도 직접 체험해보고 실습하는 경험지식으로 바뀌어야 한다. 학습자의 범위도 학생에서 직장인, 은퇴자로 범위를 넓혀야 한다. 유다시티, 코세라 등 현존 MOOC(Massive Open Online Course)가 기존 교육 모델의 변화를 꾀하였다면 이제는 학습자 개개인에게 적합한 콘텐츠와 솔루션 개발이 필요하다. 학습 커리큘럼은 학습자들 중심으로 설계되어야 한다. 전통적인 학교의 수업은 단원별로 가르쳐야 하는 교과 내용이 시간대별로 정해져 있기 때문에 아이들이 스스로 답을 찾아가기까지 기다려주기 어렵다. 학습자 중심의 교육은 24시간 AI 튜터와의 쌍방향 소통이 가능하므로, 이를 고려하여 커리큘럼이 적용되어야 한다.

둘째, 애즈 어 서비스, 비대면·비소유 방식을 위한 기술 개발이 필요하다. 비대면 환경에서 몰입감과 사실감을 제공하기 위해 현장에 있는 것 같은 고도의 시각화 기술이 요구된다. AR/VR, 디지털트윈과 같은 가상화 기술을 활용하면 가상공간에서도 손흥민과 같이 축구를 하는 것처럼 느낄 수 있다. 또한 원격지에 있는 사람들과의 현장감 있는 소통을 위해서는 다양한 형태의 실시간 상호작용이 필요하다. 끊김 없는 영상, TTS(Text-to-speech), 오감·감성의 공유, 비접촉 인터랙션 등 다양한 형태의 실시간 상호작용 기술이 필요하다. 동시에 AI 튜터는 인간교사와 하나의 팀으로 원격수업을 준비하고 수업하는 방식도 고려하여야 한다.

반면 기술을 절대화하는 관점은 조심해야 한다. 인공지능 개발자의 성향과 데이터 수집에 따라 알고리즘이 편향될 수 있음을 인지하여야 한다. 한때 미래학교의 대표 사례였던 '알트스쿨(altschool)'이 엔지니어와 기술에만 의존하여 실패한 사례, 페이스북의 엔지니어들에 의해 개발된 인공지능 기반 학습서비스 '서밋러닝(Summit Learning)'이 학습의 효과성, 개인정보 침해 이슈 등으로 학생들의 항의와 거부를 받은 사례도 참고하여야 한다.

셋째, 인간에 대해 좀 더 깊이 있는 이해가 요구된다. 디지털 기술을 활용한 가상화, 맞춤형 학습은 게임중독과 같은 문제를 일으킬 수도 있다. 이제는 정신건강도 학습의 고려대상이다.

학습자의 뇌에 스트레스를 줄 수도 있음을 고려해야 한다. '진저(Ginger)' 서비스는 엠아이티 미디어랩(MIT Media Lab)이 개발한 정신건강 플랫폼으로 스마트폰을 기반으로 한다. 고객의 불안, 스트레스 및 우울증의 패턴을 식별하고 환자에게는 치료를 제공한다.

뇌의 작동기제를 조금 더 알아간다면 단순한 지식의 주입인 암기는 더 이상 필요없다. 일례로 뇌파상태를 유도하여 뇌의 기능을 향상시키고자 하는 뉴로피드백(Neuro feedback))적 접근이다. 일론머스크(Elon Musk)가 설립한 '뉴럴링크(NeuraLink)'는 뇌와 외부장치 간의 상호작용을 연구한다. 대뇌피질에 미세전극을 삽입하여 기억을 외장하드에 담으려는 시도이다. 우리나라에서도 한양대 등에서 '어댑티브 뉴로 러닝(Adaptive Neuro-learning)'으로 뇌파기반 적응형 학습, 학습/재활 중 다양한 뇌 상태를 종합적으로 지표화하고 판별할 수 있는 기술을 개발 중이다.

사회, 경제, 산업, 문화 전반에 걸쳐 디지털 대전환이 일어나고 있다. 데이터, AI, AR/VR, 메타버스 등 새로운 디지털 기술이 속속 등장한다. 그에 따라 교재, 학교 교실이 가상화되고 학생 중심의 맞춤형 서비스 즉 러닝 애즈 어 서비스로 변화된다. 이제 교육의 영역은 K-12에 머물지 않고 직장인, 은퇴자를 포함한 학습자의 전 생애로 확장되어야 한다. 그 변화의 결과물은 산업의 한 축으로 나아가야 한다. 또 적극적으로 글로벌 진출을 이뤄내야 한다. 이러닝 산업 글로벌 매출 0.3%라는 초라한 수치가 아니라 선도산업으로 자리매김하여 새로운 일자리의 보고가 되어야 한다.

나만을 위한 학습, 나만을 위한 AI 튜터가 있는 그 날을 상상해본다.

4장

모든 것이 기록되는 세상:
데이터 애즈 어 서비스

안동욱 | 현 (주)미소정보기술 대표이사, 한양대학교 빅데이터 겸임교수, 디지털헬스케어 연합 포럼 부회장, 연세대 융합기술경영공학 공학박사

2006년 3명으로 시작한 기업을 15년 만에 150명에 이르는 빅데이터&인공지능 전문기업으로 성장시켰으며, 데이터를 통한 기술적 인문적 사회통합을 이루고 나아가 지식과 정보가 모두에게 고르게 공유되는 세상을 만들기 위한 다양한 활동을 하고 있다.

2030 사회 초년생의 일상

만 30살에 사회초년생이 된 나는 직장생활을 위해 서울 모처에서 자취를 시작
했다. 데이터 활용에 관심이 많았던 나는 안전하게 개인정보를 적절히 공유하
고, 최적화된 개인 맞춤형 서비스를 적극적으로 활용하고 있다. 이를 통해 적성
에 맞는 일자리도 찾게 되었다. 입사 후 첫 프로젝트를 잘 마치고 고단함을 덜기
위해 일찍 잠자리에 들었다.

요사이 잠자리에서 뒤척거렸는데, 스마트베개가 수면 상태를 수집하더니 인공
지능 비서인 미소를 통해서 베개를 제어해 나에게 맞는 미세한 진동을 수시로
준다. 기분 좋은 떨림에 상쾌하게 눈을 뜬다. 눈을 뜨자마자 모바일을 통해 오늘
의 건강 체크 메시지가 전해져온다. 1년 전 마이데이터 서비스를 통해 나의 병
원 및 건강 기록을 모두 헬스데이터 허브에 전달했기 때문이다. 30년간의 병원
이력 및 건강검진 데이터와 나의 라이프로그가 실시간 모니터링되고 있고, 작은
위험 상황이라도 경고가 오고 있다. 몸에 착용하는 모든 의류에는 웨어러블 장
치를 달아서 일거수일투족의 모든 바이탈사인을 실시간으로 보내고 있고, 그 덕
에 내 몸에 최적화된 식단과 고쳐야 할 생활 습관까지 잔소리가 끊이지 않는다.
간혹 귀찮기는 하지만 고혈압, 당뇨, 체중 등의 수치가 몰라보게 좋아졌다. 얼마
전 유전체 검사를 했더니 위암에 걸릴 확률이 20%라고 나와서 심란하지만, 미
리 예방할 수 있는 방법까지도 상세히 알려줘 안심이다.

최근 1인 음식 배달, 햇반, 즉석냉동식품 등을 구매했더니 혼자 자취하게 된 것
을 쇼핑몰이 눈치챘다. 적절한 생활용품 추천이 메신저를 통해 날아온다. 마침
방 꾸미기를 할 생각이었는데 소비 패턴 분석 결과, 나는 모던함을 좋아한다고

한다. 마음에 딱 드는 인테리어 설계를 추천받았다.

출근 후 스마트아이디카드를 목에 걸면 나의 동선, 심박, 체온, 접촉한 동료 리스트, 대화 내용의 주요 키워드 등이 회사 클라우드 서버에 실시간으로 저장된다. 그래서 내 근무 태도나 인사 등에 대한 모든 평가가 내 PC의 로그와 함께 분석되어 주간 평가를 자동으로 나에게 알려준다. 나도 몰랐던 나쁜 습관이나 불필요한 동선 등을 알게 되어 개선할 수 있어서 큰 도움이 된다. 다행히 주 단위로 알려주는 결과는 나에게만 온다고 한다. 처음에는 감시당하는 것 같아 불편했지만 시스템을 통해서만 데이터가 저장되고 나에게만 정보를 알려준다는 걸 알고 안심이 되었다. 오히려 불편한 선배를 통해서 듣는 조언보다 훨씬 마음이 편하다.

얼마 전 나의 소셜 데이터 분석을 통해 근황을 정리해주는 서비스에 가입을 했더니 친구들에게 무슨 문제가 있냐며 전화가 온다. 내가 작성한 글의 문맥, 어휘, 말투, 상황 등 방대한 소셜 데이터를 통해서 요사이 잠시 우울하다는 정황이 데이터를 공유한 친구들에게 전달이 되었나 보다. 비슷한 고민의 친구 찾기를 통해 3명의 친구가 연결이 되었는데 퇴근 후 맥주 한 잔하며 서로 힘이 되어 주기로 했다.

통합 마이데이터 서비스에 가입 후 하루의 모든 일과가 데이터로 저장되고 집에 있는 인공지능 비서와 연동되어 맞춤형 힐링 서비스를 제공해준다. 집에 도착하자 자동으로 플레이 되는 맞춤형 선곡 음악이 흐르고 차주에 있을 여름휴가에 대한 추천 여행지 및 행사 등이 TV 모니터에 나타난다. 정말 내 맘에 꼭 드는 여행지가 있어서 바로 예약을 해버렸다.

개인정보가 노출되지는 않을까 걱정이 있었지만, 아직까지는 큰 사고가 없었다. 철저하게 익명으로 처리되지만 모든 활동의 데이터는 특정 개인의 데이터로 결합되어 분석에만 활용되고 쉽게 노출되지 않는다. 혼자 사는 나에게는 든든한 컨설턴트이고 조력자이면서 주치의이기도 하다. 가끔은 나보다 나를 더 잘 아는 것 같다.

1.
세상을 읽는 힘,
데이터 애즈 어 서비스의 등장

디지털 경제가 부상하면서 데이터는 '제2의 석유'로 불릴 정도로 디지털 산업에서 더욱 중요한 자원으로 자리 잡고 있다. 글로벌 통계포털인 스태티스타(Statista)는 전 세계 데이터 정보 규모가 2020년 2제타바이트에서 2025년 175제타바이트로 급증할 것으로 전망한다.

과학기술정보통신부와 한국데이터산업진흥원의 '2020 데이터산업 현황조사'에 따르면 2020년 국내 데이터산업 시장 규모는 19조 2,736억 원으로 추정됐다. 2019년(16조 8,582억 원)보다 14.3%(2조 4,000억 원 정도) 커졌다. 이 추세라면 2021년엔 무난히 20조 원을 돌파할 전망이다.

하지만 예상되는 데이터산업의 성장세와는 달리 데이터가 여러 분야의 서비스에 구체적으로 어떻게 연관되어 있으며, 데이터의 효과 및 가치에 따라 어떻게 활용되어야 하는지는 아직 확립되지 않은 상황이다. 데이터는 일반적으로 기업 자산으로 평가되지만 데이터를 생성하는 개인의 적극적인 참여에 의존하기 때문에 개인 자산으로 취급하기도 한다.

따라서 데이터로부터 발생하는 가치에 대한 참여라는 측면에서 데이터 생성자를 중시하는 접근이 최근 다양하게 펼쳐지고 있다. EU의 '일반데이터보호규정(GDPR)'에 따라 삭제권('잊힐 권리'), 개인정보 이동권, 프로파일링을 포함한 자동화된 처리에 대한 선택권 등과 같은 권리를 명문화하여 정보 주체의 권리를 강화했다. 개인 데이터에 관해서는 2018년 '마이데이터 글로벌(MyData Global)'이 설립되어 개인이 자신의 데이터에 대해 충분히 이해하며 주체성과 주도권을 갖고 자신을 위해 개인 데이터를 활용할 수 있는 방안이 추진되고 있다.

현재 데이터 거래에 따른 시장 메커니즘이 충분히 작동하고 있지 않은 상황에서 데이터 시장의 논리를 명확하게 정의하고 거래 활성화를 통한 연계 서비스를 창출하는 것이 중요하다.

바야흐로 데이터는 모든 시장에 반드시 필요한 요소다. 21세기 시장 경제의 패권이 데이터에 있다고 해도 무방하다. 이러한 데이터 산업은 앞으로 다양한 서비스에 접목이 될 것이다. 인간의 일상에서 개인의 가치 있는 데이터를 얻고, 이를 활용하기 위한 다양한 서비스가 기획되고 운영될 전망이다. 이를 데이터 애즈 어 서비스(Data as a Service, 이후 DaaS)로 정의한다.

데이터 서비스와 데이터 애즈 어 서비스(DaaS)는 무엇이 다른가?

갖혀진 틀, 기존의 데이터 서비스

일반적으로 데이터라 하면, IT운영시스템을 통해 발생한 트랜잭션 로그가 데이터베이스에 생성된 결과물을 대부분 떠올린다. 그 외에는 많은 지식과 경험을 필요한 정규 양식에 따라 저장한 정형 또는 비정형 데이터까지 포함한다. 최근까지 데이터 서비스 시장은 일반적인 통계를 활용한 의사결정 지원 수준이었다. 좀 더 복잡한 분석을 위한 DW(Data Warehouse)의 구성과 OLAP(On-Line Analytical Processing)은 기업의 데이터 활용 시스템으로 자리 잡았다. 이후 DW 활용 수단의 통칭인 BI(Business Intelligence)로까지 이어졌다.

다양한 사고를 방해하는 정해진 틀, 데이터베이스

지금까지 데이터는 엑셀, 테이블, 데이터베이스 등 미리 정해진 틀에 맞춰 저장이 되었다. 이는 사고의 틀과 분석의 다양성을 한정했다고 볼 수 있다. 그 안에서 할 수 있는 분석의 행위는 결국 일반통계와 고급통계에 지나지 않았다. 확장된 통찰력을 얻기 위해서는 데이터의 복잡한 가공 과정이 필요했고, 이는 여러 경로의 통찰력을 얻으려는 과정에서 가장 큰 방해 요소였다. 다양성을 확보하면 성능이 문제였고, 성능을 해결하면 다양한 분석을 할 수 없었다. 데이터는 사실 분석의 대상으로 생성되었다기보다는 행위의 기록으로 생성되어서 이력을 조회하는 서비스 형태로는 요긴하게 사용되었다.

데이터는 쌓이는 데 분석할 게 없다. 콘텐츠의 부재

데이터는 시간의 흐름을 담고 있고, 공간의 개념이나 행위 등을 담고 있어서 인간 행위를 예측하는 주요한 재료이다. 다만 특정 서비스 형태에서 남는 기록이다 보니 행위 예측에 필요한 다른 데이터와의 결합이 필수적이다. 예를 들어 카드 사용 데이터만을 분석한다면 지역별 매출이 높은 매장들을 분석할 수 있을 것이다. 하지만 그 지역이 유동인구가 많은 지역인지, 그렇다면 어떤 성별과 연령층이 많은 지역인지 등이 함께 분석되지 않으면 의사결정의 오류를 범할 수 있다. 더불어 궁금한 것은 판매 이후의 반응이다. 이러한 반응을 얻기 위해 지금까지는 큰 비용을 들여 설문 조사를 해야만 했다. 정확한 상권 분석이 어려운 것은 인간 행위를 예측할 수 있는 콘텐츠의 부재에 있었다. 이렇게 해서 빅데이터가 등장한다.

데이터 애즈 어 서비스를 가능하게 한 일등공신, 빅데이터

방대한 데이터 재료들이 쏟아지기 시작한다. 요리로 치면 소금, 고춧가루, 파, 마늘 등 주재료가 아닌 다양한 향신료와 식자재 들이 기존의 요리 문화를 더욱 풍부하고 다양하게 한 것과 같은 파급력이다. 정해진 틀이라고 표현한 기존의 데이터에 풍미를 더해주는 아주 중요한 향신료 데이터들이 쏟아지기 시작했다. 사실 기존에 있던 요리 재료들도 여러 시도 끝에 가공법을 알게 되어 채취하게 되고 시행착오를 거치면서 없어서는 안 될 재료로 등극

하기에 이르렀다. 빅데이터의 시작도 이와 닮아 있다. 모바일 시장의 확산은 방대하고 개인화된 데이터를 구축하기에 이른다. 시간과 공간을 함께 담고 있으며 인간의 행위 대부분을 데이터로 남기기 시작했다. 이런 방대한 데이터의 활용으로 인해 틀에 갇힌 데이터라는 오명을 벗고 통계 수준을 벗어나 예측 가능한 수준의 분석이 가능해졌다. 이렇게 데이터 애즈 어 서비스도 현실화할 수 있게 된 것이다.

데이터 패권에서 승리하자. 데이터 애즈 어 서비스 이해하기

데이터 확보 전쟁이 벌어지고 있다. 기업들은 데이터만 모을 수 있다면 엄청난 비용이 들더라도 서비스를 유지한다. 수백억대의 적자를 보면서도 수천억의 투자가 유치되는 기업을 보면 모두 데이터와 관련이 있다. 미국 기술주를 대표하는 FAANG(Facebook, Amazon, Apple, Netflix, Google)은 모두 다른 업종처럼 보이지만 결국 각 분야의 양질의 데이터를 수집하고 이를 활용하는 서비스가 근간인 기업들인 것이다. 데이터 애즈 어 서비스는 기존 데이터 서비스와는 다르다. 데이터가 단순히 분석에 활용되는 시장에서 벗어나 데이터 패권을 차지하기 위한 다양한 서비스 형태로의 발전을 의미한다.

2.
데이터 애즈 어 서비스(DaaS)
활용 사례

데이터 애즈 어 서비스는 기본적으로 데이터 자체의 산업을 만든다기보다 데이터가 각종 산업에 영향을 미치는 서비스와 연관된다고 보는 것이 맞다. 혹은 그러한 데이터를 확보하기 위한 서비스의 시도로 이어지는 현상을 이해해야 한다. 따라서 현재 진행되고 있는 다양한 데이터 애즈 어 서비스 사례를 연구할 필요가 있다. 데이터 애즈 어 서비스를 하기 위해서는 기존 서비스가 생성하고 있는 데이터 속성을 연구하고, 다양한 산업과의 활용성을 다른 산업 간에 연결하는 서비스로 기획해야한다.

대중의 정서를 통찰하는 거대 플랫폼 데이터의 힘

가수 비가 2017년 미니앨범 '마이 라이프 애'(MY LIFE 愛)의 타이틀곡으로 〈깡〉을 내놓았을 때만 해도 뮤직비디오의 다소 오글거리는 콘셉트와 자신감이 과한 가사, 트렌드를 비껴간 과격한 안무로 조롱받았다. 하지만 유튜브 댓글창에 모여든 누리꾼들은 묘하게 중독성 있는 뮤직비디오를 즐기면서 비를 놀리는 대화를 주고받다가 새로운 놀이문화를 만들어냈다. 이들은 '1일 1깡'(하루에 한 번 〈깡〉 뮤직비디오를 본다)이라는 신조어까지 탄생시키며 조회수를 끌어올렸다. 이에 원곡은 발매 3년 만에 역주행 기록을 만들어 냈다.

유튜브의 큐레이션 서비스는 '빅데이터 기반 협업 필터링' 기능으로 추천이 이루어진다. '빅데이터 기반 협업 필터링'이란 사용자들이 이용한 데이터를 종합하여 비슷한 종류의 콘텐츠를 보는 사람에게 다른 비슷한 콘텐츠를 즐겨보는 사람의 추천 영상을 추천해주는 기능이다.

2017년 3월 발매된 브레이브걸스의 댄스곡 〈롤린〉이 출시 4년 만인 지난 2021년 3월 각종 음원차트에서 1위를 기록하고 음악 순위 프로그램에서 1위까지 차지하는 기염을 토했다. 국방TV의 음악 프로그램 〈위문열차〉에서 방영된 공연 장면을 유튜브 채널 비디터(VIDITOR)에서 제작해 게시한 영상이 발단이 되었다. 영상의 곳곳에 배치된 댓글이 중요한 역할을 했다. "군대 빌보드 차트 1위", "군 미스터리 중 하나 … 철저한 인수인계", "15년 군번 이후 모든 군인들이 … 수백 번 봤던 그 영상"처럼 당시 군 생활 현장에서 〈롤린〉의 인기를 실감할 수 있도록 한다. "군인 가수 둘 다 힐링", "군 생활하면서 엄청난 활력소가 되었던 곡 … 말로 설명 못하는 뭔가가 있음", "군 생활을 이 곡 하나로 버텼다"는 댓글들에서 가수의 인기와는 상관없이 진정성 있는 팬층이 있다는 걸 유튜브 알고리즘이 간파를 했고 이것이 추천으로 이어져 노출 빈도가 많아진 것이다.

지금까지 아이돌이 주도하는 음악 시장은 그 특성상 쉽게 유행하고 빠르게 대체되고 잊히기 때문에 출시와 함께 정상에 오르지 않으면 역주행은 불가능한 것이었다. 그러나 유튜브는 전통적인 음원 시장의 마케팅 속성을 흔들어 놓았다.

　　최근 선거 운동의 모습도 팬데믹 상황과 IT의 발달로 많은 변화를 가져오고 있다. 가까이 마주하고 눈을 보면서 웃음을 나누고 국밥을 한 그릇 하면서 살갑게 손을 잡는 필수적인 선거운동 방식이 팬데믹 이후 오히려 불안감을 주는 행위가 되어 버린 것이다.

　　온라인을 통한 홍보 마케팅 콘텐츠가 계속 쏟아져 나오고 있고, 유튜브의 각종 채널을 통해 인터뷰 및 토론이 이어진다. 유권자들은 마치 사이버상의 정치를 보는 것처럼 모든 후보들의 일거수일투족을 대부분 온라인을 통해서 접하고 소통한다. 그런데 이런 콘텐츠는 온라인의 특성상 흔적이 남는다. 각종 매체를 통해 공유 및 전파되고 적극적인 유권자들은 자신의 의사를 댓글로 남긴다. 또는 그 글들에 좋아요 나빠요를 누르며 소극적인 의사를 표현하기도 한다. 이러한 반응은 지극히 실시간이다.

　　코로나19로 인해 그 어느 때보다 온라인상에 각 후보의 정보가 넘치고 실시간 중계되고 있으며, 남녀노소 가릴 것 없이 동시에 콘텐츠를 소비하고 있다. 새로운 뉴스나 정보를 접할 때마다 표심이 흔들린다. 오전의 여론과 오후의 여론이 달라지는 세상이다. 후보의 오전 유튜브 방송으로 저녁 민심이 변하기도 한다. 어떤 말을 했을 때 긍정과 부정으로 바뀌는지의 그 정서를 알아야 하는데 아직까지 여론 조사는 한계가 있다. 여론 조사는 선호하는 후보와 정당만을 조사하기 급급하다. 이 또한 실시간이 아닌 며칠 정도의 주기를 둔다. 그리고 왜 그 후보를 좋아하는지, 아니면 왜 상대 후보를 싫어하는지 이유를 알 수가 없다. 하지만 어느 때보다 온라인 소통이 많은 앞으로의 선거에서는, 흔적을 남기는 소셜데이터의 특성상 실시간으로 그 정서를 알아내고 이를 적극적으로 활용하는 후보가 유리한 고지를 선점하게 될 것이다.

건강하게 살기, 헬스케어 데이터에 방법이 있다.

헬스케어 분야에서는 데이터가 폭발적으로 증가하고 있다. 삼정 KPMG 경제연구원의 2018년 11월 이슈모니터 자료조사에 따르면 전 세계 16,000개 병원이 환자 데이터를 수집하고 있으며, 개인별 원격모니터링 디바이스를 사용하는 환자가 최근 5년간 연평균 18%의 증가율을 보이고 있다. 개별 환자모니터링 장비는 평균 초당 1,000개의 수치를 측정하고 있으며, 이는 환자 1인당 하루에 86,400개씩 수치가 생성되는 것을 의미한다. 이렇게 생성된 헬스케어 빅데이터의 크기는 개별 의료기관 당 약 370TB에 달한다고 한다. 특히 수집되는 헬스케어 데이터의 80%는 텍스트나 이미지, 영상과 같은 비구조화 데이터다. 최근 헬스케어 산업의 패러다임이 질병이 발생한 후에 치료를 받는 치료·병원 중심 치료에서 스스로 건강을 관리하는 예방·소비자 중심 치료로 변화하면서 헬스케어 산업 내 빅데이터 분석이 더 중요해지고 있다. 임상, 유전자, 생활습관 등 개인이 생성하는 다양한 의료 데이터는 정밀 의료 구현의 토대가 되기 때문이다. 예를 들어, 개개인이 생성해내는 방대한 양의 비구조화 데이터를 분석하게 되면 기존의 정형화된 치료방식이 아닌 개인에게 맞춰진 정밀 치료를 할 수 있게 되고 효과는 극대화될 수 있다. 이에 따라 헬스케어 각 과정에서 발생하는 방대한 양의 데이터를 어떻게 모으고 활용하는지가 매우 중요해지고 있다.

개인유전정보는 인간이 태어날 때부터 부모에게 물려받은 고유한 정보 데이터로 한 사람당 약 30억 개, 1TB에 달하는 유전체 염기쌍 서열을 가지고 있다. 이와 같은 유전체 정보는 정밀의료, 개인 맞춤형 신약 개발, 유전자 편집, 합성생물학을 구현할 핵심 열쇠로 최근에는 각 국가별로 이 염기쌍의 서열을 밝혀내고 이를 빅데이터로 구축하기 위해 인간게놈 프로젝트를 진행하고 있다. 기존에는 유전자 분석 비용이 높아 유전자 변이를 확인할 비교 데이터가 부족했으며, 대량의 데이터를 저장하고 분석할 수 있는 기술도 부족했다. 인간의 전체 DNA 염기서열은 총 30억 개에 달하는 A, T, G, C의 조합으로 이루어진다. 이 방대한 서열 데이터를 읽어내고 활용하기 위해서는 막대한 비용과 시간이 필요했다. 하지만 2010년 이후 차세대 염기서열 분석 기술(Next Generation Sequencing, NGS)의 발전으로 서비스 비용과 소요 시간이 크게 감소하였고, 개인유전정보 분석이 활성화되기 시작했다.

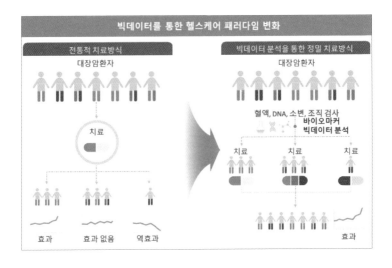

빅데이터를 통한 헬스케어 패러다임 변화

전통적 치료방식

대장암환자

치료

효과   효과 없음   역효과

빅데이터 분석을 통한 정밀 치료방식

대장암환자

혈액, DNA, 소변, 조직 검사
바이오마커
빅데이터 분석

치료   치료   치료

효과

　　개인유전정보는 질병 연구와 정밀의료의 핵심으로, 개인의 유전체를 분석하면 가장 적합한 약물과 치료 방법을 선택할 수 있게 된다. 개인은 각자 다른 유전적, 환경적 요인과 질병 경력, 생활습관을 가지고 있는데, 개인유전정보를 분석하고 이를 다른 다양한 개인 빅데이터와 함께 분석하면 환자에게 적정한 약과 용량으로 알맞은 시기에 환자별로 최적화된 치료법을 제공할 수 있게 된다. 뿐만 아니라 유전적 요인에 따른 취약 질병도 미리 파악해 예방할 수 있게 된다. 이처럼 정밀의료와 사전 관리를 위해서는 개인 유전체 분석 정보와 과거 병력, 치료 전력, 생활습관 등 환자 유래 데이터의 수집과 분석이 필수적이다. 최근에는 정보통신기술과 유전체 분석 기술을 융합하여 적극 활용하고 방대한 환자의 의료정보를 빅데이터로 관리하고 연결함으로써 치료의 정확도가 높아지고 있다.

라이프로그(Life Log)

최근 발전된 IT 기술을 바탕으로 개인 일상의 기록들이 센서, 스마트폰, 무선통신 등을 활용하여 방대하게 쌓이고 있다. 환자는 물론 건강한 사람까지도 스마트폰, 웨어러블 디바이스 등의 기기를 활용하여 자신의 건강을 스스로 관리하고 질환을 예방하는 노력이 증가함에 따라 이를 위한 개인 라이프로그에 대한 관심과 활용도 높아지고 있다.

라이프로그는 웨어러블 디바이스나 헬스케어앱 등을 통해 수집되는 개개인의 혈당 수치, 혈압, 심전도, 식단 정보 등 개인 일상생활 활동에 관한 모든 자료를 취합해 사용자 스스로 열람하고 관리할 수 있는 데이터를 말한다. 최근 들어 치료에서 예방으로 의료 패러다임이 변화함에 따라 소비자들도 스스로의 건강관리에 대한 관심이 더욱 늘어나고 있다. 다양한 헬스케어 기기들을 통해 생성된 개인의 건강상태 및 생활습관에 대한 정보들을 개인 건강정보에 입력하고, 의료기관에 보관된 개인의 의무기록과 같은 정보를 연계할 때 건강 예방에 대한 시너지는 극대화될 것으로 전망된다.

전자의무기록(Electronic Medical Record, EMR)

전자의무기록, 즉 EMR은 일반적으로 하나의 병원 내에서 생성되

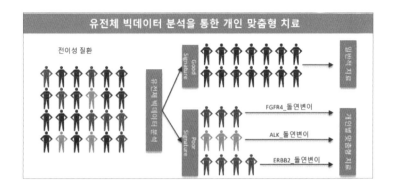

유전체 빅데이터 분석을 통한 개인 맞춤형 치료

전이성 질환

유전체빅데이터 분석

Good Signature

Poor Signature

일반적 치료

개인별 맞춤형 치료

FGFR4_돌연변이

ALK_돌연변이

ERBB2_돌연변이

는 모든 진료 정보, 다시 말해 외과, 내과, 안과 등의 각 부서에서 나오는 진단 결과, 처방 결과, 약제처방 자료, 인사과 기록, 비용 등의 원무 자료, 외래 자료 등 모든 환자 정보를 전산화하여 입력한 후 관리하고 저장하는 것을 말한다. EMR은 과거 의료기관에서 환자의 의무 기록이 종이 형태로 관리되던 방식에서 최근 IT 기술을 접목하여 디지털 병원을 구축하는 핵심 기술로 활용되고 있다. EMR은 의료 기관을 중심으로 생성되는 환자의 임상 데이터로, 4차산업혁명 기술과 함께 유전체 정보와 생활 습관 정보 등과 결합되어 개개인에게 맞춤형 의료 서비스를 제공하는 정밀의료의 근간이 되고 있다.

EMR은 원활한 환자 관리와 의료 보험 청구 등 원무를 간편화하기 위한 병원 업무의 사무 자동화에서 출발했다. 한국의 의료 정보화는 70년대 말, 전 국민을 대상으로 한 의료보험제도의 시행이 계기가 되어 출발했다. 이후 종이 형태로 청구하던 방식에서 디스크 형태의 청구 방식을 거쳐 EDI(Electronic Data Interchange) 방식으로 진화했다. 의료 보험 청구를 위한 전자문서 교환 요구는 의료기관 내부의 정보화에도 많은 변화를 가져오게 되었다.

국민건강정보

한국의 국민건강보험은 모든 의료 공급자와 전 국민이 의무적으로 가입해야 하는 강제성을 가지고 있으며 국민건강보험공단이라는 단일한 보험자로 이루어져 있다. 그렇기 때문에 전 국민의 의료 이용 급여 내역이 상세 의료행위, 치료재료, 약제 등의 형태로 빠짐없이 축적되고 있고, 빅데이터를 구축하는 데 해외에 비해 더할 나위 없는 장점으로 작용하고 있다. 뿐만 아니라 한국은 다른 국가와 다르게 전 국민을 대상으로 건강검진서비스제도를 운영하고 있다. 매년 1천만 명이 넘는 국민들의 혈압, 혈당, 중성지방, HDL까지 측정하여 데이터를 축적하고 있는 것이다. 이러한 건강보험 데이터는 출생부터 한국인 개인에게 부여된 주민등록번호를 통해 쉽게 연계 가능하다. 현재 국민건강보험공단은 전 국민의 출생부터 사망에 이르기까지의 보험료 자료, 병원 및 의원 이용 내역과 건강검진 결과, 희귀난치성 질환 및 암 등록 정보, 노인 장기 요양 자료, 의료급여자료 등에 대해, 지난 14년 동안 1조 건 이상의 데이터를 축적했다. 국민건강보험공단에서는 건강보험 데이터 중 건강검진결과를 바탕으로 건강 상태 및 생활습관 등을 진단하고 향후 질병의 발생 가능성을 예측하는 개인별 맞춤형 건강관리 프로그램 '건강 IN'을 제공하고 있다. 데이터를 바탕으로 검증된 로직에 기반을 두어 개인별 질병(뇌졸중, 골다공증성 골절, 심장질환)에 대한 위험평가를 수행하고 개선 프로그램 및 처방 메시지를 제공하고 있다.

활용 사례

미국 '누나 헬스케어(Nuna Healthecare)'의 대표는 한국인이다. 김지니 대표의 중증 자폐증인 동생 병간호로 시작된 창업으로 메디케이드 데이터 관리 분석 플랫폼을 제공한다. 회사 가치 2억 달러, 투자금만 9천만 달러에 이른다. 미국 전역에 걸쳐 7,300만이 넘는 빈곤층, 장애인 및 어린이 데이터를 관리하고 있는 메디케이드에 대한 최초의 표준화된 데이터 플랫폼을 제공하고 있다. 즉 메디케이드 대상자들 치료 등의 정보를 클라우드-컴퓨팅 데이터베이스를 구축해 미 50개주 고객들에게 자료를 제공하는 것이다.

금융데이터는 알고 있다, 당신의 씀씀이를

금융은 데이터를 핵심 비즈니스 자산으로 삼는 대표적인 산업이다. 다만, 금융회사 등은 빅데이터 활용에 대한 관심에도 불구하고 빅데이터 업무 가능 여부와 범위가 불명확하여 적극적으로 빅데이터 업무를 영위하지 못하고 있었다. 2020년 신용정보법 등 데이터 3법 개정(2020년 8월 5일 시행)으로 금융회사의 빅데이터 업

금융산업의 빅데이터 활용 영역

영역	활용 방법
상품 개발	– 수집된 정보를 기반으로 신상품 개발, 서비스 기능 제고 – 금융상품(보험상품 등) 가격책정 등에 활용
마케팅 활용	– SNS, GPS 등을 활용하여 고객의 성향에 부합하는 서비스 및 프로모션을 제고(신규고객 발굴, 타겟 마케팅)
부정행위 방지	– 보험사기, 신용카드 도용, 내부직원 비리 등 금융관련 부정행위 방지
신용 평가	– 대출 및 카드발급 등 관련 심사의 정확도 향상 – 새로운 신용평가 모델 개발
리스크 관리	– 전사적 리스크 관리(ERM : Enterprise Risk Management)에 활용

무 영위를 위한 제도적 기반이 마련되었다. 한국은 온라인 금융 거래와 신용카드 사용률이 높아서 대부분의 금융 활동에 대한 사용자 데이터가 방대하게 실시간 축적되고 있다. 금융 빅데이터는 금융상품 개발에 활용될 수 있다. 소비자가 필요로 하는 상품인지를 빠르고 정확하게 인지하여 개발, 추천에 이르기까지 빅데이터를 유용하게 사용할 수 있다. 또한 신용평가 모델 개발에도 활용될 수 있다. 금융산업의 특성상 리스크가 큰 상품, 서비스도 많기 때문에 이러한 측면에서 리스크 관리, 부정행위 방지를 위한 모델을 개발할 때도 빅데이터가 상당히 유용하게 사용될 수있다.

금융권 빅데이터를 공유하는 서비스도 등장했다. 신용정보원은 2020년 8월부터 국내 약 200만 명의 금융 빅데이터인 '크레디비(CreDB)'를 금융사, 연구소, 핀테크 스타트업, 교육 회사 등이 이

용할 수 있도록 무료로 공개하기로 했다. 빅데이터에는 신용카드 개설, 대출, 차주, 연체 정보 등이 포함되며, 개인정보가 유출되지 않도록 데이터를 재가공해 공개했다.

신한카드는 빅데이터를 활용해 고객 맞춤 혜택을 제공하는 '초개인화 서비스'를 2019년 5월 오픈했다. 초개인화 서비스는 빅데이터를 통해 고객의 TPO 즉, 시간(Time)과 장소(Place), 상황 (Occasion)을 예측하고 알고리즘과 플랫폼을 기반으로 고객이 필요한 시점에 맞춤 혜택을 제공하는 서비스다. 월 단위, 주 단위의 혜택이 아닌, 고객의 현재 상황에 맞는 실시간 혜택 제공이 가능해진 것인데, 시시때때로 달라지는 날씨나 고객이 이동하는 지역의 상권 등이 실시간으로 서비스에 반영된다.

ESG 경영에 활용되는 빅데이터

UN이 2006년에 제정한 '유엔 책임투자원칙'을 통해 처음 등장한 ESG(환경·사회·지배구조, Environmental, Social, and Governance)는 최근 경영 및 기업 평가의 중요 지표로 기업 전반에 확산되고 있다. 이익 창출에만 전념했던 기업은 더 이상 고객에게 신뢰를 갖지 못한다. 삶의 공동체로서 기업 가치와 존속성이 보장받을 수 있으려면 환경을 생각하고, 사회전반에 선한 영향력을 전파하며, 투명한 기업 지배구조를 통해 평가 받아야 한다는 것이 ESG 경영의 핵심이다. 기업의 생존을 위해 경영 전반에 사회적 합의 구조를 만들고 이를 지표로 삼아 평가우위를 점하는 또 다른 형태의 평가 모델인 것이다. 이를 달리 해석하면 기업 입장에서는 '하루아침에 망하는 회사는 되지 않겠다'로 풀이될 수도 있다.

디지털화의 가속도가 붙으면서 기업의 오너 또는 리더들의 일거수일투족이 실시간 중계되고 데이터로 남고 있다. 혹시라도 사회 전반에 반하는 행동이나 의사결정이 있다면 빠르게 전파되어 평가를 받는다. 혹여 평가의 결과에 사회에 미치는 부정적인 요인이 있다면 불매 운동이나 기업 때리기가 온라인 매체를 통해 순식간에 퍼져 하루아침에 기업 이미지에 큰 손상을 입히거나 매출에 지대한 악영향을 받게 되는 세상이다. '지구 환경에 나쁜 회사'로 낙인이 찍히면 투자자들이 대거 이탈하는 사례도 최근 매우 빈번하게 벌어지고 있다.

기업의 평판이 빠르게 공유되고 회자되는 오늘날, 실시간 반응 및 평판에 따른 리스크를 예측하거나 조기 경보하기 위해서는 소셜 빅데이터를 활용한 모니터링 감시체계가 시급하다. 남양유업의 불가리스 사태도 소셜 상에서 확산되기 전 골든타임에 이를 잠재웠다면 최악의 상황은 막을 수 있었다. 하루 수십만 건에 이르는 인터넷 게시글 및 댓글 들을 인공지능으로 분류하고 자동 판단 및 예측할 수 있는 시스템은 앞으로 기업의 생존을 책임질 필수 시스템으로 자리 잡을 것이다.

클래러티AI(Clarity AI)는 2017년 뉴욕에서 설립된 기업이다. 시장에서 거래되는 증권에 대한 ESG 데이터를 투자자에게 제공하고, 신뢰할 수 있는 증권을 선택하는 데 여러 데이터 소스를 사용할 수 있도록 하는 SW를 개발한다. 빅데이터를 사용해 투자자가 포트폴리오에 대한 영향을 측정할 수 있도록 지원하는 환경 및 사회적 데이터를 제공한다. 이에 기업의 주주들은 ESG 지표 및 위험 포트폴리오와 ESG 규제와 요구에 대한 표준 지표를 준수하고 세세하게 관리할 수 있다. 한편 은행들은 클래러티AI가 제공하는 ESG 데이터를 기반으로 투자자들에게 제공할 수 있는 투자 상품의 근간을 마련한다. 3만 개 이상 기업, 20만 개 이상 펀드, 400개 국가와 지방 정부를 분석하고, ESG 기술적 표준화에서 선구적인 역할을 하는 회사로 성장하고 있다.

CSRHub는 148개국 1,900개 기업의 투명한 등급 및 순위 데이터를 제공한다. 비즈니스인텔리전스를 제공해 기업과 자문 회사 및 투자자의 ESG 의사결정을 지원한다. 다른 플랫폼과의 차이점으로는 ESG 등급제를 도입해 활용하고 있다. ESG 등급은 커뮤니티, 직원, 환경, 지배구조 등 4가지 카테고리를 기준으로 점수를 산정해 합의 등급을 생성한다. 즉 인권, 공급망, 제품 품질 및 안전, 제품 지속 가능성, 지역 사회 개발, 자선 활동을 중심으로 평가한다.

인공지능의 핵심, 학습 데이터

한국판 뉴딜은 국가의 경제와 사회를 새롭게(New) 변화시키겠다는 약속(Deal)이다. 디지털 뉴딜과 그린 뉴딜 두 개의 축으로 추진하며, 2025년까지 총160조 원을 투입하고 총 190만 개 일자리를 만들겠다는 정부의 강한 의지를 드러내고 있다. 그 중 첫 번째로 데이터 수집·가공·거래·활용 기반을 강화하여 데이터 경제를 가속화하고 5세대 이동 통신(5G) 전국망을 통한 전(全)산업 5세대 이동 통신(5G)·인공지능(AI) 융합 확산을 목표로 하는 '데이터댐' 사업이 2020년부터 빠르게 진행되고 있다.

하지만 이 야심찬 사업을 "21세기 판 인형 눈 붙이기"라며 일각에선 조롱하는 시선도 있다. 이러한 의견에 대해 다소 공감 가는 부분도 있다. 일자리 창출을 핵심 목표로 내세우고 있지만 실상을 보면 만들어지는 것이 고정적인 직업이 아니다. 크라우드 소싱이라는 형태로 참여를 유도하고 참여한 만큼의 대가를 지불하는 방식이다 보니 정식 취업으로 이어지지 않는다. 그나마 전문직을 활용하는 분야도 있는데 이 또한 4개월이라는 짧은 기간만을 보장한다.

그렇다면 어떤 일을 하기에 다소 부정적인 시각이 있는 것일까? 한마디로 사물을 기계가 판단할 수 있도록 사물에 라벨을 달아주는 일이다. 강아지 사진을 찍고 강아지라고 라벨을 붙여주고, 고양이를 찍고 고양이라고 라벨을 달아준다. 또는 몇 개의 문장을 읽고 이 문장을 글로 적어주거나, 제주도의 사투리를 녹음해서 이건 표준말로 무엇이다라고 정보를 제공하는 것이다. 의료 이미지 같은 경우에는 전문적인 지식을 요구하는 경우도 있다. 이런 일들을 학생이나 청장년 할 것 없이 모바일앱을 깔아서 주변 모든 사물에 라벨을 달아서 올리고 승인이 되면 그만큼의 비용을 주는 과정이기 때문에 "21세기 판 인형 눈 붙이기"라는 식으로 낮은 평가를 주는 시선이 있는 것이다.

하지만 수년 간 빅데이터와 인공지능을 경험해본 바로는 신선한 시도이기도 하고, 반드시 필요한 과정으로 판단이 된다. 다만 왜 이런 과정을 거쳐서 데이터를 모아야 하는지에 대한 설명이 다소 부족해서 공감대를 얻지 못한 채로 큰 예산을 쓸모없이 지출한다는 오해를 야기한 부분은 반드시 해소되어야겠다. 지루하고 긴 여정이기 때문에 눈에 바로 보이는 결과가 나오지 않을 수도 있다는 설명도 해야 한다. 데이터댐은 사람의 경험과 지식을 담아내고 정보화하여 인공지능으로 발전시키는 중요한 시작이다.

이 사업은 또 다른 의미에서 반드시 필요하다. 미래를 이끌어 갈 산업이 데이터와 인공지능이라고는 수도 없이 듣고 있지만, 아직도 많은 국민들은 이를 나와는 상관없는 IT전문직이나 데이터전문가의 영역이라고만 여기고 있다. 시스템을 구축하고 서비스를 개발하고 운영해야만 관여를 한다는 선입견이 여전히 있는 것이다. 그런데 데이터댐에 참여한다면 내가 제공한 데이터와 내가 준 정보 등이 밑거름이 되어 다양한 AI서비스가 경쟁력 있게 출시된다는 것을 반드시 이해하게 될 것이다. 이렇게 되면 데이터 제공자, 데이터 주체 또는 주권에 대해 눈을 뜨게 된다. 이런 자각은 데이터 가치를 가늠하게 하는 것에 익숙해지게 할 것이며, 나중에는 국민 모두가 방법을 알게 될 것이고, 데이터가 거래가 될 것이다. 이런 생태계의 변화와 인지는 그 어떤 교육으로도 쉽지 않다. 참여가 정답인 것이다.

글로벌 경쟁력에 있어서 데이터가 가장 중요한 역할을 한다는 의견이 대세다. 하지만 그 성장 동력을 얻기 위해 전 국민적 참여를 이끌어내는 것이 가장 어려운 일이다. 세상의 모든 활동을 로그로 저장해서 이를 양질의 데이터로 확보하는 것을 몇몇 기업이나 기관이 한다는 것은 불가능하다. 하지만 국가의 빅픽처를 이해하고 공감한 국민들이 자발적이면서 적극적인 참여를 한다면 초일류 국가로 갈 수 있는 미래 유전을 확보한 것이나 다름 없다. "데이터댐"은 이처럼 중요한 사업이기 때문에 디지털뉴딜 사업의 첫 주자가 되었다. 의미를 올바르게 알게 되었다면, 지금 당장 "데이터댐"에 직접 참여해볼 것을 적극 추천한다.

2021년 인공지능 학습용 데이터 구축(2차) 사업 목록

영역	연번	분야	데이터(종)	수행기관	예산규모
① 비전	1	한국인 전신 형상 및 치수 측정 데이터	1	1	19억원
	2	반려동물 안구 및 피부질환 데이터	2	1	38억원
	3	유동 인구 분석을 위한 CCTV 영상 데이터	1	1	19억원
	4	소형 객체 이미지 데이터	2	1	38억원
	5	객체 3D 데이터	2	1	38억원
② 음성자연어	6	산업정보 연계 주요국 특허 영-한 데이터	1	1	19억원
	7	방송 및 전문분야 다국어 번역말뭉치	2	1	38억원
	8	문학작품 낭송 · 낭독 음성 데이터 (시, 소설, 희곡, 시나리오)	1	1	19억원
	9	숫자가 포함된 패턴 발화 음성 데이터	1	1	19억원
	10	음성 및 모션 데이터	2	1	38억원
	11	대규모 도서 한국어 말뭉치 데이터	1	1	19억원
③ 교통·물류	12	차량 수리비 산출을 위한 차량파손 이미지 데이터	1	1	19억원
	13	부품 품질 검사 영상 데이터 (선박 · 해양플랜트 · 자동차)	2	1	38억원
	14	교통사고 영상 데이터	1	1	19억원
④ 헬스케어	15	순음 청력 검사 데이터	1	1	19억원
	16	영유아 행동 영상 데이터	1	1	19억원
	17	폐경 후 여성 및 60대 이상의 남성 골밀도(BMD) 데이터	1	1	19억원

영역	연번	분야	데이터(종)	수행기관	예산규모
	18	약품식별 인공지능 개발을 위한 경구약제 이미지 데이터	1	1	19억원
⑤ 농 축 수 산	19	지능형 스마트축사 데이터(육계, 산란계, 젖소)	2	1	38억원
	20	고품질 과수 작물 생육 및 환경 통합 데이터	1	1	19억원
	21	지능형 스마트팜 통합 데이터(버섯)	1	1	19억원
	22	지능형 곤충 사육 데이터	1	1	19억원
	23	작물 디지털 피노타이핑 데이터	1	1	19억원
⑥ 안 전 환 경	24	기상 예측 및 재난 방지를 위한 기상 정보 데이터	1	1	19억원
	25	공원 주요시설 및 불법행위 감시 CCTV 영상 데이터	1	1	19억원
	26	자연 및 인공적 발생 챠언어 소리 데이터	1	1	19억원
	27	야생동물 활동 영상 데이터	1	1	19억원

3.
데이터 애즈 어 서비스와
향후 과제

데이터 레시피 서비스: 누구나 데이터 전문가되기

데이터를 활용하는 데 있어서 가장 힘들어 하는 것은 다양한 사이트를 통해서 취득해 제대로 정제되어 있지 않은 데이터들을 연관성 있게 모델링 하는 작업이다. 사실 모델링과 정제는 분석가의 몫이 아닐 수 있다. 잘 계량된 데이터 소스들을 대중화하고 거래가 이루어지게 하면 자연스런 시장 논리에 의해 사용자에 맞추고자 하는 노력이 일반화될 것이다. 이런 데이터 환경을 바탕으로 다양한 시도를 할 수 있는 데이터 레시피가 쉽게 공유되고 이를 따라할 수 있게 된다면 데이터 분석가는 그 안의 함의를 찾고자 하는 실질적인 노력과 재미있는 데이터 스토리를 만들어나가게 될 것이다.

데이터 거래소 서비스: 데이터 사고 팔기

빅데이터 산업은 좋은 재료와 알맞은 레시피를 통해 맛있는 요리를 만드는 과정과 많이 닮아 있다. 다양한 식자재가 광범위하게 생산되고 소비되고 있고, 또한 레시피는 여러 경로를 통해서 모든 사람이 요리사가 될 수 있을 정도로 넘쳐난다. 그럼 이제 폭발적으로 많아진 재료의 종류와 수많은 레시피를 활용해 "무얼 만들지?"라는 고민의 폭이 너무나 넓어진다.

그런데, 요리라는 과정은 빅데이터와 달리 피로감이 아니라 일상의 즐거움을 주는 창의적인 활동이 되고 있다. 무엇이 다른 것일까? 물론 결과물을 즐기는 접근이 다르겠지만 과정만을 놓고 생각해보기로 하자. 바로 식자재 구매가 손쉽다. 아무리 복잡한 요리를 시도한다고 해도 가까운 마트에 가면 어렵지 않게 구매가 가능하고, 손질되어 있는 다양한 종류의 재료가 잘 분류되어 있어서 취향에 맞게 선택 가능하다. 맛과 건강을 생각해서 좀 더 비싼 식재료를 과감히 선택할 수 있는 믿을 만한 정보도 제공되어 있다.

그런데 빅데이터 산업에서 중요한 재료인 데이터를 취하는 과정은 어떠한가? 기상과 유동인구 데이터, 신용카드 데이터 등은 기상청과 기업을 통해 제공받거나 고가로 구매해야 한다. 이를 통해 상권분석을 하려고 해도 이러한 데이터 대부분이 제대로 가공되어 있지 않다. 다른 데이터와의 연관 모델을 찾기 위해서는 수많은 변환 절차를 직접 해야만 한다. 많은 수고와 노력, 그리고 비용을 투자해서 획득한 데이터임에도 불구하고 내가 직접 다듬고 정리하고 변환해야 하는 것이다.

데이터는 분명 좋은 재료이다. 하지만 재료를 제공하는 입장에서는 이게 앞으로 어떻게 쓰일지를 가늠하지 못하기 때문에 최초 생성된 그 자체로 제공된다. 쓰임새 있는 재료로 인정받을 수 있는 가공의 절차가 대부분 데이터 분석 전문가에게만 맡겨져 그 과정이 요리처럼 쉽게 받아들여지지 못하고 있다. 김치 장인은 좋은 재료와 솜씨로 맛을 내는 사람이지, 배추를 심고, 고춧가루를 만들고, 새우젓을 담그는 사람은 아닌 것이다.

데이터 사고팔기, 데이터 거래소

지금껏 언급한 난제를 "데이터거래소"가 해결해나갈 수 있다고 생각한다. 데이터의 가치를 인정하고 판단하여 거래가 되는 마켓 플레이스가 온라인 쇼핑몰처럼 존재하고, 데이터 공급자의 입장에서 많은 소비자에게 꼭 필요하고 쓰기 쉬운 상품으로 평가 받으려는 노력이 시장의 논리와 함께 자연스럽게 성장을 한다면 지금껏 모호했던 데이터 분석 시장에 활기를 불러일으킬 것이다.

하지만 지금까지의 시도는 어떻게 하면 데이터를 한 군데 잘 모아놓고 분류해놓을 수 있을까에 집중되어 있었고, 그 기술적인 방법을 해결할 수 있는 방대한 인프라 환경 구축을 해결하기 위한 물리적인 구상만 진행되어 왔다. 여기서 큰 오류가 생긴다. 데이터는 복제가 쉽기 때문에 우선 거래소 인프라에 데이터를 옮기는 방식을 주로 선택한다. 하지만 원천 데이터의 정합성과 지속성, 새로운 포맷의 변화에 능동적으로 대응하기 어렵기 때문에 거래소로 옮겨진 데이터는 시간이 지나면 그 가치를 잃어버리고, 관리해야 할 종류가 많아지면서 복잡성이 증가하게 되어 거대한 데이터 미로를 구성하게 된다.

데이터를 무조건 한 곳에 모아야 거래가 된다는 고정관념을 버리자. 데이터 공급자는 양질의 데이터가 지속적으로 생성되는 기존의 환경을 유지하는 데 집중하고, 거래소는 이 데이터의 메타 정보와 변환 방식 등을 자유롭게 정의하고 이 안에서 경쟁적인 가격 형성을 통해 소비자에게 공급되는 스트리밍 서비스를 제공하는 것이 좋은 방식이지 않을까 생각한다.

데이터거래소는 아직 구체적인 컨셉의 서비스 모델이 아니고, 필요성 때문에 언급되는 정도이다. 정부의 4차산업 발전 방향에 최근 언급되기도 했는데 바로 이 시점이 데이터 선진국으로 갈 수 있는 최적의 타이밍이다. 데이터거래소가 대중적으로 활성화되기 시작하면 누구도 빅데이터를 모호하다고 하지 않을 것이며 이를 통해 다양한 일자리와 창의적인 신규 서비스가 다채롭게 생길 것이다.

데이터 리터러시: 데이터 문맹탈출

데이터와 친해지기

전 세계 최고의 도서관이 우리나라에 있다고 생각해보자. 이 얼마나 자랑스럽고 가슴 떨리는 상상일까? 하지만 그 국가의 국민이 글을 읽지 못하고 해석을 하지 못한다면 도서관의 시설이나 도서의 보유량은 아무 의미가 없다.

리터러시(literacy)는 글을 읽고 해독하는 능력을 의미한다. 데이터 리터러시는 데이터를 목적에 맞게 활용하는 데이터 해석 능력을 말한다. 이것은 데이터 과학자에게만 있는 능력이 아니라 개인에게 필요한 능력이다. 도서관이 과학자나 전문가들만 이용하는 공간이 아니라, 모든 개인들이 활용하는 공간이듯이 말이다.

많은 기업들이 데이터 중심의 의사결정이 중요하다는 데는 이미 공감하고 있다. 그래서 대규모 투자를 통해서 시각화와 BI 등 좋은 분석도구들을 기업이 도입하고 있다. 하지만 데이터 분석 능력이 부족한 사용자나 관리자들 때문에 이런 투자가 그 가치나 역할을 못하고 있는 것이 현실이다. 이를 극복하고자 기업들은 데이터 과학자들을 고용하기 시작했다. 하둡, R, 파이썬, 통계 등에 능숙한 전문가들이다. 하지만 대부분 만족스러운 결과를 얻지 못한다. 사실 기업이 이러한 노력을 통해서 바라는 것은 일시적인 효과가 아니다. 기업들은 꾸준한 변화, 그리고 이를 문화적으로 수용했을 때 가져올 수 있는 변혁을 요구하는 것이다.

"소수의 데이터 전문가의 손에 있는 데이터는 여전히 강력한 힘을 발휘하겠지만, 다수의 사람들의 손끝에 있는 데이터는 진정으로 변혁을 가져올 수 있다"라는 것을 간과하지 말아야한다.

우리는 중요한 기술 격차에 직면하고 있다. 모든 사람들이 데이터 언어를 구사하며 자신감을 갖고 이를 사용하여 게임을 변화시키는 데이터 활용 세계를 만드는 교육이 필요하다. 그런데 어디에도 데이터를 제대로 읽고 해석하고 활용하도록 하는 교육 과정이 갖춰진 곳이 없다. 그저 잔기술을 가르치고 자격증을 따게 만들고 학자를 키우는 교육이 대부분인 것이다.

데이터로 이야기 할 줄 아는 스토리텔러

미국 일간지 『뉴욕타임스』는 '그래프는 무엇을 말하고 있을까?(What's Going On In This Graph?)'라는 이름으로 학생들이 그래프를 읽고 숨겨진 인사이트를 스스로 발견할 수 있도록 도와주는 교육 콘텐츠를 발행하고 있다.

모든 사람이 데이터 과학자가 될 필요는 없지만 누구에게나 어느 정도 수준의 데이터 활용 능력이 필요하다. 데이터 리터러시 교육은 조직과 개인 모두에게 데이터 활용 능력을 달성하는 데 필요한 도구, 학습 및 전략을 제공하는 것이다. 혁신적인 데이터 리터러시 프로그램은 모든 개인 및 조직이 데이터를 사용할 수 있는 능력을 제공하고 데이터 활용 능력에 적합한 문화를 육성할 수 있도록 돕기 위해 마련된 광범위한 학습 옵션을 제공해야 한다.

마이데이터 서비스: 우리가 누릴 수 있는 보편적 가치

데이터 주인에게 보상하기

소유는 내가 가진 것에 대한 보편타당한 권한이다. 하지만 가진 것이 무엇인지 모르는 마당에 신기루 같은 권한을 외치며 뜬구름 같은 메아리로 울려 퍼지는 것이 요사이 빅데이터라는 추상적인 단어이다. 그러나 그 어느 때보다 더 구체적으로 그것을 해야만

금융회사 　　고객　　 마이데이터

신용정보 제공·이용자
(금융회사 등)
공공기관
본인신용정보관리회사
(마이데이터사업자)

에게
**본인에 관한
개인신용정보를**

신용정보주체 본인(고객)
본인신용정보관리회사
신용정보 제공·이용자
개인(사업자)
신용평가회사 등

으로

전송하도록 요구할 수 있는 권리

하고, 필요한 보상을 받아야만 한다.

무엇을 갖고 있는지 무엇을 제공하는지 알아야 정당한 대가를 요구할 수 있다. 다만 지배나 독점이 아닌 보편적인 힘의 균형이 이루어져야 한다. 우리는 데이터를 생산하는 주체임에도 불구하고 그 엄청난 부가가치를 플랫폼 공룡에 넘기고 있다.

구글, 페이스북, 아마존 같은 기업들의 성공 요인을 보면 결국 데이터이다. 그렇다면 이런 플랫폼 공룡들이 소유한 데이터는 누가 생성한 데이터일까? 데이터를 생성한 행위의 주체에게는 어떤 보상도 주어지지 않는다. 반면 이 기업들은 황금과도 같은 데이터를 활용해서 엄청난 부가가치를 만들어내 자신들만 이익을 취하고 있다.

생산자의 권리가 보호받고, 당사자에게 보상이 주어지도록 하는 것이 마이데이터다. '페이션트라이크미(PatientsLikeMe)'는 2004년에 만들어진 환자 중심 소셜 플랫폼으로, 같은 질병에 걸린 환우들끼리 유용한 정보를 교류할 수 있도록 도와주는 SNS 플랫폼이다. 이 서비스를 이용하는 환자들은 자신의 증상을 공유하면서 '먹고 있는 약'과 '받고 있는 재활과 치료' 등에 관한 데이터를 자발적으로 입력하여 다른 환자들과 정보를 공유하고 있다. 환자들에게는 무료로 서비스를 제공 중인 반면, 보험회사나 제약회사와 같은 기업에게는 환자들이 자발적으로 입력한 방대하게 축적된 데이터베이스를 제공해 수익을 창출하고 있다. 페이션트의 창업자이자 CEO인 제이미 헤이우드(Jamie Heywood)의 창업 배경은 독특하면서도 감동이 있다. 동생이 루게릭병에 걸리게 됐다. 그의 형제들은 앞 다투어 인터넷 검색으로 질환에 대한 정보를 찾았으나, 믿을 만한 정보와 쓸 만한 내용이 없다는 사실을 깨닫게 됐다. 그래서 환자가 중심인 '환자들을 위한 SNS 플랫폼'이 있으면 어떨까 하고 만들게 된 서비스가 바로 페이션트라이크미다.

페이션트의 커뮤니티를 통해 환우들은 비슷한 질환을 가진 사람들이 어떤 식으로 병과 싸우고 있으며, 어떻게 하면 호전되는지를 알게 됐다. 자연스럽게 페이션트는 환자들 서로의 유대관계를 형성하는 긍정적인 효과를 낳게 됐다. 이렇게 잘 공유된 정보들은 환자-플랫폼-의료기업 모두에게 이득이 가는 만족을 줬다. 비슷한 증상과 질환을 가진 환자들이 자발적으로 공유한 데이터를 바탕으로 서로에게 '치료 개선에 대한 도움'을 제공함으로써 군건한 커뮤니티가 형성이 된 것이다.

이런 축적된 데이터들은 신약 개발 연구와 의료기업 입장에서 임상실험에 필요한 상세한 데이터를 쉽고 빠르게 모을 수 있게 됐으며, 인류의 의학 발전에도 기여하게 됐다. 데이터를 제공하는 주체와 이를 활용하는 주체가 서로에게 만족을 주면서 성공한 마이데이터의 아주 바람직한 사례다.

데이터 보물찾기 서비스: 숨겨진 가치를 찾아드립니다

사물을 어떻게 보고 전달하느냐에 따라 가치는 천차만별이 된다.

지금 데이터 시장에서는 숨겨진 가치를 알아보는 일이 가장 중요하다. 단순히 기록을 위해서 쌓아두었던 데이터들이 훌륭한 분석 재료로 대접받고 있다. 통신데이터는 서비스 품질과 이력을 조회하기 위한 기록물에 지나지 않았다. 그런데 어떤 유형의 사람들이 어디로 어떻게 이동했는지에 대한 유동인구 분석에 가장 적합한 분석 재료로 각광을 받으면서 비싼 값에 팔려나가고 있다. 또하나는 카드매출데이터이다. 어느 장소에서 언제 어떤 소비를 하였는지는 상권분석에 있어서 가장 가치가 높은 데이터 재료다.

데이터는 외국 관광객의 행동을 알고 있다

이 두 데이터를 활용해서 외국인 관광객 분석을 했는데 몇 가지 재미있는 결과가 나왔다. 무슬림 관광객들이 여러 장소에 있다가 특정 시간대에 한 곳에 모이는 현상이 발견됐다. 바로 의무적인 종교 의식인 기도를 드리기 위해서였다. 이들의 이동 경로를 통신데이터로 분석하여 보다 효과적인 기도실의 위치를 정하고 신설하기도 하였다.

한류에 의한 다양한 소비 형태도 분석이 되었다. 한국 K-Pop 스타의 공연이 있었던 장소에서는 평소와는 다르게 안경 매출이 크게 늘어난 것이 발견되었다. 좀 더 선명하게 아이돌의 무대를 보고자 하는 외국 관광객들의 요구가 안경 매출 증가로 이어진 것이다.

데이터 심마니가 되자!

디지털화의 가속으로 세상에서 벌어지는 대부분의 행위와 현상 등은 이제 데이터로 남기 시작했다. 가치 있는 데이터의 발견은 많은 경험과 지식과 더불어 관심과 습관에 달려 있다. 주변에 쌓이고 있는 것의 쓰임새를 관찰하고 숙지해서 개성 있는 안목으로 바라보는 습관이 데이터 가치를 찾는 가장 기본적인 소양이다. 우선 내 주변의 데이터를 가치로 판단할 수 있는 능력을 키우고 그것들을 퍼즐처럼 끼워 맞추는 습관을 길러보자. 산과 함께 풀, 약초, 나무 등에 관심을 갖는 사람은 산삼을 그냥 지나치지 않을 것이다. 하지만 산을 좋아하지만 다른 것에는 관심이 없는 사람은 산삼밭을 지나도 그냥 잡초밭으로만 보고 지나칠 것이다.

5장

누구나 가지는 공유지능의 시대:
인공지능 애즈 어 서비스

김영권 | 현 LG전자 책임연구원.

연세대학교 대학원(컴퓨터과학 석사) 졸업 후 LG전자에서 20여 년간 재직하면서 다수의 휴대전화를 개발했다. 이후 휴대전화 신기술 기획업무를 거쳐 현재는 지능형 로봇 업체 발굴 및 투자 업무를 담당하고 있다. 인공지능 등 신기술 트렌드에 관심이 많으며 3권의 관련 서적 집필에 공저자로 참여했다.

초여름 날씨. 시간은 저녁 6시. 몇몇 사람들이 퇴근하기 위해 무인 로봇 셔틀로 이동한다. 10년간 운행하던 구 모델을 3개월 전에 신모델로 교체해서 사람들의 평가가 좋다. 탑승 무게 등을 고려하여 인공지능으로 흔들림이 적도록 설계했다고 하는데, 서서 가도 셔틀이 움직이거나 멈추는 걸 거의 느끼지 못할 정도다. 집 근처 정류장에서 내리기 전 스마트폰으로 집에 있는 가드 봇을 호출한다. 언제나 그러듯이 가드 봇은 정류장앞에서 대기하고 있다. 구입한 지 1년이 되어가는데 여러 모로 쓸모가 있어 비싼 값이지만 잘 샀다는 생각이 든다. 장이라도 보면 무거운 짐도 옮겨주고, 어두운 시간에는 나름 보디가드 역할도 해준다. 게다가, 동네 보안용 CCTV와 통신하여 보다 안전한 길로 안내해주는 건 덤이다. 여자 혼자 사는데도 그렇지 않은 듯 든든하다.

집에 들어서니 홈 로봇이 "오늘도 수고 많으셨습니다" 하고 반갑게 인사한다. 그리고 카메라를 통해 내 얼굴을 쳐다보더니 지난 1주일 동안의 내 수면 습관과 더불어 몸 상태를 바로 알려준다. 이윽고 부족한 영양소와 식단을 추천해준다. 오늘은 신선한 야채와 한우가 어우러진 C사 밀키트가 좋을 것 같다는 말에 주저없이 냉장고에서 꺼낸다. 뭐든지 요리해주는 부엌의 셰프 봇에 밀키트를 넣고, 코스를 선택했다. 홈 로봇이 나의 몸 상태 정보를 셰프 봇에 전해준건지 식사시간도 알아서 조절해준다.

식사 후, 홈 로봇이 투명 디스플레이 타블렛에 내가 최근 관심 있어 하는 정보들을 차례로 보여준다. 마지막에는 자기 전 잊지 말아야 할 것도 차례로 알려준다. 잠시 후, 전화벨이 울려 받아 보니 친구가 결혼을 한다는 소식을 전해주었다. 기쁘고 즐거운 대화를 한 뒤, 홈 로봇이 날짜와 장소, 그리고 결혼 상대 등 통화 내용에서 중요한 내용을 몇 줄로 요약해주었다. 요약 뒤에는 결혼식 날의 날씨까지 알려주고 친절하다. 무엇을 입고 갈까 망설이는 사이, 날씨에 가장 잘 맞는 옷으로 몇 가지 권해준다. 맘에 드는 옷을 고르자마자 최근 나의 몸 상태와 비교하여 옷의 크기가 안 맞을 거라는 얘길 해준다. 하는 수 없이 내 몸을 옷에 맞추든지 옷을 내 몸에 맞춰야 한다. 그래도, 이번 기회에 내 몸을 옷에 맞춰보기로 했다. 홈 로봇이 하루 운동량과 칼로리를 계산하여 식단을 다시 보여준다. 그렇게, 해보기로 하고 20일 도전 플랜을 시작했다.

벌써 잠들 시간이다. 아까부터 시간이 지났다는 홈 로봇의 알림에 바로 침실로 향했다. 조명은 점점 어두워지고 실내도 1시간 전부터 온도 조절과 공기 청정을 열심히 하더니 잠자기에 쾌적한 상태로 만들어졌다. 문득 오늘 하루를 뒤돌아보니 인공지능과 로봇은 나에게 여러가지 도움을 주었지만 별로 의식은 안 했던 것 같다. 내가 모르는 사이 얼마나 많은 일들이 벌어지는 걸까? 궁금한 것도 잠시, 어느 새 눈이 감겼다.

1.
'공유 지능'의 시대가
다가오고 있다

인공지능이 생활 속으로 점점 스며들고 있다. 2016년 알파고 등장 이후 데이터와 인공지능을 기반으로 하는 새로운 서비스가 폭발적으로 늘어나고 있고, 지금까지의 서비스들도 인공지능의 옷을 입고 보다 지능화되고 있다. 이와 같은 변화는 인공지능이 많은 데이터를 기반으로 보다 의미 있는 추론과 예측을 제공하게 되면서 여러 분야에서 그 위치가 더욱 공고해지고 있다는 것을 의미한다.

　과거 1950년대 컴퓨팅 기술의 발전과 함께 등장하여 인류의 미래에 장밋빛 희망을 가져다 줄 기술로 기대를 한 몸에 받았던 인공지능이지만, 그 사이 제한된 컴퓨팅 환경의 기술적 한계를 극복하지 못하고 70년대와 80년대를 거치면서 인공지능의 겨울이라는 시기로 대표되는 침체기를 경험했다. 하지만 2000년대 후반부터 서서히 이전의 한계를 극복할 수 있는 여러 기술적 환경이 조성되면서 다시금 그 가능성을 확인하게 되었다. 2010년대 모바일 디바이스가 보편화되고 빠른 속도의 네트워크가 연결되면서 대용량의 데이터 확보가 더욱 수월해지게 되었다. 이후 알고리즘의 정교함까지 더해지게 되고 인간의 개입마저 점점 줄이며 스스로 진화해나가는 단계에까지 이르렀다.

이와 같이, 인공지능은 4차 산업혁명의 핵심으로 초지능, 초융합 사회를 열고 있다. 단순히 기술 영역에서 새로운 테크놀로지의 등장이 아닌 인간의 생활 전반에 영향을 미치는 핵심 요소로서 작용하고 있는 것이다. 이는 이전까지 어렵고 번거롭거나 또는 비즈니스 관점에서 수익을 낼 수 없다고 생각됐던 여러 서비스를 손쉽게 개인화하고 최적화하도록 만들 수 있는 환경으로의 전환을 의미한다.

그렇다면, 이렇게 다양한 확장을 하고 있는 인공지능 서비스는 과연 무엇이고, 현재 우리 주변에 어떠한 모습으로 다가와 있는지 하나씩 살펴보도록 하자.

인공지능 서비스가 아니라 인공지능 애즈 어 서비스라고?

인공지능 서비스는 단순하게는 인공지능이 중심이 되어 여러 가치 있는 서비스를 제공하는 것을 말한다. 하지만 보다 넓게 본다면 인터넷과 모바일 혁명으로 디지털 재화의 이용이 확대되면서 기존 처리 과정을 자동화하고 간소화하였는데, 여기에 인간이 사고하는 방식을 모방한 알고리즘과 빅데이터가 활용되고 개인화, 최적화 및 예측 개념 등이 더해지면서 서비스가 보다 지능화되어 제공되는 것을 의미한다고 할 수 있다.

그렇다면 인공지능 애즈 어 서비스라는 것은 무엇일까? 우선

클라우드 컴퓨팅 서비스와 인공지능 애즈 어 서비스 비교

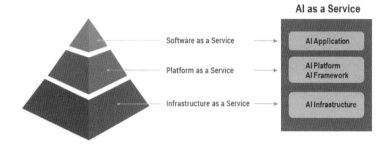

그 출발은 인공지능이 도입되던 것과 마찬가지로 기술적인 발전에서 시작되었다. 이전까지 로컬 환경을 중심으로 제공되던 여러 프로그램과 서비스가 서버의 성능이 좋아지고 네트워크 속도가 향상되면서 점차적으로 여러 필수적인 서비스를 중심으로 서버로 이동하였다. 이로써 서비스가 필요할 때 즉시 온 디맨드(On Demand) 방식으로 제공하는 환경이 만들어졌다. 또한, 컴퓨팅에 필요한 요소들이 클라우드라는 가상화된 시스템으로 연결되었는데, 이는 비록 네트워크로 연결되었지만, 빠른 처리 속도로 인해 마치 자신의 컴퓨터에 설치된 프로그램을 이용하게 된 것처럼 실시간으로 서비스를 이용하게 된 것을 의미한다.

이러한 클라우드 기반의 컴퓨팅(사용자가 컴퓨팅에 필요한 시스템 자원, 스토리지, 파워, 네트워킹 등을 직접 관리하지 않고도 필요한 컴퓨팅 프로세싱 서비스를 주문형으로 필요한 만큼만 사용할 수 있는 기술)은 소프트웨어 애즈

어 서비스(Software as a Service; SaaS)라는 개념을 탄생시키게 되는데, 소프트웨어 애즈 어 서비스란 공급자나 서비스 제공자가 서버상에 애플리케이션을 제공하고, 사용자는 웹 브라우저 등을 이용해 필요한 소프트웨어를 온라인 서비스로 이용할 수 있도록 하는 소프트웨어 배포 방식을 말한다. 현재 우리가 쉽게 접하는 구글 독스, 구글 포토 등이 이러한 소프트웨어 애즈 어 서비스의 일종이다. 소프트웨어 애즈 어 서비스의 특징으로는 보통 쉬운 접근성, 가상화, 유연성 및 확장성, 사용당 과금 등이 있는데, 사용자 입장에서 소프트웨어를 소유하지 않고 필요한 때에 필요한 만큼만 쓴다는 측면에서 별도의 하드웨어나 소프트웨어의 업그레이드와 같은 유지보수가 필요 없다는 것과 항상 최적의 성능에서 최신 기능을 사용할 수 있다는 것이 큰 장점이다. 또한 언제 어디서든 연결이 보장된다면 여러 디바이스로 연동이 가능하므로 작업 장소가 독립적이며, 그로 인한 생산성 향상도 기대할 수 있다.

인공지능 애즈 어 서비스는 이러한 소프트웨어 애즈 어 서비스 모델의 개념을 가져왔다. 인공지능 핵심 소프트웨어와 필요한 자원 등은 네트워크 기반 위에서 제공되고, 사용자는 필요한 인공지능 서비스를 제공받는 형태로 이루어지게 된다. 여기에는 인공지능 학습, 모델링, 데이터의 가공과 분석 등 인공지능을 사용하기 위한 API(Application Programming Interface, 응용프로그램을 만들기 위한 정의로 특정 소프트웨어 구성요소의 기능을 제어하기 위한 함수 집합), 애플리케이션, 머신러닝 프레임워크(Machine Learning Framework, 인공지능 기계학습을 구성하기 위한 소프트웨어 구조) 등이 제공된다. 특히 클라우드 컴퓨팅이 점차 보편화되면서 인공지능 기반의 솔루션 및 서비스를 위해 제3자의 기본 인프라를 활용한다는 측면에서 인공지능 아웃소싱의 개념이 있다고 할 수 있다.

이와 같이 기술적인 관점에서 볼 때, 그림1과 같이 인공지능 애즈 어 서비스는 가장 상위에 '인공지능 애플리케이션 애즈 어 서비스(AI Application as a Service)'가 존재하며, 이미 만들어진 다양한 인공지능 서비스 엔진을 제공하는 소프트웨어로 서비스 연동 API, 서비스 템플릿 등을 제공한다. 그 아래 플랫폼 단계로 지원하는 '인공지능 플랫폼 애즈 어 서비스(AI Platform as a Service)'는 주로 인공지능 개발 도구나 학습 프레임워크를 제공하며 수집된 데이터에 대한 전처리, 패턴 분석 등의 서비스를 제공한다. 가장 하위에 있는' 인공지능 인프라 애즈 어 서비스(AI Infrastructure as a Service)'는 인공지능 서비스를 위한 하드웨어 환경으로 주로 GPU, NPU, 병렬처리 등의 기반 인프라 서비스이며, 학습 모델의 복잡도, 데이터 처리량 등에 따라 인프라를 구성하게 된다.

비즈니스 관점에서 보면, 인공지능 애즈 어 서비스는 각각 단편적이고 독립적으로 제공되었던 인공지능 서비스가 네트워크를 통해 플랫폼화되어 그에 따라 여러 서비스가 융합되어 통합 서비스로 제공되는 것을 의미한다. 이로 인해, 단순히 기술적인 개념 단위의 서비스를 의미하는 것이 아닌 수집한 데이터에 따른 개별적인 학습 모델을 제공하여 맞춤형 비즈니스가 가능한 것이 특징이라고 할 수 있다. 따라서, 서비스를 기획하는 입장에서 여러 서비스 단위를 체계적이고 다양하게 제공할 수 있으며, 서비스를 받는 입장에서는 필요한 부분만 선택하여 쓰거나 몇 가지 단위 서비스를 모아 하나의 통합적인 서비스도 만들 수 있어 효율적인 비즈니스를 추구할 수 있다.

요약하면, 인공지능 애즈 어 서비스는 인공지능 서비스를 위한 서비스라고 볼 수 있으며, 서비스의 정확성과 예측 등을 높여 서비스 고도화를 추구하고자 하는 것이 비즈니스의 주 목적이라고 할 수 있다.

왜 인공지능 애즈 어 서비스지?

그렇다면 이러한 인공지능 애즈 어 서비스가 왜 최근에 주목을 받고 있을까? 그 이유를 다음과 같이 크게 4가지 정도로 요약해 볼 수 있다.

우선, 사업 용이성으로, 인공지능 서비스의 도입 장벽이 낮아 기업의 관점에서 서비스를 구성하기 쉽도록 만들어준다는 데 있다. 즉, 인공지능 서비스 구성을 위한 별도의 인력이나 리소스 등을 클라우드에서 제공하는 요소로 채워 본질적으로 제공하려는 핵심 비즈니스에 기업이 집중할 수 있도록 도와준다.

이와 아울러, 비용 효과적인 측면으로, 인공지능의 개발, 운영, 유지보수 비용에 대한 투자 비용을 절약할 수 있으며, 낮은 초기 투자 비용으로 실패시 비즈니스에 끼칠 영향을 최소화시킬 수 있다. 또한, 서비스가 업그레이드됨에 따라 별도로 신규 투자해야 하는 인프라 비용 등이 절약되고 필요한 부분만 필요한 만큼 사용하므로 비용 낭비도 줄일 수 있다.

세번째로, 개발 관점에서 구현과 검증을 빠르게 할 수 있다. 인프라 애즈 어 서비스(IaaS)에서 기본 인프라와 하드웨어를 제공받고 플랫폼 애즈 어 서비스(PaaS)에서 특정한 플랫폼과 프레임워크를 제공받아, 수집된 데이터로 자신들이 만든 학습 알고리즘을 시험해볼 수 있다. 초기 스타트업 같은 경우에는 본인들이 만든 머신러닝 모델을 쉽고 빠르게 구현하고 검증해볼 수 있는 도구로써 충분히 사용할 수 있다.

마지막으로, 사용자 측면에서 접근성인데, 대부분의 리소스가 클라우드상에서 서비스 형태로 제공되므로 사용자의 단말기 성능에 관계없이 서비스를 이용할 수 있다. 즉, 사양이 낮은 디바이스에서도 얼마든지 인공지능이 서비스될 수 있다는 장점이 있다.

하지만, 인공지능 서비스가 클라우드에서 이미 학습된 모델의 형태로 제공되기 때문에, 서비스가 다룰 수 있는 범위가 제한되거나 보안 문제 등으로 클라우드 기반의 데이터 활용이 제한되는 국가나 지역, 분야(특히 의료 분야)에서는 그 활용 빈도가 낮아질 수 있다는 단점도 있다.

따라서, 기업에서 인공지능 애즈 어 서비스를 도입하기 위해서는 서비스의 범위나 회사 규모 및 인력 수급 등의 여러 상황을 종합적으로 고려하고 판단하여야 하며, 반드시 인공지능이 활용

네이버의 인공지능 애즈 어 서비스

출처: 네이버 클라우드 홈페이지

되어야 하는 이유 등의 타당성 여부도 따져봐야 한다. 간단한 알고리즘의 경우, 앱이나 프로그램에 직접 인공지능 서비스를 구현한다든지 또는 서비스의 품질 측면을 고려하여 빠른 처리 속도를 위해 인공지능 연산칩을 사용하는 것도 선택지가 될 수 있다. 또한, 비즈니스 초기에 사용자가 많지 않은 경우, 우선은 서버에서 제공하다 클라우드까지 점진적으로 확장해 나가는 것도 고려해 볼 수 있다.

　이와 같이, 인공지능 애즈 어 서비스는 무엇보다 초기에 그 서비스가 구현하고자 하는 범위와 계획이 구체화될수록 클라우드가 제공하는 장점의 활용도도 늘어날 수 있다. 따라서, 서비스 기획시 왜 인공지능을 써야 하는지에 대한 물음을 계속해서 던져보고 필요성 여부와 도입 시기, 구현 방법 등을 고민해보아야 한다.

인공지능 애즈 어 서비스는 어떻게 할 것인가?

그러면, 인공지능 애즈 어 서비스는 어떤 식으로 제공될 수 있을까? 주로 비즈니스 전략 관점에서 본다면 크게 두 가지의 방법이 있다. 우선, 이미 개발된 소프트웨어 인터페이스 형태의 인공지능 서비스를 호출해 활용하는 형태가 있다. 이는 앞에서 언급한 인공지능 애플리케이션 애즈 어 서비스 형태로 볼 수 있으며, 전문 지식이나 경험이 없이 사업을 시작할 때 가장 적합한 방법이다. 특히, 직접 R&D 투자 등을 해서 양질의 데이터를 확보할 필요 없이 이미 제공되는 서비스를 구성하거나 또는 타 서비스 등과 연계하여 적용할 수 있다. 주로 얼굴인식 또는 음성인식과 같이 양질의 데이터로부터 만들어진 성능이 검증된 서비스 등이 여기에 해당한다.

　다른 경우는 자신들이 수집한 데이터로 맞춤형 학습 모델을 생성하고, 이를 서비스 형태로 배포하는 것으로 주로 자신들만의 특징적인 서비스를 제공하기 위한 사업에 적합하다고 할 수 있다. 전문화된 데이터 분석 서비스를 비롯해 비정형데이터나 빅데이터와 같은 다양한 데이터를 다룰 수 있도록 데이터 애즈 어 서비스(Data as a Service) 형태로 제공되는 경우가 많다. 학습 모델을 이미 검증된 모델을 사용하여 단순히 하이퍼파라미터 등만 조정할 수 있도록 별도의 코딩없이 제공할 수도 있고, 자신들의 학습 알고리즘을 직접 구현, 검증할 수 있게 하는 것도 물론 가능하다.

인공지능 애즈 어 서비스는 또한 서비스의 패키징 및 배포, 모니터링, 산출물 등이 체계적이고 손쉽게 관리될 수 있다. 필요에 따른 재학습/재검증/재배포 등 일련의 자동화 과정이 전체로 통합 관리되므로 일관성 있는 서비스를 처음부터 끝까지 구성할 수 있도록 도와준다.

지금까지 인공지능 애즈 어 서비스에 대해 대략적으로 살펴보았다. 다음으로 인공지능 애즈 어 서비스가 차지하는 위치와 현황 그리고 앞으로의 미래 전망 등에 대해 차례로 살펴보고자 한다.

2.
'공유 지능'의
현재

인공지능 애즈 어 서비스는 기존에 클라우드 서비스를 제공해온 여러 글로벌 기업들을 중심으로 인공지능 플랫폼 형태로 서비스되어 오고 있으며, 최근 몇 년 사이에 인공지능을 적용한 편리한 서비스 애플리케이션 형태로 제공해주는 업체가 늘어나고 있다. 국내에서도 인공지능 플랫폼에 대한 개발 등이 활성화되어 있어 몇몇 기업을 중심으로 생태계 구축을 이끌어 가고 있다.

인공지능 애즈 어 서비스 시장 현황

인공지능 애즈 어 서비스는 클라우드 서비스 시장이 크게 확대되면서 함께 성장해 나가는 추세다. 마켓츠앤마켓츠(Marketsandmarkets)의 2018년도 보고서에 따르면 2018년 15.2억 달러(1.82조 원) 규모를 형성한 시장이 연평균 42% 성장해 2023년에 108.8억 달러(13.05조 원) 수준으로 형성될 전망이라고 한다. 특히, 공공 클라우드 시장에서는 서비스 전체 매출에서 최대 50%를 차지할 것이라는 전망도 내놓고 있다. 또한, 오비스리서치(Orbis Research)에서 2020년 2월에 발표한 자료에 따르면 인공지능 애

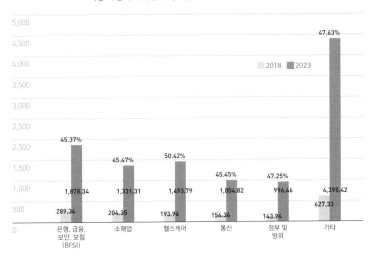

최종 사용자에 따른 인공지능 애즈 어 서비스 시장 규모

단위: 백만 달러

즈 어 서비스 시장은 향후 5년 동안 220억 달러 수준, 즉 약 10배의 가치 성장을 보일 것으로 예상하고 있다. 최종 사용자에 따라 점유율을 분석해보면 2018년을 기준으로 은행/금융/보안 서비스(BFSI)가 17.94%, 소매업이 12.67%, 헬스케어가 12.02%, 통신이 9.57%, 정부 및 방위가 8.92%를 각각 차지했으며, 그 외 기타가 38.88%의 점유율을 차지했다.

클라우드 시장은 COVID-19 이후 디지털 트랜스포메이션을 이끌어 갈 핵심 분야라고 할 수 있는데, 특히 교육, 헬스케어 등 소비자 중심 시장뿐만 아니라 소규모 사업에서부터 건설, 제조와 같은 거대 사업까지 모두 클라우드로 빠르게 이동하고 있다. 베세

머 벤처캐피탈(Bessemer Venture Capital)이 내놓은 2021년 클라우드 현황을 보면 전체 클라우드 기업의 시가 총액은 이미 2억 달러를 넘어섰으며, 이 중 페이팔, 어도비, 세일즈포스 등 탑5 소프트웨어 애즈 어 서비스기업의 시가총액도 1조 달러를 넘어섰다. 성장률 측면에서도 인터넷과 모바일 시대를 주도해온 FAANG(Facebook, Apple, Amazon, Netflix, Google)을 이미 앞지르고 있으며, 향후, 활성화되는 시장에 따라 전체 시가 총액은 지속해서 상승할 것으로 예상된다. 따라서, 앞으로 소프트웨어 애즈 어 서비스가 점점 인공지능과 결합하면서 인공지능 애즈 어 서비스 또한 높은 성장이 예상된다.

한편, 256쪽의 표에서 보듯, 인공지능 애즈 어 서비스 시장의 성장 원동력을 4가지 관점에서 분석했는데, 대체적으로 인공지능 비즈니스 서비스 수요 증가를 성장 촉진 요인으로 본 것에 반해 인공지능에 관한 숙련된 인력 부족은 성장의 억제 원인이라고 보고 있다.

즉, 시장에서 인공지능 애즈 어 서비스를 이용하여 단기간에 서비스를 제공할 수 있고, 비즈니스 운영 측면에서도 효율성을 개선시킬 수 있는 장점이 있어 비즈니스를 하고자 하는 수요자 중심의 시장 형성이 이루어지고 있다. 하지만, 이와 반대로 해당 서비스 공급자는 인공지능 학습 모델, 데이터 분석 등의 서비스를 제공하지만, 본질적으로 수요자의 비즈니스에 영향을 미칠 수 있는 부분은 적다고 할 수 있다. 또한 클라우드를 중심으로 서비스되는 특성상 초기 인프라 및 개발 비용에 대한 높은 부담이 신규 진입자가 쉽게 들어올 수 없는 장벽을 형성하여 대기업의 경우 오히려 별도의 자체 시스템을 구축할 가능성이 높다.

인공지능 애즈 어 서비스 시장의 원동력

구분	원동력
성장촉진요인	- API 및 SDK 형태의 인공지능 기반 서비스에 대한 수요 증가 - 혁신적인 신생 기업의 수 증가
성장억제요인	- 숙련된 인력 부족
성장 기회	- 지능형 비즈니스 애플리케이션에 대한 요구 증가 - 인공지능 서비스 통합 업체 수요 증가
성장 과제	- 데이터 보안과 관련된 민감성

이와 같이, 인공지능 애즈 어 서비스는 다양한 산업 분야에서 활용될 수 있는데, 음성인식, 맥락인식 등의 기술을 활용한 간단한 챗 봇 형태로 주로 고객 상담 서비스 등에 적용된 것에서부터 유통 및 제조업체 등의 복잡한 수요 및 생산 예측에까지 적용되고 있다. 또한, 최근에는 인간의 물리적 노동력을 대신하여 반복적인 일을 자동화시키는 로봇, 물류 등의 지능화 시스템에도 활용되는 등 고도화된 서비스로 확대되고 있는 추세다. 최근 제공되고 있는 여러 서비스의 사례를 살펴보고 앞으로의 미래는 어떠한 모습으로 나아가게 될지 예측해보자.

생활을 변화시키는 다양한 인공지능 애즈 어 서비스

인공지능 서비스는 학습 모델을 만드는 과정 자체에서 컴퓨팅 자원을 많이 필요로 한다. 또한, 모델을 가지고 추론하는 과정은 대체적으로 클라우드를 통하거나 엣지 디바이스 단계에서 처리하게 된다. 최근에는 특정한 인공지능 연산을 가속하기 위해 디바이스 내에 인공지능 전용 연산칩이 사용되는 경우도 많이 있다.

인공지능 애즈 어 서비스는 클라우드 상에서 제공되는 레벨에 따라 애플리케이션, 플랫폼, 인프라 서비스로 나눌 수 있다. 아마존, MS 등 글로벌 기업의 클라우드 서비스는 플랫폼 중심으로 서비스가 제공되지만, 대부분의 업체는 해당 플랫폼에서 제공하는 여러 인공지능 라이브러리 등을 활용하여 자신들의 서비스를 만들고 있다.

인공지능 애즈 어 서비스는 다양한 모습으로 삶을 하나씩 변화시키고 있다.

첫째로, 인공지능 애즈 어 서비스는 인공지능 서비스를 통해 사용자에게 단순함과 편리함을 제공해주고 있다. 인공지능이 어렵고 번거로운 과정이나 시간이 걸리는 일을 간소화시켜 업무 능률을 향상시켜 주는 데 활용된다.

음성인식 기반 편집 도구인 '디스크립트(descript)'는 영상 안의 음성을 텍스트로 변환하거나 텍스트 편집으로 영상을 반대로 편집할 수 있어 복잡한 영상 작업을 획기적으로 간소화시켰다. 소셜커머스 그루폰의 창업자이기도 한 CEO 앤드류 메이슨은 수많은 분량의 오디오 투어 파일 편집에서 실제 녹음 시간보다 편집하는 시간이 2배 이상 걸린다는 것에 착안하여 서비스를 개발했다. 서비스의 기반은 구글 클라우드의 음성인식 인공지능 서비스를 활용하였으며, 일반 사용자도 쉽게 쓸 수 있는 편리한 오디오 편집툴을 제공한다.

보통 전문 업체에게 음성 파일의 텍스트 변환을 맡길 경우, 최소 1분당 1달러가 필요하고 작업도 하루 이상이 소요되는 반면 디스크립트는 1분당 0.15달러로 저렴(월정액은 20달러)하고 5분 내 변환을 보장하고 있어 사용자의 비용과 시간을 크게 절감할 수 있게 해준다. 음성 정보를 텍스트로 변환시켜주는 소프트웨어는 이전에도 여러 번 나왔었지만, 대부분 인식율 등의 차이로 제대로 변환되지 못하는 경우가 많아 사람이 재검토하여 수정하는 경우가 대부분이었다. 하지만, 인공지능 기반 음성인식 기술의 발전을 통해 정확도가 많이 향상되었고, 지금은 클라우드를 통해 필요한 부분만 사용하는 비즈니스 모델로 진화해 나가고 있다.

유튜브를 비롯하여 이른바 다양한 콘텐츠가 홍수를 이루는 시대에 접어들고, 코로나로 인해 집 안에서 생활하는 비중이 늘어나면서 동영상 시청은 폭발적으로 증가하고 있다. 최근 국내 모바일 분석 기업의 자료에 따르면 2020년 1월부터 4월까지 넷플릭스의 국내 이용 시간은 누적 1억 5,791만 시간을 기록했다고 하며 이는 전년 동기대비 186%의 증가율이다. 지상파 계열 서비스인 웨이브 역시 같은 기간 동안 1억 4,558만 시간으로 118%

런웨이엠엘(RunwayML)을 통해 셀피(Selfie)를 학습한 결과 예

증가했다. 이렇듯 동영상은 콘텐츠 서비스에서 1순위가 되었다. 트렌드 관점에서 본다면, 텍스트 기반의 검색이나 설명을 읽던 시대에서 영상으로 검색하고 설명을 보는 시대로의 전환으로 변화가 이루어지고 있다고 볼 수 있다.

이러한 최근 트렌드에 맞게 콘텐츠 크리에이터를 위한 머신러닝 플랫폼도 생겨났다. '런웨이엠엘(RunwayML)'은 콘텐츠 크리에이터가 별도의 코딩 없이 이미지 생성부터 모션캡처, 객체 감지, 몰핑 등 기존 저작 도구에서 지원하지 않는 기능을 머신러닝으로 학습시켜 새로운 콘텐츠를 생성하도록 돕는 서비스다. 스타일GAN(StyleGAN) 등의 미리 학습된 클라우드 상의 알고리즘을 사용하여 사용자가 모은 데이터 셋을 재학습시킨다. 새롭게 만들어진 콘텐츠는 입력된 데이터 셋의 특징과 임의적으로 합성되어

다양하고 독특한 형태를 만들게 된다. 유사한 기능을 가진 도구로 프락시스 에이아이(Praxis.ai)가 있는데, 런웨이앰엘(RunwayML)이 다소 머신러닝의 기술적 지식을 가지고 접근해야 하는 반면 배경지식이 없어도 쉽게 사용할 수 있는 게 특징이다. 이러한 도구들은 현재 데이터 시각화라는 분야로 인공지능 창작의 한 형태로 발전하고 있는 중이다.

위와 같이 사용자에게 업무 과정을 간소화하여 편리한 사용을 제공하는 인공지능 애즈어 서비스뿐만 아니라 인공지능 관련 모델 개발에 필요한 과정을 자동화시켜 최적의 모델을 만들어주는 솔루션도 있다. 이른바, '오토앰엘(AutoML, Automatic Machine Learning)'이라고 하는 '인공지능을 위한 인공지능' 솔루션을 개발하는 에이치투오 에이아이(H2O.ai)는 인공지능에 필요한 데이터 전처리, 데이터 특징 선택과 추출, 적절한 알고리즘 선정을 통해 학습을 수행한 뒤 학습된 모델 간 평가를 기반으로 최적화된 모델과 하이퍼파라미터 등의 결과를 모두 자동화해준다. 이를 통해 전체 인공지능 개발 과정을 단축시키고, 여러 번의 학습을 반복해야 할 때 컴퓨팅 연산 비용을 줄여줄 수 있다.

또한, 미국의 구글, IBM 등의 인공지능 클라우드 업체를 비롯해 심머신(simMachine), 에이치투오 에이아이, 스카이디스크(Skydisc), 피들러연구소(Fiddler Labs), 킨디(Kyndi) 등의 업체에서는 설명 가능한 인공지능(XAI, eXplainable AI) 서비스를 제공한다. 머신러닝/딥러닝 모델은 신경망으로 수많은 단계가 존재하는데 단계

연산의 복잡성으로 스스로 내놓은 결과에 대한 근거를 논리적으로 설명하기 어려운 한계를 갖고 있다. XAI는 이러한 한계를 사람이 이해할 수 있는 형태로 설명하고 제시할 수 있도록 하여 데이터와 개발하는 인공지능 모델에 대한 신뢰성을 제공해준다. 특히 XAI는 의료 인공지능이나 금융, 보험 등 인공지능 활용시 신뢰도가 무엇보다 중요한 분야에서 핵심 비즈니스 요소로 대두되고 있다. 이로 인해, 인공지능에 대한 전문 지식이 없는 일반 사용자도 필요한 데이터만 있다면 최적의 예측 모델을 만들어 인공지능 서비스 개발시에 활용도를 높여주고 있다.

한편 범용 플랫폼으로 필요에 따라 빠른 데이터 수집 및 학습을 통해 수시간 내에 원하는 인공지능 모델을 만들어주는 서비스도 제공되고 있다. 사물, 얼굴, 동작, 좌표, 상태 등을 인식할 수 있도록 제공하는 '추크 에이아이(Chooch AI)'는 20만 건 이상의 사전 학습을 통해 2,400여 개의 인공지능 모델을 배포했으며, 월별 학습 수와 API와 호출 등에 따른 구독형 모델을 제시하고 있다. 또한, 유사한 인공지능 기반 비전 플랫폼인 '매트로이드(Matroid)'는 수집된 이미지, 동영상 등에서 학습시키고자 하는 내용을 별도로 코딩 없이 GUI를 통해 작업하면서 적용하기 위한 영역에 원하는 사물, 사람, 활동 등을 인식하여 알려주게 된다.

둘째로, 인공지능은 인간의 지능과 감각으로 발견하지 못하는 영역을 발견할 수 있도록 해준다. 이른바 디지털로의 전환을 통해 전통적인 아날로그식 또는 아날로그와 섞여 있는 여러 업무에 새로운 가치를 만들어내고 있다. 특히, 의료 분야에서 인공지능의 활용 범위가 넓어지고 있다. 수많은 양질의 데이터 축적과 더불어 인공지능 알고리즘의 고도화, 그리고 클라우드 기반 컴퓨팅 연산 성능 발전은 인간 감각의 한계를 넘어서고 있다.

이스라엘 스타트업 '엘립시스 헬스(Ellipsis Health)'는 자연스럽게 이루어지는 3분 이내의 음성 데이터를 클라우드 기반 머신러닝으로 분석하여 우울증과 불안 증상 등의 바이탈 사인을 감지해낸다. 특징으로 스마트폰의 앱을 통해 말하는 내용(자연어 처리)과 말하는 방법(음조 및 타이밍과 같은 음향)을 모두 분석하여 사람의 감정 상태를 이해하고 행동 건강지수의 결과를 도출해낸다. 우울증과 불안 증상은 미국인의 약 1/3에 영향을 끼치고 매년 전 세계에 1조 달러 이상의 비용을 발생시킨다. 멘탈헬스아메리카(Mental Health America)에 따르면 COVID-19 이후 중증의 우울증 및 불안 증상으로 선별 검사를 받는 사람들의 수가 2020년 동안 계속 증가했으며, COVID-19 이전의 비율보다 높은 수준을 유지하고 있다고 한다. 더구나 우울증 검진을 받은 10명 중 8명 이상이 2020년 3월 대유행이 시작된 이래 중증도에서 중증 우울증 증상으로 바뀌었다고 한다. 이와 같은 디지털 기반의 바이탈 신호 감지 서비스는 심각해지는 우울증의 상황에 더욱 필요한 서비스로서 사용자에게 별도의 검사 과정 없이 자연스럽고 편리하게 제공되는 것이 특징이며, 개인 건강의 주기적 모니터링 및 의료 서비스 격차해소를 통해 사회적 비용 절감에도 도움을 주고

Viz.ai의 영상 기반 뇌졸중 케어 플랫폼 Viz Platform

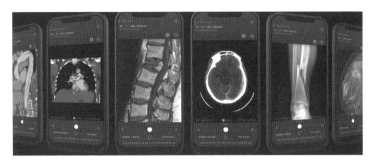

있다.

인공지능 기반의 뇌졸중 케어 플랫폼인 비즈 에이아이(Viz.ai)는 2021년 3월 7,100만 달러를 유치했다. 영상 분석 알고리즘인 비즈 엘브이오(Viz.LVO)는 이미 140여 병원에서 효과가 검증된 것으로, 2020년 9월 인공지능 소프트웨어로는 최초로 미국 임시 보험수가 제도인 신기술지불보상프로그램(New Technology Add-on Payment, NTAP) 등재에 성공했다. 뇌 CT혈관 조영술 영상을 분석하여 거대 혈관 폐색(Large vessel occlusion, LVO)이 의심되는 경우 뇌혈관 전문의에게 알려 가급적 빨리 그 이미지를 확인하도록 해준다. 유사한 사례로, 국내에서는 휴런의 뇌졸중 영상 분석 인공지능 기술이 2021년 6월 유럽 CE 인증을 받았으며, 뇌졸중 판정에 기존 7시간 이상이 걸리던 것을 1시간 내로 단축시켰다.

이밖에 인공지능 의료용 이미지 품질 개선 솔루션도 널리 쓰이고 있는 분야로 PET나 MRI 같은 의료용 이미지의 노이즈 등을 제거하여 분석, 진단 속도 등을 높여주게 된다. 이와 같이, 향후 유사한 인공지능 기반의 의료용 기술도 정확도 등이 충분히 검증된다면 의료계에서 적극적으로 활용될 수 있는 기회가 생길 것으로 예상된다.

한편, 청각에 대한 감각을 증강시켜주는 인공지능 연구도 활발히 진행되고 있다. 청각은 인간의 오감 중 가장 섬세한 분야로 소비자의 마음을 움직이는 수단으로 쓰인다. 최근에는 인간과 사물이 내는 다양한 소리를 인식하여 이를 기반으로 기능을 수행하기도 한다. 방대한 소리 정보를 학습하여 폭발음, 유리창 깨지는 소리, 다양한 기계음 등을 인식해 사람에게 알려주거나 지능형 CCTV 등과 연계되어 보안 시스템에 적용되어 장비 상태 모니터링, 로봇의 주변 환경 인식 등 여러 분야에 쓰이게 된다.

지능형 감시 기술 업체인 '아이브스'는 영상과 음원을 모두 분석하여 관제 센터에 알려주는 솔루션으로 병원의 안전사고 감지, 화재, 사각지대 감시 등을 수행한다. 특히, 지능형 CCTV를 통해 영상 속 상황을 신속하게 판단하여 인공지능 음향 분석으로 구조 요청과 위급 상황에 대한 사고 대처를 빠르게 수행한다. 다른 국내 소리 인공지능 업체인 '코클리어닷에이아이'는 벤츠와 협력하여 차량용 소리 분석을 통해 차량 내외의 환경이나 상태 감지 등을 수행한다. 현재의 자율주행차는 아직까지 시각 중심으로 상황 판단을 하게 되는데, 이때 시각으로는 해결할 수 없는 엔진 소리나 멀리서 들려오는 소리 등의 분석을 더해 안전 운행에 더욱 기여할 수 있게 한다.

셋째로, 인공지능 애즈 어 서비스는 2015년 이후 최근 2~3년 사이 다양한 로봇에 적용되어 로봇 애즈 어 서비스를 만들어가고 있다. 기존의 로봇은 자동차, 가전 등 주요 제조 산업의 공장이나 생산 현장에서 활용되었다. 사람이 직접 프로그램하여 정해진 작업만을 수행하며, 대체로 사람이 할 수 없는 작업이나 단순하고 반복적인 작업에 활용되었다. 하지만 영상인식, 음성인식 등 다양한 인공지능 기술이 적용되면서 기술 활용의 범위가 넓어지고 다양한 IT 기술과 접목되면서 로봇도 인간과 상호 작용하는 지능형 로봇으로 진보하고 있다.

지능형 로봇으로의 진화는 서비스 로봇의 등장을 더욱 쉽고 용이하게 만들었다. 인공지능 기술은 로봇의 인지 능력, 조작 능력과 상호 작용 능력을 향상시켜 주었는데, 먼저 인지 능력의 개선은 동적인 움직임을 가능하게 하여 복잡한 환경에서도 자율적으로 작업할 수 있음을 의미하였다. 또한, 조작 능력의 발전은 로봇이 할 수 있는 작업의 종류가 훨씬 다양해짐을 뜻하며, 상호 작용은 인간과 협업하는 능력이 생겼음을 말한다. 앞으로 음성 및 여러 인식 기술의 발전으로 의사소통 능력이 향상되면 로봇과 인간이 점점 함께 작업할 기회가 많아질 것으로 보인다.

한편, 로봇의 각 기기별 적용에서 탈피하여 여러 로봇을 점차 효율적으로 제어하기 위해 클라우드 기술과 결합한 로봇 서비스가 지속적으로 연구 개발되고 있다. 특히, 텔레프레즌스나 실외 자율주행 등과 같은 기술은 5G의 빠른 속도, 저지연성의 특징을 통해 여러 로봇으로부터 오는 피드백을 상호 보완하며 개선시킬 수 있도록 클라우드가 중심이 되어 실시간 통신이 가능한 기본 생태계를 만든다는 점에서 큰 의미가 있다. 이른바 로봇 애즈 어 서비스는 클라우드를 기반으로 한 로봇 제어가 핵심으로, 공통된 명령이나 서로 다른 기종의 다중 로봇을 컨트롤하며, 로봇 자체도 상황에 따라 스스로 판단하여 행동할 수 있도록 하는 기반이 되고 있다.

로봇 애즈 어 서비스를 비즈니스적 관점에서 본다면 이렇다. 로봇의 도입 목적을 기존에는 인력 대체 효과를 위한 것으로 보고 비용면에서 절감 효과를 강조했는데, 로봇이 인력을 대체하기에는 현재까지 로봇은 너무 고가 장비라서 업체나 매장에서 쉽게 도입하지 못한다. 물론, 중국이 저가형 로봇을 앞세우며 여러 서비스 분야의 공급을 빠르게 늘려가고 있지만, 기술적인 한계성, 품질 등의 문제 등이 나오면서 도입에 신중을 기하는 곳도 생겨나고 있다.

이러한 비용구조적 문제를 해결하기 위해 로봇을 클라우드에서 중앙 제어하는 모델이 각광을 받고 있다. 즉, 각각의 로봇은 동작을 위한 하드웨어만을 가지게 되고 소프트웨어는 클라우드에서 제어하는 형태다. 이러한 모델의 장점으로는 무엇보다 로봇 가격의 절감 효과를 누릴 수 있다는 것이다. 이를 통해 시장을 확

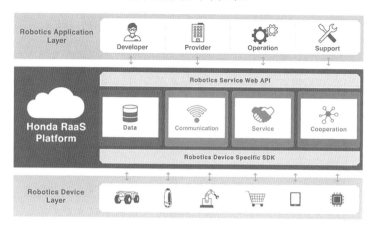

혼다의 로봇 애즈 어 서비스 구조

출처: 혼다 글로벌 홈페이지

대하기에도 용이하며, 사용자 입장에서도 로봇을 직접 구매하지 않고 필요한 부분만큼만 사용하고 지불하는 형태의 온 디맨드 서비스를 받을 수 있다. 별도의 유지보수 비용도 들지 않아 부담 또한 적다. 또한, 지능형 로봇은 이러한 형태로 중앙에서 인공지능의 제어를 통해 여러 서비스를 제공하고 있으며, 다중의 로봇을 한 곳에서 관리하고 제어하므로 운영면에서도 효율적인 모델이라 할 수 있다.

지능형 로봇 시장 규모는 2018년 48억 6,400만 달러 규모로 평가되었으며 연평균 20.1% 성장하여 2024년 145억 9,700만 달러 규모에 이를 것으로 전망된다. 특히, 해마다 심화되고 있는 출산율 감소, 고령화 사회로의 진입에 있어 지능형 로봇은 인력 대체뿐만 아니라 감염병 등의 위험 상황 등에 대체 가능한 수단으로 전망하고 있는데, 한계비용이 점점 줄어들게 되는 미래 제조 분야에서는 로봇의 생산력을 미래 산업 생산력 확보에 대안으로 보고 있다. 이와 같이 지능형 로봇은 첨단 기술이 들어간 결정체로 향후 다양한 서비스 분야에 광범위하게 활용될 뿐 아니라 새로운 부가가치를 창출할 수 있을 것으로 기대된다.

지능형 로봇은 먼저 로봇의 주용도인 단순 반복적이거나 인간이 하기 힘든 작업에 쓰이고 있다. 핀란드의 '트롬비아 테크놀로지'에서 만든 크기가 3미터 내외의 '트롬비아 프리(Trombia Free)'는 세계 최초의 전기형 자율주행 도로 청소로봇으로 도로 위에 쌓인 쓰레기와 먼지들을 흡입할 수 있다. 기존 청소차를 대체할 목적으로 사용되어 완충 후 최대 17시간까지 운행이 가능한데, 시속 6~8km로 주행하며, 축구장 2개 면적의 청소를 수행할 수 있다. 또한, 기존 진공 청소기에 필요한 에너지의 15%만을 사용하므로 청소 도중에도 탄소 배출이 되지 않고, 소음이 없이 조용히 작동해 밤시간에 도로를 청소할 수 있어 스마트 시티와 연계한 로봇으로 2021년 4월 헬싱키에서 시범 운행했다.

일본의 스타트업인 '이나호(Inaho)'에서 만든 채소 수확 로봇은 고령화 및 일손 부족으로 어려움을 겪고 있는 농촌 노동력 문제 해결의 대안이 되고 있다. 카메라를 이용해 자율주행하고 적외선 센서와 딥러닝 기술을 활용해 수확하려는 채소를 판별하며, 로봇 팔을 이용해 작업을 진행한다. 수확 시간은 개당 12초 수준

출처: 이나호 홈페이지

으로 보통 4명의 일손이 들어가는 경작지의 경우 1명의 인력만
투입되면 수확을 마칠 수 있다. 하지만 무엇보다 이나호가 추진
하는 비즈니스 모델의 특징은 로봇을 이용한 만큼 지불하는 로봇
애즈 어 서비스 모델을 제공하는 데 있다. 즉, 로봇을 구입할 때
비싼 초기 비용의 부담을 없애고 대신 서비스를 이용한 만큼 지
불하도록 한 종량 과금제를 선택했다. 이로써 수확 로봇을 사용
하는 농가는 사용료로 농작물 판매액의 15%만 지불하면 되며, 이
는 인력 1명분의 인건비보다 저렴하기 때문에 인력 부족과 인건
비 문제를 동시에 해결할 수 있다. 또한, 유지보수 측면에서도 농
작물 기술 지원의 업데이트가 정기적으로 이루어지므로 사용자

입장에서는 보다 최신의 로봇을 이용할 수 있는 이점이 있다.

지능형 로봇은 또한 무엇보다 물류, 배송에서의 쓰임새가 가장 많다. 주로 이전에는 물류 창고에서 무거운 물건을 옮길 때 쓰였는데, 최근에는 일반 상업용 서비스 영역으로 들어와 여러 분야에서 다양하게 쓰이고 있다. LG전자에서는 1세대 공항 안내 로봇을 2017년 선보인 이후 2020년에 본격적으로 배송 로봇을 개발하여 식당, 호텔, 병원 등에 적용해왔다. 식당에서는 주문한 음식을 로봇 상단에 있는 선반을 이용하여 식탁까지 운반해오는 용도로 쓰이고 있다. 호텔에서는 수납함이 달려 있는 로봇을 통해 각 투숙객에게 타올, 어매니티나 생수 등을 배송하며, 병원에서는 주로 검체, 약 등을 운반하여 의료 업무 경감에 도움을 주고 있다. 2020년 11월에는 GS편의점과 연계하여 편의점 물품을 목적지까지 배송하는 서비스를 구축했는데, 고객이 모바일 앱으로 상품을 골라 주문하면 편의점 근무자가 주문 제품을 로봇에 넣고 층을 입력한다. 로봇은 스스로 엘리베이터를 타고 층간을 오가며 입주 고객들에게 도시락, 샌드위치, 음료 등을 배달하고, 도착하면 고객에게 전화와 문자로 알리는 서비스다. 특히, 코로나로 인해 비대면 수요가 늘면서 이와 같은 생활용품 배송은 시기에 맞게 사용자 니즈를 충족시켰다고 평가받고 있다.

실외 배송 또한 로봇의 적용 범위가 확대되는 분야다. 미국의 물품 배송용 자율 주행 차량 개발 업체인 누로(Nuro)는 무인으로 물건을 배송할 수 있다. 이는 COVID-19로 인해 언택트의 필

누로의 실외배송로봇 R2

출처: 누로 홈페이지

요성에 부합하는 솔루션으로 특히 의료진에게 물품을 배송함으로써 감염 최소화 등에 기여하고 있다. 무엇보다 실외 배송은 인도 및 공도 주행을 해야하므로 여러 법에 따른 규제가 존재하는데, 최근에는 여러 실증을 통해 안전성 확보에 주력하며, 상용화에 박차를 가하고 있다. 누로는 2020년에 미국 도로교통안전국(NHTSA)으로 부터 저속 전기자율배송차 'R2' 5,000대를 공공도로에 운행할 수 있는 허가를 받기도 했다.

지능형 로봇에서 인공지능 기술이 극대화된 영역은 가정용 로봇이다. 소셜 로봇이라고도 하는 가정용 홈 로봇은 집안의 가전뿐만 아니라 사물인터넷 기기 등과 연동하여 관리해주는 것은 물론 음성 비서의 역할, 인간의 대화 상대, 그리고 교육용 로봇 등 다중적으로 쓰임새가 제공된다. 최근 1인 가족이 늘고 그에 따른 펫 트렌드 바람이 불면서 로봇도 반려동물의 컨셉으로 상호 피드백과 정서적인 안정을 주기위한 목적으로 개발되고 있다.

소니의 아이보는 2018년 1월 신형 아이보로 출시된 이후 3개월만에 1만 대를 돌파했는데, 1999년에도 이미 1세대가 100만 대 넘게 판매될 정도로 많은 인기가 있었고, 단종된 이후에도 더이상 수리할 수 없게 된 로봇의 장례식을 해 준다거나 부품을 기증받는 장기 기증 등 생명을 가진 동반자로서 취급하는 여러 사회 현상을 낳았다.

신형 아이보는 인공지능 기술이 적용되어 클라우드를 통해 자가 학습을 한다. 이러한 학습 능력 덕분에 집 안의 구조를 이해한다거나 장애물을 피하고 계단 등 떨어질 위험이 있는 곳도 파악할 수 있다. 주인이 카메라 촬영을 부탁하면 사진을 찍어주기도 한다. 보안 업체인 세콤과 제휴를 맺고 집안을 순찰하는 기능도 제공하는데 집 내부 상황을 모니터링하는 서비스다. 이 외 절전 모드가 있어, 휴식을 취하다가 소리 등의 자극이 있으면 스스로 깨어나는데, 주인이 돌아왔을 때 소리를 듣고 일어나 반기는 애완견의 모습을 연상한다는 사람이 많다.

아이보는 클라우드와 로봇, 그리고 사용자 관리를 할 수 있는 '마이 아이보 앱(My Aibo App)'으로 구성되어 있으며, 다른 기능을 넣기 위한 개발자 프로그램 지원, 아이들도 쉽게 프로그램 환경

소니 아이보 서비스 구성

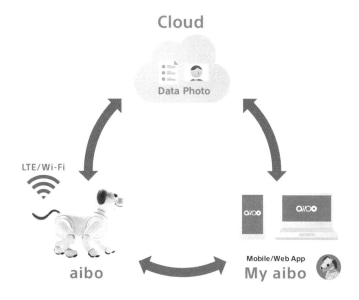

출처: 소니 홈페이지

을 접할 수 있는 시각화 프로그래밍 도구, 그리고 여러 다른 지원
하는 앱을 연결시켜 다른 서비스를 이용할 수 있는 환경도 제공
된다. 이와 같이, 아이보는 로봇 애즈 어 서비스의 서비스 생태계
와 비즈니스 모델이 잘 구축된 사례 중 하나라고 할 수 있다.

3.
공유 지능의
미래

인공지능 애즈 어 서비스는 앞으로 어떤 방향으로 진화하게 될까? 인공지능 애즈 어 서비스는 작게는 에브리씽 애즈 어 서비스(XaaS, Everything as a Service)의 하나로 나오는 개념이지만 그 파급 효과는 어떤 다른 애즈 어 서비스보다 크다고 할 수 있다. 여기에서는 인공지능 애즈 어 서비스의 미래를 다양한 시각으로 바라보고 발전 방향을 전망해본다.

인공지능의 서비스가 더욱 다양해진다.

우리는 생활 주변에서 인공지능 애즈 어 서비스를 이미 알게 모르게 경험하고 있다. 개인화 서비스가 탑재된 휴대폰의 여러 앱은 사용자의 패턴과 취향 등을 분석해 추천을 해준다. OTT 서비스인 넷플릭스를 비롯해 음악 감상 서비스인 스포티파이(Spotify), 큐레이션 서비스인 스티치픽스(Stitch Fix) 등은 사용자의 선호 또는 행동 패턴 등을 학습하여 최적의 결과로 조합한다. 이처럼 많은 서비스가 현재 이루어지고 있으며, 많은 스타트업들이 인공지능을 재료로 지금도 새로운 서비스를 가지고 새롭게 등장하고 있다. 인공지능은 그 자체를 서비스 하는 경우도 있으나 대부분 다른 서비스에 사용된 기반 기술로 활용되고 있다.

그럼 이러한 인공지능 서비스는 앞으로 어떠한 모습으로 변화가 일어날까? 앞으로의 변화의 방향을 진단해보는 개념으로 메가트렌드 분석이 있다. 메가트렌드는 짧게는 5년 단위, 길게는 10년 이상의 큰 사회적 흐름을 통해 그 변화의 필연적인 예측을 해보고, 그에 따라 단기적으로 나타나는 사회적 현상의 방향을 판단하여 잠재적 성장 시장과 비즈니스 기회를 발견하도록 도와준다. 따라서 메가트렌드 관점에서 볼 때 인공지능 애즈 어 서비스가 장기적 관점에서 앞으로 나아갈 방향을 예측해볼 수 있다. 한국트렌드연구소에서 발간한 『메가트렌드 인 코리아』에서 다룬 10대 메가트렌드 관점에서 볼 때, 인공지능 애즈 어 서비스는 크게 디지털화, 개인화, 영리한 단순화로 요약해볼 수 있다.

먼저, 디지털화다. 이는 최근 화두가 되고 있는 디지털 트랜스포메이션과 관계가 있다. 현재의 비즈니스 업무 프로세스가 진정한 디지털화가 되어 자동화되고 최적화되는 것이다. 디지털 트랜스포메이션으로 단순히 온라인 형태로 바뀌 자동화 과정을 수행하는 것이 아닌 일련의 과정이 인공지능에 기반을 둔 로보틱 처리 자동화(RPA, Robot Process Automation)라는 개념의 소프트웨어 봇 형태로 수행되고 작업에 대한 지속적인 학습을 통해 업무 효율화를 더욱 증대시킬 수 있으며, 프로세스의 최적화도 이룰 수 있다.

디지털화는 또한 자동화를 넘어 업무의 예측을 가능하게 해준다. 데이터를 수집하여 서비스를 제공하는 것을 넘어, 디바이스 스스로 생각하고 예측하여 생산성과 효율성을 높이며, 그로 인해 인간의 능력을 한층 강화시킨다. 예를 들어, 사물 인터넷이 이전까지 미리 정해놓은 날짜와 시간에 정비하도록 하는 정기 유지보수(Scehduled Maintenance)였다면 인공지능과 데이터에 의한 분석을 통해 예측 유지보수(Predictive Maintenance)로 바꿀 수 있다. 이로 인해 사물 인터넷은 인공지능형 사물 인터넷으로 발전하여 기업의 비용 절감과 최적화된 운용을 할 수 있도록 이끈다.

이와 같이, 디지털화는 인공지능과 결합해 다양한 비즈니스 인공지능 애즈 어 서비스로 제공되어 업무를 지능화시킨다. 여기에 로봇까지 결합하여 물리적인 부분까지 영역을 넓히게 되면 그동안 인간이 수행하던 일련의 업무들은 또 한번의 큰 변화를 만나게 될 것이다.

둘째로, 개인화다. 앞에서도 언급했듯이 인공지능은 개개인을 학습하여 각자마다 다른 서비스를 제공할 수 있다. 개인화 서비스는 스마트폰 같은 개인 기기 내에 축적된 데이터 기반으로 사용자 패턴을 분석하여 서비스되기 시작했는데, 보다 많은 데이터로 개인 최적화가 이루어지면서 데이터 처리도 기기가 아닌 클라우드에서 분석하는 형태로 바뀌고 있다. 개인의 관심사와 행동 패턴 분석이 보다 정교해지면서 쇼핑, 광고, 멀티미디어 컨텐츠 등은 이미 개인화되어진지 오래다. 사용자가 남긴 데이터를 통해 서비스를 제공하는 아마존, 네이버, 쿠팡 등의 커머셜 플랫폼에서는 사용자 행동을 통해 구독, 소비 등을 분석해 추천 서비스, 상품 등을 제안하여 사용자 만족을 높이는 데 활용한다.

특히, 개인화 서비스는 개인이 스스로 이해하기 어렵거나 개인별 맞춤이 서비스 자체인 경우, 숨어 있던 빛을 발하게 된다. 용어와 과정 자체가 어렵고 복잡한 금융 서비스의 경우 인공지능 기반 개인화 서비스가 제공되는데, 현대카드가 고객의 카드 사용 패턴을 인공지능으로 분석하여 컨설팅해 주는 '현대카드 소비 케어' 서비스는 지출에 대한 단순 요약을 넘어 개인별 카드 이용 특성 분석을 통해 지출 특성, 예상 지출액 등의 정보를 받아볼 수 있도록 해준다. 또한, 개인별 맞춤이 서비스 자체인 인공지능 기반 문제 풀이 서비스 '콴다'는 학생들이 모르는 문제를 사진을 찍어서 전송하면 5초 안에 그 문제에 대한 문제 풀이를 확인할 수 있는 서비스로 21년 5월 이미 누적 문제 풀이 건수 20억 건을 돌파했다. 질문이 담긴 사진을 텍스트로 변환하는 기술과, 머신러닝 과정을 거치면서 질문자에게 최적화된 검색과 풀이 과정을 제공한다. 이로 인해 개인별 맞춤형 학습 콘텐츠가 제공되고 정확한 수준별 지도를 할 수 있는 서비스 개발이 가능하다.

앞으로도 이러한 개인별 맞춤형 서비스는 각 개인의 행동 데이터뿐만 아니라 개인의 특성, 개인이 속한 집단의 특성 등을 반영하여 종합적인 정보로 제공될 수 있게 발전할 것이다. 하지만, 결과에 대한 보다 정확한 서비스 제공을 위해서 개인 정보 동의 등 여러 정보 보호 요건과 강력한 시스템 보안성을 갖추어 제공

인공지능 문제풀이 서비스 '콴다'

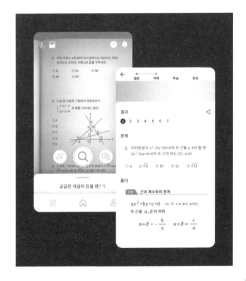

출처: 콴다 홈페이지

할 필요가 있다.

　세번째로, 영리한 단순화다. 지능화와 동일한 의미로 사용될 수 있는 것으로 인공지능 애즈 어 서비스는 점점 단순화되지만 그 뒤엔 보다 정교한 지능화 서비스로 발전할 것이다. 영리한 단순화는 특히, 여러 분야로의 광범위한 활용이 예측되는데, 교육, 금융, 법률을 비롯하여 제조, 농업 등 여타 분야에서 과정 하나 하나를 똑똑하게 만들어주게 된다. 한편으로 보면 디지털화와 개인화 등과 밀접하게 연관되어 있기도 한데, 해당 서비스를 더욱 지능화시켜 서비스 제공 여부도 인공지능이 직접 판단하도록 하는 것으로 볼 수 있다.

영리한 단순화는 시간이 많이 소요되는 음성인식, 영상처리, 번역, 상황 및 추론 등의 기능을 수행하는 데 있어 인공지능 애즈 어 서비스 사용자들이 원하는 정보, 제품, 서비스 또는 거래 상대를 보다 빠르고 편리하게 연결하여 솔루션 탐색 비용을 절감시켜 준다. 또한, 원하는 정보나 거래 상대를 찾은 후 요구되는 수준에 맞추어 정교한 조건 등을 처리하도록 도움을 준다. 이는 다시 서비스 피드백으로 이어져 애즈 어 서비스의 품질을 향상시켜 주는 선순환 효과를 발생시킨다.

이와 같이, 인공지능 서비스는 주요 세 가지 큰 방향으로 다양하게 전개될 것이며, 보다 양질의 데이터에 기반한 머신러닝 모델 개발과 뛰어난 성능의 알고리즘으로 고도화되어 보다 새롭고 다양한 서비스로 전개될 전망이다.

플랫폼 비즈니스로 강화된다.

두 번째 전망은 플랫폼 비즈니스 관점이다. 최근 정보기술의 큰 흐름 중 하나는 플랫폼 비즈니스를 추구한다는 것으로 기술의 집중성, 표준화 등 여러 기술적, 사업적 긍정적 요인이 그 안에 있으므로 여러 기업에서 반드시 추구하고자 하는 목표 중 하나다. 플랫폼 비즈니스는 일단 구축한 뒤 그 플랫폼으로 참여자가 늘어나게 되면 단순 생산, 판매의 틀을 벗어나 산업의 한 분야의 중심이되는 생태계 시스템으로 진화하게 된다.

디지털 기술의 발전은 네트워크 효과를 강화시키고 있는데, 이는 클라우드 컴퓨팅과 인터넷의 접근성이 만들어낸 효과라 할 수 있다. 이러한 네트워킹 효과를 통해 서비스의 중심에서 수요자와 공급자를 원활히 연결시켜 주는 플랫폼 비즈니스는 연결 자체를 지능적으로 최적화시키고 각 사용자에게 단순화시켜 제공한다. 그리하여 이전에는 상이하여 연결 자체를 생각하지 못했던 사업이 연결이 되고 그 안에서 새로운 고객 가치가 나오는 현상이 자주 일어난다.

인공지능 애즈 어 서비스는 클라우드를 운영하는 기업에게는 플랫폼 비즈니스에 가장 적합한 서비스라고 할 수 있다. 자연어 처리나 문자 인식을 사용하는 문서, 이메일 및 기타 텍스트 구문 분석과 같은 비즈니스 프로세스에 가장 적합하다. 구글 클라우드 인공지능(Google Cloud AI)의 제품 관리 이사인 레번트 베식(Levent Besik)은 "우리는 산업 전반에 걸쳐 인공지능 애즈 어 서비스가 고유한 비즈니스 문제를 해결하고 새로운 영역을 혁신하는 데 도움이 되는 것으로 보고 있다. 예를 들어, 의료 산업에서는 지능적으로 환자를 분류하여 의사와 간호사의 업무량을 줄이고 있다. 미디어 조직의 경우 정확한 언어 번역을 통해 언론인을 전 세계 시청자와 연결한다. 또한 고객 서비스팀이 이를 구현하여 고객 서비스 대기 시간을 줄이고, 『뉴욕타임즈』에서 5백만 장의 사진을 디지털화하거나 월마트에서 제품에 대한 재고 관리 등을 자동화해준다"라고 했다.

솔트룩스의 클라우드 AI 시스템 구조

인공지능 플랫폼 애즈 어 서비스는 이미 글로벌 클라우드 플랫폼 기업인 아마존, 마이크로소프트, 구글 등을 중심으로 서비스되고 있다. 기존의 플랫폼 애즈 어 서비스에 인공지능 프레임워크를 중심으로 강력한 플랫폼을 구축하기 쉽도록 구성되어 있다. 향후 로봇 애즈 어 서비스 또한 이러한 서비스 계층으로 흡수되어 서비스될 가능성이 크고 결국 이러한 플랫폼을 제공하는 업체에서 수익의 기회가 더욱 확대될 것은 자명한 일이다.

국내의 예로 솔트룩스의 'AI 클라우드'는 2017년 국내 최초로 상용화된 인공지능 클라우드 서비스로 맞춤형 인공지능 플랫폼 애즈 어 서비스다. 인공지능 서비스의 성능이 학습 데이터에 의존함에 따라 실제 서비스를 실행하는 현장에서 성능이 낮아지는 문제에 착안하여 각 서비스 도메인에 맞는 커스텀 AI 서비스와 서비스 사업자의 요청에 따른 온디맨드 AI 서비스를 제공한다. 분석, 음성, 시각, 감성 등 약 40개 이상의 지능 서비스를 무료로 제공하며, AI 클라우드는 솔트룩스의 인프라 애즈 어 서비스나 AWS, Azure 등을 사용할 수 있는 멀티 클라우드를 지원하여 확장성을 높여준다.

플랫폼 비즈니스 관점의 인공지능 애즈 어 서비스에 있어 새로운 기업이 이러한 비즈니스로 들어가기가 쉬워 보이진 않는다. 이는 기존 플랫폼 비즈니스의 진입장벽이 두텁기 때문인데, 우선 신규 진입 업체는 이미 구축된 플랫폼 생태계를 복제하는 데 어마어마한 투자가 필요하다. 또한, 해당 인프라를 만든 뒤에 참여자를 네트워크에 끌어들이기 위한 전환 비용이 만만치 않다. 즉, 플랫폼이라는 개념이 업체 단독으로 쓰는 것은 의미가 없고, 연관된 파트너도 그 생태계로 들어가게 해야만 효과가 있기 때문이다. 따라서, 서비스 차별화 또한 필수적으로 고려해야 하며, 무엇보다 편리하고 강력한 성능이 뒷받침되는 자체 인공지능 프레임워크를 가져야 한다. 따라서, 초기 비용과 후발 주자로서의 위치가 불리하다면 비슷한 위치의 업체들이 서로 연합 체제를 이루어 시장 진입에 성공한 뒤, 사업 영역을 점차 확대시켜 나가는 것도 방법이라 하겠다.

서비스 품질이 성패를 좌우한다.

세 번째로, 서비스 품질이 비즈니스의 성패를 좌우할 것이다. 인공지능 서비스는 보통 사용자의 편리함과 큐레이션 등에 초점을 맞추어 서비스되는데, 이를 통해 보통 사용자의 만족도나 수용도 측면에서 평가가 이루어지고 있다. 많은 기업이 자신만의 최적화된 알고리즘으로 비즈니스 경쟁에 참여하는데, 어떤 서비스는 대중에게 선택되고, 또 어떤 서비스는 대중에게 외면 받아 잊혀지기도 한다. 앞서 다루었던 내용에서도 인공지능의 알고리즘, 즉, 그 서비스 품질은 결국은 데이터의 질과 양의 문제고, 그 데이터를 통해 나온 인공지능 모델이 얼마나 서비스하는 고객에게 품질로서 평가 받느냐라고 할 수 있다.

인공지능 서비스 품질은 인공지능 서비스의 특성에 기반한다. 인공지능 서비스는 크게 두 가지로 우선 사용자가 개입하지 않고 기계가 스스로 환경을 인식하거나 사용자 특성을 파악하여 서비스를 제공하는 경우와 두번째로, 사용자와의 상호 소통 기반 하에 서비스를 제공하고, 최적의 선택사항을 추천하는 경우로 크게 나눌 수 있다. 우선 첫 번째 경우는 주로 자율주행차, 로봇 등 인간의 개입보다는 인공지능 자체가 주변 환경을 인식하고 그에 따른 적절한 대처를 하거나 적극적으로 행위에 나서는 것 등이 있을 것이다. 자율주행차의 경로 인식, 차량 상태 점검, 자율 주차 서비스 등을 예로 들 수 있다. 두 번째 경우는 주로 인공지능 챗봇 서비스, 금융, 법률 서비스 등 사용자의 관심사와 피드백을 통해 최적의 해답을 보여주는 것으로 볼 수 있다.

주요 인공지능 애즈 어 서비스 품질 평가 항목으로는 다음과 같은 내용들을 제안한다. 아래 부분은 단지 예시이므로 여기에

인공지능 애즈 어 서비스의 품질 평가 항목 (예시)

항목	특성
개인 맞춤화	– 사용자의 취향을 정확히 분석하고 환경에 맞는 서비스 추천 – 지속적인 모니터링, 사용자 로깅 필요
연결 통합	– 필요한 다른 정보나 서비스를 복합적으로 연결하고 제공 – 대시보드 등을 활용한 정보의 통합 제공
전문 정보	– 고객의 요구사항을 정확히 분석하여 전문적인 정보를 제공 – 주로 법률, 금융 상담 등 사용자의 전문성이 부족한 경우
편의성	– 사용자의 인터랙션 또는 프로세스를 간소화 시킴 – 환경에 따라 자율적인 수행이 가능하여 스스로 판단하여 제공
실시간성	– 때와 장소에 맞는 서비스를 지연없이 제공 – 고객 요구사항에 신속하게 대응
보안성	– 개인 정보 및 개인 선호 데이터 등의 보호 – 클라우드 보안 강화 (애플리케이션 인터페이스, 보안 등)

더욱 상세한 항목을 더하거나 서비스 특성에 따라 다른 내용을 넣을 수 있을 것이다.

특히, 클라우드에 있어 가장 중요한 품질 요소는 보안이다. 애플리케이션이 클라우드 플랫폼에서 공개된 애플리케이션 인터페이스(API)로 여러 비즈니스 서비스가 만들어지고 수행되는데, 클라우드 플랫폼 사용의 보편화로 수백 개의 애플리케이션 인터페이스가 신속하게 반복적으로 실행되고 있어, 늘어난 트래픽이 현 상태의 수동적인 제어나 보안 정책 수행을 더욱 어렵게 만들고 있다. 가트너(Gartner)는 1년 이내에 웹 지원 애플리케이션의 약 90%가 사용자 인터페이스를 통한 것보다 애플리케이션 인터페이스 취약점 공격에 더 많이 노출될 것으로 예상하고 있다. 또한, 기존처럼 사용자의 아이디와 패스워드를 통한 공격이 아닌 애플리케이션 인터페이스 보안의 결함으로 인한 실패 사례가 증가하고 있다고 보고 있다. 따라서, 무엇보다 인공지능 애즈 어 서비스의 성공적인 운영을 위해서는 이러한 보안 문제에 적극 대응하고 보안성 높은 애플리케이션 인터페이스 설계에 대한 투자가 필요하다.

이와 같이, 인공지능 애즈 어 서비스의 성공은 사용자 중심의 서비스 활용과 밀접한 관계가 있다. 인공지능 애즈 어 서비스 애플리케이션을 제공하는 업체는 무엇보다 사용자의 평가 모델을 명확히 세우고 문제점에 대한 피드백을 지속적으로 보완 개선해 나가야 하며, 여러 인구적, 환경적 요인 등과의 연관 관계 분석 등을 적극적으로 반영해야 할 것이다.

공유 지능은 4차 산업혁명의 핵심이다

지금까지 인공지능 애즈 어 서비스의 전반적인 정의부터 흐름, 미래의 모습까지 다루어 보았다. 인공지능 애즈 어 서비스는 인공지능이 제공하는 자동화, 최적화를 통한 효율화로 기존 산업의 생산성 개선과 신산업 창출이라는 목적으로 도입이 검토되고 있다. 그렇다면, 여기서 여러 기관과 기업에서 도입시에 고려할 사항은 어떤 것이 있을까? 간단히 4가지 정도로 요약해본다.

첫째로, 인공지능 기술 역량 확보 차원이다. 기업이 인공지능 서비스 사업을 하고 싶지만, 그에 따른 기술 역량 부족이 있어 당장 확보가 힘든 경우다. 그리고, 데이터 수집이나 전처리 등 데이터 엔지니어링과 관계된 부분에 있어서도 전문성이 요구되어 서비스 인공지능을 활용할 필요가 있다.

둘째로, 인공지능 플랫폼을 구축하는 데 있어 구축 및 운영 예산 확보가 어려운 경우다. 앞서도 살펴보았듯이 인공지능 플랫폼을 구축하기 위해서는 막대한 구축 운영 비용이 소요된다. 고성능 컴퓨터를 비롯하여 고가의 연산장치, 데이터를 위한 저장소 등 기본적인 인프라 비용이 많이 드는 경우다.

셋째로, 인공지능 관련 전문 인력 수급이 어려운 경우다. 최근에는 전문적으로 서비스에 맞는 학습 모델을 설계하는 데 있어 고급 인력의 연봉이 천정부지로 솟고 있다. 따라서, 기본적인 인프라나 프레임워크, 검증된 학습 모델 등을 바로 활용하여 서비스를 하는 것이 오히려 Just-in-Market으로 기회 비용을 줄일 수 있다.

넷째로, 인공지능 학습 모델의 작업시간이 확보되기 어려울 경우다. 인공지능의 학습 모델은 데이터만 있다고 바로 결과가 나오는 것이 아니다. 많은 시간을 들여 각 단계에서의 시행착오, 튜닝, 최적화 등의 많은 반복 작업이 요구된다. 따라서, 이미 학습된 결과를 활용하는 것이 기업의 측면에서는 유리할 수 있다.

이와 같이 인공지능 애즈 어 서비스는 비즈니스 관점에서 기업에게 매력적으로 다가설 수 있는 신선한 방식이다. 비즈니스의 전개 방식이 분업화와 전문화라는 전통적인 방식에서 점차 연결과 참여 그리고 디지털이라는 방식으로 패러다임 변화가 일어나고 있고 그에 따른 기업의 수익 구현 방식도 많이 바뀌고 있는 상황이다. 이제는 디지털 트랜스포메이션과 인공지능 없이 사업을 한다는 건 장래의 사업을 하지 않겠다는 것과 같은 의미로 다가서고 있다. 따라서, 이러한 새로운 변화에 적응하기 위해 애즈 어 서비스 비즈니스 모델은 감히 필수적이라고 할 수 있을 것이다.

물론, 클라우드라는 인프라와 플랫폼은 보안 문제 등에서 여전히 자유롭지는 않다. 그리고, 기업의 자산이 다른 기업의 클라우드 안에 묶여 있다는 것도 부담이 될 것이다. 하지만, 점차 보안 문제는 보안용 인공지능을 통해 점차 하나씩 해소해나갈 수 있을 것이라 생각한다. 또한, 기업의 핵심 자산에 대해서도 클라우드가 아닌 독립적인 시스템에 별도로 구축한다거나 또는 프라이빗뱅킹의 개념처럼 철저한 보안과 개인화로 높은 지불 가치를 부여하며 새로운 시장을 형성해나갈 수도 있을 것으로 보인다. 이러한 문제들은 애즈 어 서비스 비즈니스를 시도할 때 반드시 고민하고 결정짓고 나가야 할 사안이다.

인공지능 애즈 어 서비스는 4차 산업혁명 시대에 향후 비즈니스 서비스의 가장 중심에 서게 될 애즈 어 서비스이다. 단순히, 인공지능을 제공하는 데 그치지 않고, 여러 분야에 기반 서비스로 제공될 것이다. 따라서, 기반이 되는 서비스로 이해하고, 여러 분야에 적극적으로 활용된다면 그 분야에서의 서비스의 가치는 더욱 높아질 것으로 확신한다.

6장

현실 확장의 신세계:
XR 애즈 어 서비스

박영충 | 현 한국전자기술연구원 수석연구원, VR/AR연구센터 센터장

세종대학교에서 전산과학, 동 대학원에서 컴퓨터공학 석사와 박사를 취득했으며, 한국전자기술연구원에서 20년간 재직하면서 홈네트워크, 유비쿼터스컴퓨팅, 감성인지, VR/AR 관련 연구개발을 하였다. 현재는 XR, 디지털트윈, 메타버스 관련 연구개발 및 기획을 하고 있다.

#2030 상상하기 : XR 애즈 어 서비스

#장면 1 (가상학습)

피아노를 배우고 싶은 P군은 바쁜 업무로 피아노학원을 갈 수가 없다. 증강현실 메타버스 세계에서는 가상의 피아노 선생님으로부터 체계적인 피아노 교습을 받을 수 있다. XR기기를 착용하고 피아노 앞에 앉으면, 세계적인 실력을 갖춘 가상 피아노 선생님이 P군 옆에 나타난다. 인공지능 클라우드 시스템이 P군의 데이터를 분석하여 P군의 피아노 실력에 맞는 맞춤형 레슨을 시작한다. 가상 피아노 선생님은 P군과 자연스럽게 대화하며 즐겁게 피아노 레슨을 진행한다.

#장면 2 (가상스포츠)

K군은 스포츠를 엄청나게 좋아한다. 특히 축구에 있어서는 거의 광적인 수준이다. 오늘은 K군이 좋아하는 팀인 토트넘이 경기를 하는 날이다. K군은 해외에 있는 친구들과 토트넘의 경기를 즐기기 위해 XR기기를 착용하고 미국과 중국에

있는 친구들을 원격에서 불렀다. 세 친구는 K군의 거실에 앉아 미러월드 메타버스 세계에 구현된 축구경기를 즐기고 있다. 현지에서 실제 진행되는 경기를 실시간으로 가상환경으로 재현해 세계적인 선수들의 플레이를 바로 눈앞에서 볼 수 있다. 여기에 선수들의 오늘의 컨디션과 과거의 기록, 그리고 이를 통해 예측되는 플레이를 보여줌으로써 경기에 한층 더 몰입하게 해준다. K군은 거실에 혼자 있지만 멀리 원격에 있는 친구들과 함께 세계적인 플레이어들과 함께 뛰는 것 같은 흥분감을 감출 수 없다.

#장면 3 (가상업무)

연구원인 L군은 글로벌 연구원들과 함께 미래차 개발 프로젝트를 진행하고 있다. 오늘은 프로젝트의 통합테스트가 있는 날이다. 연구원들이 전 세계에 흩어져 있다 보니 오늘 통합 테스트는 증강현실 메타버스 테스트 룸에서 진행한다. 전장, 엔진, 수소전지 등 각자가 개발한 모듈을 가져와 통합하여 전체 디자인을 확인한다. 그리고 미래차의 구동, 안전, 주행능력 등을 통해 완성도를 증강현실 메타버스 테스트 룸에서 함께 확인한다. 이 안에서는 언어가 달라도 상관없다. 인공지능 통역시스템이 있기 때문이다. 또한 인공지능 시뮬레이션 시스템을 갖추고 있어 다양한 테스트를 가상환경에서 할 수 있다.

#장면 4 (가상커뮤니티)

오늘은 M군의 생일. M군은 전 세계의 많은 친구들과 개인적으로 업무적으로 교류하고 있다. M군의 생일을 맞이하여 전 세계의 친구들이 M군의 생일을 축하하기 위해 가상현실 메타버스 공간에 들어왔다. 가상의 초에 불을 켜고, 가상의 케이크를 가상의 나이프로 즐겁게 잘라 놓는다. 그리고 가상의 잔을 들어 친구들 모두가 M군의 생일축하를 위한 건배를 시도한다. 시각뿐만 아니라 청각, 촉각, 후각, 미각까지도 원격에 있는 친구들과 공유할 수 있는, 초감각의 공유가 가능한 가상현실 메타버스 공간이 만들어내는 모습이다.

#장면 5 (가상기억)

우리가 살아온 모든 일상은 라이프로깅을 통해 개인 클라우드 시스템에 저장되어 있다. 세세한 개인의 일상뿐 아니라 각 상황에서 발생했던 영상, 말, 주변의 소리, 심지어 그때 느꼈던 개인의 감정까지도 라이프로깅을 통해 모두 저장된

다. 우리는 이것을 기억 저장소라고 부른다. 우리는 기억 저장소를 통해 나와 관계된 모든 사람들의 기억과 그들과 가졌던 추억을 공유한다. 때로는 가상환경 메타버스 공간에서 시간여행을 통해 그리웠던 사람들과 만나서 실제 만난 것처럼 대화하고, 때로는 선조들의 삶을 재현한 과거의 시간으로 들어가 그들과 대화하며 그들이 살았던 삶을 체험할 수도 있다. 이러한 모든 것을 가상현실 메타버스가 기억저장소로부터 우리의 기억들을 소환하여 우리에게 재현해준다.

이 모든 것들이 XR as a Service를 받으며 살아가는 일상의 사례다. 너무 상상의 나래를 펼친 거 아니야?, 정말 저런 서비스가 가능하겠어? 또는 정말 된다면 너무 좋겠다! 등 다양한 생각이 들 수 있겠지만, 이 모든 것이 일부는 이미 실현되었고, 미래에는 이보다 더 놀라운 것도 실현될 수 있다는 게 우리들의 전망이다.

일반적인 메타버스로 구분되는 증강현실, 가상현실, 라이프로깅, 미러월드를 시나리오를 통해 제시해보았다. 이 중에는 곧 우리에게 다가올 내용도 있고, 현실화되기에는 시간이 필요한 내용도 있을 것이다. 다만 시간의 문제이지 이러한 미래는 어느 순간 우리 앞에 다가와 있을 것이다. 현실과 가상의 경계가 없는 세상. 이것이 XR 애즈 어 서비스(XR as a Service)가 추구하는 세상이다.

1.
XR 애즈 어 서비스란
무엇인가?

2014년 페이스북이 오큘러스를 23억 달러에 인수하면서, 가상현실 산업은 비약적인 성장을 거듭하고 있다. 가상현실은 4차산업혁명과 5G, 현재는 6G를 거치면서 우리에게 새로운 경험을 제공해주는 킬러 어플리케이션으로 대두되고 있다. XR 애즈 어 서비스는 코로나19로 파생된 비대면 사회의 핵심 솔루션으로서 가상융합 경제를 이끄는 서비스 플랫폼으로 새로운 미래가치를 만들어나가고 있다.

코로나19는 대면과 비대면이 공존할 수밖에 없는 미래의 일상을 제시하였고, 이에 따라 우리의 일상생활의 디지털 전환은 필수 불가결한 요소로 인식되고 있다. 이러한 측면에서 XR 애즈 어 서비스는 핵심 솔루션으로 부상하고 있으며, 기존의 게임, 전시체험 등의 정적인 역할에서 소통, 교육, 산업, 문화, 생활 등 인간이 세상을 살아가는 데 필요한 모든 영역에서 능동적 역할을 요구받고 있다.

VR, AR, XR

VR

Digital environments
that shut out the real world.

AR

Digital content on top
of your real world.

Digital content interacts
with your real world.

가상현실(VR)	증강현실(AR)	확장현실(MR/XR)

XR은 무엇인가?

앞서 언급한 XR 애즈 어 서비스의 근간을 이루는 기술이 바로 XR이다. 그럼 XR은 무엇일까? 흔히 확장현실(Extended Reality)이라고도 번역되는 XR은 실제 환경 안에 디지털 콘텐츠를 적용하여, 실제 사물과 자연스러운 상호작용이 가능한 세계를 구현하는 것을 말하며, 우리가 알고 있는 모든 형태의 가상현실을 망라한, 가상현실의 확장된 개념이다. 다시 말해 가상현실과 증강현실 그리고 이것을 혼합한 혼합현실 등을 아우르는 초실감 기술이라고 할 수 있다. 특히 XR은 가상환경의 시각적 고도화를 통한 사용자 몰입을 극대화하고, 현실공간을 가상공간과 연계하고 확장함으로써 현실공간의 물리적 제약을 해소할 뿐만 아니라 현실세계와 가상세계 간의 강화된 상호작용을 통해 가상과 현실의 연결과 융합을 제공하는 것이 주요 특징이라고 할 수 있다.

물론 기존의 가상현실과 증강현실도 이러한 특성을 가지고는 있지만 기존의 가상현실과 증강현실이 시각적 요소에 초점이 맞추어져 있었다고 한다면 XR은 시각적 특성을 넘어서 가상세계와 현실세계의 실제와 같은 자연스러운 상호작용을 통한 사실감과 현장감 제공에 초점이 맞추어져 있다고 할 수 있다.

상호작용 방법에 있어서도 접촉과 비접촉 컨트롤러의 적극적 사용을 통해 가상공간 안의 디지털 콘텐츠를 자유롭게 생성하고 조작하며, 가상공간 안의 디지털 콘텐츠에 실제와 같은 물리적 작용을 적용함으로써 보다 사실감 있는 가상공간을 연출할 수 있다. 특히 시각, 청각, 촉각, 후각, 미각과 같은 인간이 가지고 있는 오감 즉, 감각적 요소를 생성, 전달, 그리고 공유함으로써 가상공간 안에서 현실과 같은 소통을 제공하는 것이 XR의 중요한 요소라고 할 수 있다.

XR의 선두주자라고 할 수 있는 마이크로소프트는 미래형 디지털 헤드셋 장치인 홀로렌즈를 통해 XR 분야를 선도하고 있다. 마이크로소프트는 최근 '이그나이트(Ignite) 2021' 컨퍼런스에서 디지털 협업플랫폼인 'MS 메시(Microsoft Mesh)'를 공개하면서, 메시와 홀로렌즈2를 결합한 3D 디지털 공간과 콘텐츠를 시연했다. 홀로렌즈2는 스마트폰과 PC같은 외부 컴퓨팅 기기와 연결하지

마이크로소프트 매시(Microsoft Mesh)

않고도 독립적으로 XR 경험을 제공할 수 있는 현존하는 최고의 디바이스라고 할 수 있다.

또한 드라마이긴 하지만 2018년 12월에 방영된 〈알함브라 궁전의 추억〉을 그 예시로 들 수 있다. 방영 당시에는 XR이라는 용어보다는 증강현실이라는 용어가 일반적으로 통용되던 시절이라 방송에서도 증강현실로 소개되었던 것으로 기억한다. 그러나 실제 방영된 내용으로 볼 때, 드라마에서 제시되고 있는 시각적 이미지와 상호작용은 현재 시점으로 보아도 XR을 훨씬 뛰어넘는 설정을 보여주고 있다. 이런 게임이라면 누구나 한번쯤은 빠져보고 싶지 않을까?

좀 더 주목해볼 만한 것은 이런 환상적인 경험을 가능하게 해

알함브라 궁전의 추억(2018~2019), tvN

주는 XR기기로 드라마에서는 콘택트렌즈를 사용하고 있다는 것이다. 현재 가상현실과 증강현실에서 사용되는 기기와는 차별화된 혁신적인 기기라고 할 수 있으며, 아마도 이런 기기를 사용할 수 있게 된다면 지금까지 가상현실과 증강현실의 확산에 가장 걸림돌이었던 기기 사용의 불편함을 해소할 수 있어 비즈니스로의 확장에 혁신적인 길이 열릴 것이다. 실제로 지금도 새로운 형태의 XR기기에 대한 연구가 진행되고 있다. 현재는 선글라스 형태의 XR기기가 점차 출시되고 있으며, 향후에는 드라마에서처럼 콘택트렌즈 형태의 XR기기들도 출시될 것으로 생각된다. 그것도 그리 멀지 않은 미래에.

이렇듯 XR은 현실세계와 가상세계 간 강력한 상호작용을 제

마이크로소프트 홀로렌즈2 산업현장 적용 예시

공해줌으로써 지금까지 우리가 경험했던 것과는 차원이 다른 새로운 경험을 제공하고 있다. 비단 게임뿐만 아니라 제조, 의료, 유통, 문화 등 전 산업영역에 적용되어 가고 있으며, 아날로그 환경에서는 경험할 수 없었던 편리함과 즐거움을 우리에게 제공하고 있다. 산업현장에서는 놀라울 정도로 높은 생산효율과 최소화된 휴먼에러(부적절하거나 원치 않는 인간의 결정이나 행동으로 일어나는 사고)를 제공함으로써 작업역량을 진일보시키는 도구로 활용되고 있다. 비록 지금까지는 게임이나 산업현장과 같은 특정영역에서 XR이 제공해주는 새로운 경험과 효과를 체험해왔으나, 코로나19로 인한 비대면 사회는 XR을 일상생활로 이끌고 있다. 교육과 화상회의 그리고 업무 영역을 시작으로 전반적인 일상의 소통을 위한 도구로 진화하면서 XR 애즈 어 서비스의 서막을 열었다고 할 수 있다.

XR 애즈 어 서비스란 무엇인가?

XR은 앞서 이야기하였듯이 우리에게 지속적으로 새로운 경험을 제공하고 있으며, 제조, 의료, 시뮬레이션, 게임 등 특정 영역에서 그 효과성을 입증해왔다. 그러나 XR기기(HMD, AR글래스 등)에 대한 의존도가 높다는 특수성으로 인해 효과에 비해 그 가치를 인정받지 못했고, 또한 가상현실하면 떠오르는 게임의 이미지와 함께 XR이 MZ세대만의 전유물로 인식되어 기대했던 만큼의 시장 확대는 일어나지 않았다.

그러나 최근 코로나19가 장기화되면서 그동안 대면을 중심으로 이루어졌던 우리들 일상생활이 한계에 직면하면서 이를 극복하기 위한 솔루션으로 XR이 그 대안으로 부상하기 시작했다. 비대면 환경에서도 현실에 가까운 경험을 제공함으로써 가상환경에서 일상의 회복이라는 가치를 우리에게 제공할 수 있는 서비스, 이것이 XR 애즈 어 서비스가 필요하고 각광받는 이유다.

XR 애즈 어 서비스는 서비스로서의 XR 또는 서비스로의 가상현실들을 말한다. 가상현실이 일상생활과 만나 우리에게 경험 그 이상의 가치를 제공하는 서비스를 XR 애즈 어 서비스라고 말할 수 있다. XR이 특정 영역이나 상황의 해결을 위한 솔루션을 제공하였다면, XR 애즈 어 서비스는 우리의 일상의 여정에서 접하게 되는 다양한 문제들을 XR기술에서 제공하는 새로운 경험을 통해 해결하고, 이를 통해 발생 가능한 사회적이고 경제적인 그리고 문화적 가치를 제공하는 서비스 플랫폼이라는 데 의미를 가진다고 할 수 있다.

우리가 이미 알고 있는 대표적인 애즈 어 서비스인 IaaS(Infra-as-a-Service), PaaS(Platform-as-a-Service), SaaS(Software-as-a-Service)가 실제 환경에서 다양한 서비스 제공을 위해 클라우드와 연계한 서비스를 제공하는 형태였다면, XR as a Service는 가상의 영역 안에 사용자가 직접 자신만의 공간을 만들고 소통의 주체, 즉 공급과 수요의 주체가 된다는 점에서 기존의 시스템과 차별화된다고 볼 수 있다. 이러한 차별화를 통해 획일화된 서비스가 아닌 가상의 환경에서 다양성과 창의성을 겸비한 서비스 제공이 가능해진다.

XR은 우리에게 현실에 가까운 다양한 경험을 가상세계를 통해 제공하며, 이를 통해 우리는 이전에 할 수 없었던 놀랍고 새로운 경험을 하고 있다. 이제 사용자들은 이러한 새로운 경험 그 이상의 가치를 원하고 있다. 20~40대에 이르는 MZ세대들은 이미 가상현실이 주는 편리함과 경제적 가치를 체험적으로 알고 있으며 소셜 미디어, 유튜브 그리고 최근에는 가상화폐 등에 얼마나 우리 젊은 세대들이 열광하고 있는지 우리 모두 알고 있다. MZ세대들은 생활, 소통, 경제활동 등 인간의 모든 활동이 디지털 도구를 통해 가능하다는 것을 알고 있고, 디지털 도구가 얼마나 편리한지를 알며, 이것 없이는 세상을 살아갈 수 없다고 인지하고 있다. 이들이 가까운 미래 세상의 주류를 이룰 것이며, 이로 인해 지금의 디지털 경험이 세상의 기반을 형성할 것이다.

비대면 사회의 도래는 XR 애즈 어 서비스에게는 엄청난 기회를 제공하였다. 그것은 인식의 전환이다. 기존에는 신기하고, 재밌는 체험도구에 머물렀던 가상현실이 지금은 우리의 일상에서 없어서는 안 될 중요한 생활도구로 인식되어지고 있다. 이로 인해 가상현실로 무엇을 할 수 있는지에 대한 적극적인 고민이 시작되었다.

코로나19 초기에 대면 업무가 불가능하게 되자 우리들은 화상회의 솔루션을 활용하게 되었다. 그때만 해도 화상회의에 불편을 호소했던 우리들이 지금은 화상회의를 우리 업무의 중요한 도구로 인식하게 되었으며, 오른쪽 위 그림의 스페이셜과 같이 단순한 회의 도구 그 이상인 협업플랫폼의 제공까지 요구하고 있다. 이렇듯 비대면 사회가 우리를 XR 애즈 어 서비스 세계로 인도하는 촉매제 역할을 하였으며, 가상현실이 우리의 일상생활을 가능하게 해주는 필수적인 도구라는 인식의 전환을 제공하였다.

특히, 사회적 거리두기로 인해 업무와 소통이 어려운 환경의 해결을 위해 가상협업플랫폼이 등장하고 있으며, 이는 전형적인 XR 애즈 어 서비스로 회의, 재택근무 등 업무 및 생활영역에서의 소통을 위한 솔루션으로 인식되고 있다. 대표적인 사례로 페이스북은 2020년 9월 17일에 열린 '페이스북 커넥트 컨퍼런스' 이벤

협업플랫폼 스페이셜

페이스북 인피니티 오피스

트에서 '오큘러스퀘스트2'를 활용한 가상현실 사무 공간 '인피니
티 오피스'를 공개했다. 우리는 일상생활에서 PC나 스마트폰 같
은 컴퓨팅 장치를 통해 업무를 비롯해 많은 일들을 처리하고 있

다. 페이스북은 이러한 모든 것들을 오큘러스퀘스트2 같은 가상현실 헤드셋만으로 처리가 가능하게 하여 미래 업무 및 커뮤니티를 이끌어갈 대표적인 솔루션으로 제시하였다. 항상 PC가 있는 곳에서 업무를 처리해야 했던 공간의 제약이 사라지면, 생산성과 유연성을 높일 수 있는 미래 작업환경이 생겨난다. 아직은 오큘러스퀘스트2의 성능이 기존의 PC 작업환경을 완전히 대체할 만큼 가상현실 콘텐츠의 재현 및 상호작용 측면에서 완전한 수준이라 할 수 없지만, 그래도 비대면 사회에 대응할 수 있는 미래 작업환경의 시작을 알렸다는 데 큰 의미가 있다. 이 분야는 페이스북 이외에 마이크로소프트, 애플, 삼성 등 글로벌 기업의 관심이 큰 영역으로 치열한 경쟁 속에 향후 지속적인 업데이트가 이루어질 것이다.

일상의 디지털 전환으로 만들어질 미래의 비대면 사회는 일시적인 현상이 아닌 대면과 함께 공존하는 지속적인 현상으로 생각해야 하며, 이를 뒷받침하는 솔루션들이 우리의 일상에서 점차 확대되어질 것이다. 사람들과 직접 만나지 않아도 직접 만난 것과 같이 소통하며, 코로나19와 같은 전 세계적 팬데믹 상황에서도 아무 문제없이 일상생활을 영위할 수 있는 세상. 이것이 XR 애즈 어 서비스가 보여줄 미래이며, 앞으로 우리가 맞이할 세상이다.

2.
XR 애즈 어 서비스의
전개 방향

XR 애즈 어 서비스의 3요소: 시각화, 상호작용, 현실의 대체

XR 애즈 어 서비스를 현실화하기 위해서는 다음의 3가지 기술 요소가 필요하다. 가상의 세계를 현실처럼 보여줄 수 있는 고도의 ①시각화 기술, 현실의 사용자가 가상의 다양한 객체들과 자유자재로 교감할 수 있는 ②상호작용 기술, 마지막으로 현실세계와 가상세계 간의 공간 상호작용을 통해 가상세계가 분리된 공간이 아닌 현실세계의 확장된 공간으로서 현실을 대체하게 하는 ③ 대체현실 기술을 통해 XR 애즈 어 서비스는 경험 그 이상의 가치를 우리에게 제공할 수 있다.

먼저 '시각화'에서는 우리에게 너무 친숙한 용어인 가상현실, 증강현실 그리고 혼합현실을 이야기할 수 있다. 이들 기술은 시각화에 초점을 맞춰 사용자에게 극강의 리얼리티(Reality)를 제공하며, 고도의 시각화를 통해 고수준의 몰입감을 제공하는 데 중점을 둔 기술이라고 할 수 있다.

시각화는 HMD, AR글래스 등과 같은 XR기기에 크게 의존한다. 가상·증강현실의 특성상 가상의 디지털 콘텐츠를 보기 위해서는 디스플레이 역할을 하는 XR기기가 필수적이며, 이런 이유로 XR기기가 전 세계 가상·증강현실 시장을 이끌고 있다 해도 과언이 아니다. 페이스북 역시 미래 소셜 커뮤니티 시장을 장악하기 위해서는 오큘러스의 인수를 통한 XR기기의 확보가 필요했으며, 이 외에도 MS, 애플, 삼성 등과 같은 글로벌 기업들도 앞 다투어 XR기기 선점을 위한 투자에 전력을 다하고 있다.

그런데 이 XR기기는 다른 한편으로는 발전을 가로막는 걸림돌이기도 했다. 가상현실이 한동안 체험 수준에만 머물렀던 가장 큰 이유 중 하나는 이동성의 부재였다. 가상현실 기기인 HMD가 근본적으로 앞을 볼 수 없는 클로우즈드 기기(Closed Device)였기 때문이다. 그러나 최근 페이스북의 오큘러스퀘스트2에서 광각 카메라를 장착한 비디오형 씨쓰루 HMD(See-through HMD) 출시를 통해 일정 공간에서의 사용자의 이동성을 확보하면서 가상현실 영역에서의 새로운 경험을 제공하고 있다.

마이크로소프트가 MWC2019에서 공개한 대표적인 XR기기인 홀로렌즈2도 앞을 볼 수 있는 씨쓰루형 기기다. 특히 PC나 스마트폰 없이도 자체적으로 컴퓨팅 기능을 가진 대표적인 독립형 기기로서 해상도에 있어서도 2K이상을 지원한다. 특히 XR기기의 최대 약점이었던 좁은 시야각(FOV, Field of View)을 개선하여 기존 홀로렌즈1의 시야각인 수평 30°, 수직 17.5°, 화면비율 16:9을 수평 43°, 수직 29°에 화면비율 3:2로 크게 확장시켰다. 이는 대각선으로 측정했을 때 52°의 확대보기가 가능한 수준이며, 시야

(좌)페이스북 오큘러스퀘스트2, (우)마이크로소프트 홀로렌즈 2

각 역시 홀로렌즈1에 비해 2.4배로 커졌다. 인간의 한쪽 눈의 시야각이 60°이고 양안이 120°정도여서 향후 XR기기에서는 90° 이상의 시야각 확보를 위한 지속적인 기술개발이 이루어질 것으로 생각된다.

이 외에도 애플과 삼성전자에서도 AR글래스를 출시할 것으로 예상되고 있다. 삼성전자는 최근 2편의 공개 영상에서 AR글래스를 통해 제공되는 서비스를 제시한 컨셉 영상을 선보였다. 갤럭시워치와 연동하여 AR 자동차 경주 게임, 동영상 시청, AR오피스, 홀로 콜(Holo Call) 등 다양한 형태의 AR 서비스를 공개했다.

이러한 XR기기들은 PC와는 달리 사람이 착용하여야 하는 웨어러블 기기의 특성상 착용에 부담을 주지 않을 정도로 가볍고, 디자인적으로 팬시한 형태로 제작될 필요가 있다. 이러한 요구사항으로 인해 XR기기들은 가상·증강현실을 재현하는 데 최적화된 스냅드래곤(Snapdragon) XR1/2, 엑시노스 등과 같은 어플리케이션 프로세서(AP, Application Processor)를 사용함으로써 하드웨어적으로

(좌)애플 AR글래스, (우)삼성 AR글래스

더 소형화되고, 팬시하면서도, PC에 버금가는 컴퓨팅파워를 제공하도록 진화하고 있다. 대표적인 XR기기인 오큘러스퀘스트2는 퀄컴 스냅드래곤 XR2를 사용하고 있으며, 홀로렌즈2는 퀄컴 스냅드래곤 850 플랫폼을 채택하고 있다. 소프트웨어적으로도 지금의 스마트폰에서 제공하는 기능을 넘어선 다양한 서비스를 제공하게 되어 XR기기들은 가까운 미래에 지금까지 우리와 가장 가까운 곳에서 우리의 일상을 지원했던 스마트폰과 PC, 노트북 등을 대체할 새로운 기기로 진화할 것이다.

두 번째로는 가상과 현실의 '상호작용'이다. 앞서 이야기한 바와 같이 상호작용은 XR의 가장 핵심적인 특징이라고 할 수 있으며, 앞으로 지속적인 기술개발을 통해 해결해야 하는 숙제이기도 하다. 가상공간 안에서 디지털 콘텐츠를 효과적이고 자연스럽게 제어하고 조작하기 위해서 많은 연구가 이루어졌으나, 지금까지도 복잡한 컨트롤러의 조작으로 인해 사용자와 콘텐츠 간의 원활환 상호작용이 어려운 실정이다. 이로 인해 시각적으로는 대단히 몰입감을 주는 고화질의 콘텐츠를 제공했음에도 불구하고 사실감과 현장감이 기대에 못 미치는 경우가 상당수이고, 사용자의 경험 수준에도 악영향을 끼친다.

이러한 부분의 해결을 위해 XR기기 업체들은 제스처나 음성, 손 작용 스틱형 컨트롤러 등 다양한 형태의 기기를 개발하고 적극적으로 출시하고 있다. 테슬라수트, 사이버슈즈, 쿨소 등이 대표적인 기업으로 새로운 형태의 컨트롤러를 선보이고 있으나, 아직은 아이디어를 구현해보는 수준이어서 현실화하기 위해서는 다소 기술적으로 부족한 상황이다. 현실에 적극적으로 적용되기에는 많은 시간이 필요하다. 아마도 자연스러운 상호작용이 가능한 범용의 인터페이스를 개발한다면 향후 XR 시장의 혁신을 가져올 수 있지 않을까 생각된다.

최근 페이스북에서는 핸드트래킹 기술과 핸드스캐닝 기술을 선보였다. 핸드트래킹 기술은 실제 손의 움직임을 재현하는 기술이며, 반대로 핸드스캐닝 기술은 실제 손의 움직임을 그대로 인식하고 추적하는 기술이다. 이 두 기술을 접목하여 특별한 컨트롤러를 사용하지 않고 오직 손으로만 가상환경 속 디지털 콘텐츠를 제어하고 조작할 수 있는 기술을 선보인 것이다.

종래에도 이러한 비접촉식 컨트롤러에 관해 많은 시도가 있었다. 하지만 미리 정해진 패턴만을 인식하는 형태여서 완전한 비접촉식 컨트롤러라고 보기는 힘들었고, 정확도나 자연스러움에 있어서도 기술적으로 매우 부족했다고 볼 수 있다.

(좌)페이스북 핸드스캐닝기술, (우)페이스북 핸드트래킹기술

그러나 페이스북에서 선보인 기술은 미리 정해진 패턴이 아닌 각각의 손가락의 움직임을 추적하고 스캔하여, 손을 겹치거나 물체를 만지거나 손가락이 복잡하게 엉킬 때도 정확하게 추적할 수 있는 알고리즘을 개발한 것으로 알려졌다. 아직은 실험적 수준이라 스캔하는 데 상당한 시간이 걸리는 것으로 알려져 있으나 컨트롤러 없이 단지 영상 추적 기술만으로 가상환경에서 디지털 콘텐츠의 자연스러운 조작이 가능해진다면, 이것이야말로 XR 시장을 선도할 수 있는 혁신적인 기술이라 할 수 있다.

이외에도 대표적인 촉각 상호작용 기술(햅틱, Haptic)을 개발하는 테슬라수트가 진행 중인 전신 수트는 자켓과 바지를 통해 사용자의 움직임을 추적하고 심박수 등 생체 데이터를 측정하여 사용자의 건강상태를 모니터링하며, 장갑 형태의 햅틱 기기나 테슬라수트 글로브로 손동작 추적, 생체 데이터 측정, 햅틱 피드백뿐만 아니라 힘 피드백을 제공하여 사용자에게 가상 물체에 대한 감각까지 전달함으로써 섬세한 제어와 조작이 가능하도록 개발

팔 근육 신호로 가상의 손을 추적하는 EMG

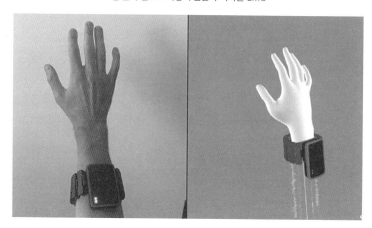

하였다.

또한 팔뚝에 찬 웨어러블 팔찌로 수신한 신경 신호에 따라 손의 움직임을 감지한다. 손의 움직임을 인지하여 가상의 손을 조작하는 것이 아니라, 각 근육을 움직이는 신경 데이터를 통해 손가락을 독립적으로 제어한다. 이런 특징 때문에 여러 이유로 손이 없는 피실험자가 팔뚝에 이 장치를 찬 뒤 가상의 손을 조작할 수 있어 더 많은 사람들이 AR기술의 혜택을 이용할 수 있다.

이와 같이 인간의 오감 중에 시각이 80%를 차지하는 것은 사실이지만, 시각적 특성만으로는 현실적인 상호작용에 있어 부족하며 청각, 촉각, 후각, 미각 등 다감각적 상호작용을 통해야만 가상환경에서 현실적이고 사실적인 상호작용을 만들어낼 수 있다.

영화 매트릭스, (좌)훈련시뮬레이터, (우)무기고

그리고 마지막으로는 '현실의 대체'인 '대체 현실'이다. 이것
은 먼 미래에나 가능한 궁극의 가상현실이라고 할 수 있다. 영화
〈매트릭스〉를 떠올려도 괜찮을 것 같다. 영화 〈매트릭스〉는 기계
들이 인간을 사육하여 자신들에게 필요한 에너지를 얻기 위해 매
트릭스를 만들었다는 비극적인 설정이지만, 〈매트릭스〉에서 표
현되는 가상세계는 그야말로 가상현실이 꿈꿀 수 있는 궁극의 가
상세계라고 할 수 있다.

대체 현실은 사람의 인지과정을 왜곡시켜 가상세계에서의 경
험을 사용자가 실제인 것처럼 인식하게 하여 가상을 현실처럼 느
끼게 하는 것을 말한다. 이것만 보면 마치 꿈만 같은 세상을 보는
것 같다. 정말 이런 세상이 가능하긴 한 걸까.

코로나19로 인해 나타난 비대면 사회는 이런 꿈만 같은 세상
에 대한 가능성을 제시하고 있다. 팬데믹 초기에 우리는 우리의
삶이 대면에서 비대면으로 잠시 동안만 이동할 것이라 생각했다.
예를 들자면, 간단한 화상회의나 온라인 교육 정도로만 일시적으

로 일어나는 현상을 대처하려고 했다. 그러나 코로나19가 장기화되고, 향후 지속적으로 이러한 비대면 상황이 속출할 것으로 예상되자, 우리는 비대면 이슈가 일시적인 현상이 아니라 앞으로 우리 사회와 경제를 이끌어갈 중요한 매개체라는 점을 인식하게 되었고, 이로 인해 일상의 디지털 전환이라는 화두에 대처할 만한 솔루션이 필요하게 되었다.

따라서 일상의 디지털 전환을 통해 우리는 대면과 비대면 환경이 조화롭게 어울리며, 비대면 환경에서도 대면과 같은 서비스를 받을 수 있는 세상을 요구하고 있다. 바로 이것이 우리가 꿈만 같은 세상이라고 이야기하는 대체현실의 실현 가능성에 대한 작은 실마리가 아닐까 생각한다. 이런 의미에서 현실의 대체, 대체현실은 이미 시작되었다고 해도 과언이 아니다. 현재의 우리는 비대면 환경에서 대면에서와 같은 일상의 서비스를 제공받기를 원하고 있으며, 이러한 서비스 제공을 위해 다양한 첨단기술을 활용하여 더욱더 진화된 비대면 솔루션이 나타날 것이다. 이러한 솔루션의 일환이 바로 메타버스라고 할 수 있다.

페이스북은 오래전부터 가상현실과 소셜 네트워크 서비스(SNS, Social Network Service)를 접목하여 자체적으로 소셜VR 세계를 만들어왔고, 그 세계는 끊임없이 진화하고 있다. 그것이 메타버스이고, 가상 캐릭터와 인간과의 연결성 측면에서 보자면 오히려 진화된 메타버스라고도 할 수 있다.

페이스북, 호라이즌(Horizon) 소셜VR

XR 애즈 어 서비스의 미래, 메타버스로 확장되는 새로운 세상

메타버스는 '초월, 그 이상'을 뜻하는 그리스어 메타(Meta)와 '세상 또는 우주'를 뜻하는 유니버스(Universe)의 합성어로서, 현실을 넘어선 또는 현실과 소통하는 가상의 세계를 말하며, XR로 형상화된 디지털세상을 의미한다. 가상과 현실이 상호작용하여 공진화하고 그 속에서 개인 일상의 사회·경제·문화 활동을 통해 가치를 만들어내는 디지털화된 세상, 이것이 메타버스다.

현재의 메타버스는 게임 부분에 특화되어 있다. 아직 완전한 메타버스의 구현을 위한 기술적 한계가 존재하고, 서비스 형태로서 사용자에게 다가가기에는 게임이 가장 적절한 형태라고 생각된다. 기존의 게임이 각 단계별로 제시되는 문제를 유저가 해결하는 방식을 채택하고, 게임 공간에서 다른 유저들과의 경쟁을 통한 즐거움에 서비스 가치를 두었다면, 메타버스 게임 플랫폼은 게임뿐만 아니라 메타버스 공간 안에서 사용자 상호 간에 서로 소통하고 경험을 공유하는 '장'이라는 방식을 채택하여 경험의 공유와 소통을 통한 상호교감에 서비스의 가치를 두고 있다. 가상환경에서의 소통과 공유는 그동안 MZ세대만의 특화된 소통의 도구로 인식되어 왔으나, 코로나19로 인한 비대면 상황에 직면하면서 점차 일반화되고 있으며, 지금은 이러한 경험에 친숙하지 않았던 다른 세대들에게로 전파되면서 범용화되는 추세를 보이고 있다. 이러한 측면에서 코로나19로 인해 발생한 비대면 생활이 메타버스의 확산을 견인하고 있다고 볼 수 있다.

2020년 3월 출시된 후 누적 판매량 3,000만 개를 넘은 '모여봐요 동물의 숲'을 비롯해 전 세계 누적 판매량 2억 장의 마인크래프트, 월간 활성 이용자 수 1억 5,000만 명의 로블록스 등 다양한 메타버스 플랫폼에서 사람들이 모이고 활동하고 소통하고 있다. 제페토의 경우에는, 현재 가입자 수가 2억 명이 넘고, 6만 명의 크리에이터가 제페토 스튜디오를 통해 아이템을 제작하고 판매하고 있다. 또한 기업에서는 회의, 면접, 홍보용으로 메타버스를 활용하고 있고, 학교에서는 코로나19로 학교에 등교하지 못하고 있는 학생들을 위한 소통의 '장'으로 활용하고 있다. 입학식 등의 행사를 메타버스를 활용하여 운영하기도 한다.

이 외에도 네모난 블록을 이용하여 건축, 사냥, 농사, 채집 등 정해진 목표 없이 자유롭게 게임을 즐기는 샌드박스 형식의 비디오 게임으로 2020년 5월 기준 1억 2,600만 명의 이용자수를 가진 마인크래프트, 미국의 유명 래퍼 트래비스 스콧과 BTS의 뮤직 비디오를 연출한 포트나이트, 블록체인 기반 가상세계 플랫폼

(좌)로블록스, (우)제페토

인 디센트럴랜드 등이 대표적인 메타버스 플랫폼 사례라고 할 수 있다.

이러한 비대면 생활은 코로나19로 인한 일시적인 현상이 아니라 향후 우리의 일상이 대면 생활과 함께 가져가야 할 일반적인 일상의 양태가 될 것으로 보인다. 미래 사회로 현실과 가상의 경계가 없는 가상융합 사회가 오듯 우리의 일상도 대면과 비대면의 경계가 없이 우리의 일상과 공존하며 진화하는 미래의 일상이 다가오고 있다. 이러한 측면에서 메타버스는 지금의 단순한 게임이 아닌 생활, 소통, 업무 등 우리의 일상의 영역으로 빠르게 확산할 것이며, 우리의 일상을 좌우하는 경제의 한 축으로서의 역할을 할 것이다.

XR 애즈 어 서비스의 핵심, 디지털휴먼

또 하나, 우리에게 XR 애즈 어 서비스의 미래가치를 보여주는 중요한 요소가 있다. 그것은 디지털휴먼이다. 디지털휴먼은 대화형

AI와 컴퓨터그래픽 기술, 그리고 XR 기술 등의 첨단기술이 결합된 가상인간이다. 이 가상인간은 현실과 가상공간을 자유롭게 이동하며, 현실에서는 인간의 일상 활동을 지원하는 인간형 가상비서이고, 가상환경에서는 독립적인 가상휴먼으로서 존재한다.

디지털휴먼은 얼마만큼 사실적이고 몰입감을 줄 수 있느냐에 따라 사용자의 반응이 좌우된다. 단지 그래픽 효과만 극대화해 시각적으로 사실감 있게 표현하는 정도로는 사용자의 반응을 끌어낼 수 없다. 사실적 시각화뿐만 아니라 디지털휴먼에는 사용자만이 알고 있는 특징적인 요소와 사용자와의 교감이 가능한 스토리를 담고 있어야 한다. 2020년 2월 MBC스페셜로 방영되었던 VR다큐멘터리 〈너를 만났다〉가 이러한 특성을 잘 보여준 사례라고 할 수 있다. 의뢰자가 혈액암으로 갑작스레 떠나보내야 했던 자신의 7살 난 딸을 가상공간에서 만나 소통하는 모습을 보여 주었으며, 살아생전에 꼭 해주고 싶었던 것을 할 수 있게 해줌으로써 의뢰자의 마음을 위로해준 사례라고 할 수 있다.

제작진은 7살 난 딸의 생전의 모습을 재현하기 위해 모션캡처, AI음성인식, 딥러닝, 가상현실 등 다양한 첨단기술을 적용했으며 특히, 의뢰자와의 자연스러운 교감을 위해 딸의 생전의 몸짓, 목소리, 말투 등을 활용해 디지털휴먼에 특징적인 요소를 담아냈다. 이로 인해 의뢰자는 가상공간에서 딸과의 재회를 현실로 착각할 만큼의 몰입감과 디지털휴먼과의 감정적 교감을 통해 극대의 사실감을 체험할 수 있었다. 영상이 방영된 후 일 기준 조회수 1,300

MBC스페셜, VR다큐멘터리, '너를 만났다', 2020.2.6.

너를 만났다

나는 언제 좋이 보고 싶었어

만 회, 전 세계 시청자의 댓글 19,000여 개가 올라올 정도로 뜨거운 반응을 보인 미래 메타버스 서비스의 가능성을 보여준 대표적인 사례라 할 수 있다.

이렇듯 메타버스 속의 디지털휴먼은 단지 가상의 캐릭터가 아니다. 그 자체로 살아 있는 휴먼으로서 사용자와 자율적으로 반응하고 교감할 수 있어야 한다. 이를 통해 사용자는 가상환경 속의 객체들이 가상의 디지털 객체임에도 불구하고 사실인 것처럼 인식하게 되고, 이러한 환경이 마치 현실인 것처럼 느끼고 행동하게 된다. 따라서 서비스의 대상이 되는 사용자에 대한 분석과 이해가 필수적이며, 이러한 이해를 바탕으로 가상환경과 디지털객체들이 재현되어야만 현실을 넘어선 가상환경의 제공이 가능해진다.

현재 디지털휴먼은 다양한 분야에서 활동 영역을 확대하고 있다. BMW, 보다폰, UBS, P&G, ANZ, 싱텔 등 글로벌기업들이 디지털휴먼의 도입을 서두르고 있으며, 주 영역인 기업홍보대사를 필두로, 인플루언서, 영업사원, 이코노미스트, 상담사, 교사, 어린이·노인 돌보미 등에 이르기까지 역할이 다양해지는 추세이다.

신한라이프 광고에 출연한 22살 모델 '로지(ROZY)'는 국내 최초의 가상 인플루언서로 인스타그램을 통해 팬층을 확보하고 있으며, 실제 홍보모델로 활동하고 있다. 팔로워가 2만4천 명에 달한다. 실제인간이 아닌 가상인간으로서 독자적인 팬층을 확보하면서 디지털휴먼에 대한 가능성을 제시하였다.

싱가포르 최대 통신사인 싱텔은 5G 이동통신 무인매장에 아시아인 외모에 단발머리를 한 '스텔라(Stella)'라는 디지털 영업직원을 채용했다. 스텔라는 싱텔의 핸드폰 요금제와 가입자 정보, 스마트폰 중류와 사양, 프로모션 등을 홍보하며 또 고객의 휴대폰 이용 패턴을 분석해 요금제를 추천해준다. 또한 미국 P&G의 고급 화장품 브랜드인 SKⅡ에서는 디지털 뷰티 컨설턴트 유미(Yumi)를 통해 건조, 모공, 주름 등 피부 트러블 종류에 따라 상담을 하면서 고객의 피부 고민에 대한 공감과 상담을 통해 SKⅡ 상품을 소개하고 구매와 연결한다.

디지털휴먼은 공공분야에서도 활발하게 그 영역을 넓혀가고 있다. 세계보건기구(WHO)는 보건 분야 상담사로 디지털휴먼 직원 '플로렌스(Florence)'를 투입했다. 플로렌스는 현재 미국 질병통제예방센터(CDC) 최신 정보를 계속 학습하며 코로나19 관련 정보를 제공하고 있다. 구글 클라우드 대화형 AI플랫폼 '다이얼로그플로(Dialogflow)' 등 자연어처리 모델을 활용한 덕분에 12개 외국어를 구사한다.

뉴질랜드 경찰청은 신고센터에 디지털 경찰 '벨라(Bella)'를 시범 도입하여 사적인 주제나 주변 눈치 때문에 말하기 어려운 상황에서 효과적인 대화를 유도하기 위해 활용하고 있다. 국내에서는 삼성전자의 디지털휴먼인 인공인간 '네온(NEON)'을 CES2020에서 처음 공개하였으며, 이후 고도화를 거친 네온이 산업계에 등장할 예정이다.

이렇듯 인간 생활의 모든 영역에서 디지털휴먼에 대한 도입을 적극적으로 추진하고 있으며, 이에 따라 2021년 전 세계 기업의 50%가 모바일 애플리케이션 개발보다 디지털휴먼과 같은 가상비서에 더 많이 투자할 것으로 시장조사업체 가트너는 전망하고 있다. 마켓앤마켓에서는 전 세계 대화형 AI 시장이 매년 평균 21.9%씩 성장해 2025년에는 139억 달러(약 15조 5,300억 원)까지 커질 것으로 추산하고 있다.

현재는 디지털휴먼의 인간적 소통과 교감 측면보다는 인간의 외모를 사실적으로 재현하여 고객과의 친밀감과 유대감을 높이는 형태로 개발이 진행되고 있다. 그동안에는 인간과 똑같은 촉

감과 외형을 가진 인간형 로봇을 통해 이러한 효과를 기대해왔었다. 하지만 전자피부 기술 등을 통한 인간의 외형에 대한 재현은 어느 정도 만족스럽게 진행된 반면, 로봇이라는 기술적 한계로 인한 자연스럽지 않은 움직임, 로봇에 대한 거부감과 기술 및 비용의 한계 등 비즈니스 영역에 본격적으로 적용하기에는 많은 한계에 노출되었다.

반면 디지털휴먼은 디지털콘텐츠라는 특이성으로 사실감 있는 외형과 자연스러운 움직임 등 기존의 인간형 로봇이 가졌던 한계를 극복하면서 급성장하고 있다. 비록 현실이 아닌 온라인의 가상환경에 존재하기에 현실에서의 감각적 상호작용 요소는 떨어지지만, 인간보다 더 인간 같은 외형과 자연스러운 움직임 그리고 언제 어디서나 사용자 곁에서 원하는 서비스와 상호교감을 제공한다는 점이 매우 큰 장점이라고 할 수 있다. 앞으로는 대화형 AI와 오감기술(시각, 청각, 촉각, 후각, 미각)의 발전으로 디지털휴먼과 인간과의 직접적인 상호교감이 가능해지면서 디지털휴먼은 지속적으로 성장할 것이며, 인간과 일상에서 완벽하게 교감하거나 인간과 동기화된 디지털휴먼이 등장하는 데 그리 오랜 시간이 걸리지 않을 것이다.

디지털휴먼은 컴퓨터그래픽, 대화형 AI엔진, 그리고 가상·증강현실 등 첨단기술의 집합체이며, XR 애즈 어 서비스의 대표적인 서비스 영역인 메타버스뿐만 아니라 모든 XR 애즈 어 서비스를 이끌고 갈 핵심 기술이다. 인간형 가상유기체인 디지털휴먼, 이것이 XR 애즈 어 서비스의 미래다.

3.
XR 애즈 어 서비스
시사점

코로나19로 인한 주요 산업의 디지털 전환과 비대면 일상의 확대로 인해 XR 활용이 크게 확대되면서 실물경제를 이끌어가는 한 축으로 급부상하고 있다. 페이스북, 마이크로소프트, 애플 등의 글로벌기업들은 이미 오래전부터 서비스로서의 XR의 활용가치를 예견하고, 엄청난 규모의 예산을 투입하여 원천기술의 확보를 위해 인수합병, 협력과 투자는 물론 지속적인 연구개발을 추진하고 있다. 코로나19는 이러한 XR 애즈 어 서비스 시대의 도래를 앞당기는 데 핵심적인 역할을 했다. 특히 XR 애즈 어 서비스 제공을 위한 디바이스인 XR기기 개발을 위해 XR기기를 구성하는 요소기술의 확보를 위한 관련 기술보유 업체의 인수합병에 많은 투자가 이루어지고 있다.

페이스북은 현재도 수십억이 이용하고 있지만, 다음 세대의 소통의 장인 메타버스로의 진화를 시도하고 있다. 페이스북의 대표 메타버스인 호라이즌은 기존 페이스북의 유저 프로파일과 연동하여 현실세계와 가상세계를 하나로 연결함으로써 여행, 스포츠, 광고, 체험, 방송 등 현실세계에서 진행되는 일상을 가상의 메

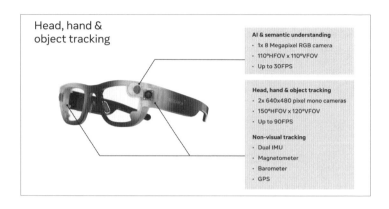

Head, hand & object tracking

AI & semantic understanding
· 1x 8 Megapixel RGB camera
· 110°HFOV x 110°VFOV
· Up to 30FPS

Head, hand & object tracking
· 2x 640x480 pixel mono cameras
· 150°HFOV x 120°VFOV
· Up to 90FPS

Non-visual tracking
· Dual IMU
· Magnetometer
· Barometer
· GPS

타버스 공간에 구현하여 서비스를 제공하고, 이를 통해 현실과 가상을 연계한 미래 커뮤니티 플랫폼을 제공하기 위한 준비를 하고 있다.

또한 페이스북은 아리아 프로젝트를 통해 실용적인 AR글래스 개발을 위한 내부 리서치 프로젝트를 운영하고 있다. 외부 환경을 인지하기 위한 카메라, 110도의 화각을 가지는 디스플레이, 눈 추적과 얼굴 인식, GPS, 자이로와 가속도센서 등을 가진 AR글래스 프로토타입을 포함해 메타버스 환경에서 사용가능한 다양한 형태의 XR기기를 연구하고 있다.

마이크로소프트가 홀로렌즈1에 이어 국내에 출시한 홀로렌즈2는, 스마트폰이나 PC에 연결하지 않고 자체 컴퓨팅 능력을 가진 독립형 기기로 몰입감 있는 XR경험을 제공함으로써 XR 애즈 어 서비스에 한층 더 접근하고 있다. 최근 온라인으로 열린 '이그나

이트(Ignite) 2021'에서는 클라우드 컴퓨팅 서비스 애저(Azure) 기반의 XR 플랫폼인 마이크로소프트 메시(Mesh)를 선보였다. 메시 플랫폼을 통해 사용자들이 AR 시스템이 없어도 가상모임에 참여할 수 있고, 플랫폼과 디바이스의 종류와 상관없이 3D 콘텐츠 혹은 메시 플랫폼 지원 어플리케이션을 통해 소통할 수 있도록 지원하고 있다. 마이크로소프트의 클라우드 플랫폼 '애저'와의 연동을 선보임으로써 본격적인 XR 애즈 어 서비스로의 서막을 열었다고 할 수 있다.

애플은 기존의 제품에서와 마찬가지로 기술적 완성도와 최적의 사용자 경험이 적용된 XR기기를 만들기 위해 적극적인 연구개발을 추진하고 있다. 2013년 3억 6,000만 달러를 들여 3D 센서 기술을 보유한 이스라엘의 프라임센스(PrimeSense)를 인수한 것을 시작으로, 모션캡처 기술을 보유한 페이스시프트(Faceshift), 증강

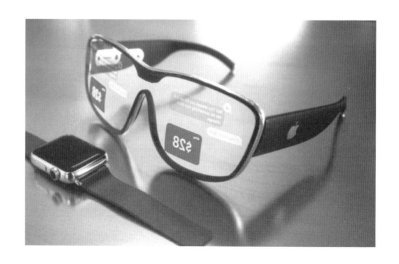

현실 소프트웨어 기업인 메타아이오(Metaio)를 인수했다. 또한 얼굴 표정을 스캔하여 인간의 감정 상태와 변화를 인지하는 이모션트(Emotient), 이미지 센서 기술을 보유한 인비사지(InVisage) 그리고 최근에는 광학기술을 보유한 아코니아 홀로그래픽스(Akonia Holographic)와 전신모션캡처 기술을 보유한 아이키네마(iKinema) 등을 통해 곧 도래할 XR 애즈 어 서비스 시장에 적극적으로 대응하고 있다. 이러한 결과로 애플은 첫 증강현실 헤드셋을 2022년 출시할 예정이라고 보도했다. 애플의 제품 로드맵은 총 3단계로, 2022년 헬멧형, 2025년 글래스(안경)형 그리고 2030~2040년에는 콘택트렌즈형으로 소개했다.

국내의 경우, 삼성전자는 아직 공식적으로 발표하지는 않았으나, 삼성 글라스 라이트(가칭)라는 삼성전자 AR글라스 컨셉 영상

이 트위터에 공개되었다. 공개된 영상에서는 기존 선글라스와 비슷하나 두꺼운 프레임이 장착된 모습이며, 게임과 동영상 그리고 화상회의, 드론제어, 홀로 콜(Holo Call), AR 시뮬레이션 등의 기능이 소개되었다.

상기의 사례에서 보여준 XR 애즈 어 서비스에서 제공하는 경험들이 우리의 삶을 더 풍성하게 할 수 있을까? 물리법칙에서 작용이 있으면 반작용이 있듯이, 기존의 가능하지 않은 것들을 기술을 통하여 가능하게 했을 때에는 긍정적 작용도 있으나, 이와 반대되는 부정적 반작용도 존재한다.

현실에서는 불가능한 상황을 가상세계에 이루게 되었을 때, 자칫 현실을 부정하고 가상세계에 몰입하게 되어 급기야 가상세계가 현실인 것처럼 받아들이게 된다. 이것은 결국 현실세계로 돌아와서는 더 큰 상실감으로 작용할 수 있고, 현실세계에 적응하기 힘들게 될 수도 있다. 따라서 이러한 부작용에 대한 충분한 고민과 교육이 뒷받침되어야 기술이 사람을 지배하는 것이 아니라 사람을 도와 인간의 삶을 더 풍요롭게 만들 수 있을 것이다.

기술은 날이 갈수록 더 진화할 것이고, 앞으로 나타나게 될 미래에는 더욱더 인간과 밀접하게 연결된 기술들이 출현할 것이다. 이전의 기술들이 인간이 살아가는 주변 환경에 집중했다면, 미래의 기술은 인간 자체에 집중화된 기술들이 주류를 이룰 것이다. 따라서 새로운 기술의 적용 관점에서 물론 경제적 가치도 고려되어야 하겠지만, 그 이전에 인간에게 일어날 수 있는 부정적 요소에 대한 깊이 있는 고민과 이를 해결할 수 있는 방안에 대한 고민이 선행되어야 한다. 그래야만 비로소 기술은 인간에게 유익하고, 인간의 삶을 더욱 풍요롭게 만들 수 있는 최고의 도구가 될 수 있으리라 생각한다.

디지털화는 우리 인간에게 보다 편리하고 윤택한 삶을 주기 위한 수단이고, 이러한 삶을 살아가도록 도와주는 도구로 기술이 무한 진화하고 있다. 기술은 디지털화의 목적을 도와주는 도구이고, 비대면 역시 대면의 불편함을 도와주는 도구이며, 온라인 역시 오프라인의 불편함과 문제점을 보완해주기 위한 도구로서 의미를 가진다. 우리는 '편리하고 윤택한 삶'이라는 명제에 대해 더 깊이 있는 근본적 고민과 이해를 할 필요가 있으며, 이러한 관점에서 지금은 디지털 기술의 역할에 대한 이해와 소통이 필요한 시기이다. 이것이 교육적 측면에서 디지털 리터러시가 선행되어야 하는 이유이기도 하다.

Hot 40 As a service company

1. 제조 및 물류

1) SHAPL (한국)

SHAPL은 S "sincerity" 정직을 통한 신뢰, H "harmony" 조화로운 소통, A "ability" 능력을 통한 비전, P "pleasure" 기쁨을 통한 열정 그리고 마지막으로 L "love" 사랑을 통한 섬김이라는 경영 철학 위에 설립한 회사이다. SHAPL.com에서 참여한 제품 디자이너들의 디자인 중 소비자들의 "좋아요" 클릭수로 선택된 디자인을 샤플이 직접 생산하고 유통 없이 놀라운 가격으로 직접 판매까지 하여 디자이너에게 저작료를 지급하는 서비스 플랫폼이다.

#크라우드소싱#제조애즈 어 서비스#D2C커머스#저작료

https://shapl.com/

2) 야마가타 카시오 주식회사 (山形カシオ, 일본)

40년 이상 카시오 제품 생산을 통하여 내재된 기술을 기반으로 설계부터 출하까지 전자제품의 일관 위탁 제조 서비스를 수행하는 중이다. 제품설계, 금형설계 및 제작, 성형, 품질관리, 부품조달, 조립, 출하작업까지 생산주기의 전 영역에서 양산품의 최적 설계를 제안한다.

#EMS서비스#설계대행#생산대행

https://www.yamagata-casio.co.jp/

3) 블루제이솔루션즈 (BLUJAY Solutions, 미국)

LaaS(Logistics as a Service)라는 서비스 개념을 말 그대로 사용하여 지능화된 물류 시스템을 기반으로 GTN(Global Trade Network)을 통하여 여러 파트너들과 함께 최소의 비용으로 최적의 수배송 서비스를 제공한다. 사람, 프로세스, 기술을 통해 기업의 수송 예산을 최적화하기 위해 노력한다. 평균적으로 LaaS는 기업 운송비의 2~10%를 절약할 수 있다.

#물류애즈 어 서비스#LaaS#TMS#GTN

https://www.blujaysolutions.com/

4) 플렉스포트 (Flexport, 미국)

물류판의 익스피디어닷컴으로 해운물류 서비스를 주 사업으로 한다. 포워딩 문제의 여러 문제점을 해결하기 위하여 온라인 예약과정을 자동화하고 운송 소요시간을 대폭으로 단축할 수 있다. Multi Modal을 통해 저렴한 비용으로 이용할 수 있으며 실시간 추적 서비스를 제공한다. 2018년까지 5억5천만 달러의 투자유치를 했으며 2019년 2월에는 손정의가 10억을 투자하였다.

#물류애즈 어 서비스#LaaS#해운물류#ICT기반기업#포워딩문제해결

https://www.flexport.com/

2. 라이프

5) 밀리의 서재 (한국)

국내의 e북 시장이 독서 자체의 적은 소요와 특정 장르에서만 활성화되어 있는 특성을 보이는 상황에서 2016년에 서영택 전 웅진씽크빅 대표이사가 설립했다. 2018년부터 월 9,990원으로 3만 권에 달하는 책을 무제한 구독 가능한 서비스로 차별성을 주면서 시장을 선점, 이후 예스24의 '북클럽' 등 구독 서비스들이 경쟁적으로 등장하는 상황에서 e북 시장의 활성화를 이끌어왔다.

#조이애즈 어 서비스#전자책 #시장개척

millie.co.kr/

6) 퍼플독 (한국)

2019년 10월 대기업 법무팀 출신 3명이 설립한 퍼플독은 창립 멤버 모두 와인 디플로마를 보유했다는 공통점을 바탕으로 와인 구독서비스를 론칭했다. 와인 관련 인공지능(AI)을 개발하여 고객의 취향과 피드백을 분석해 매월 재매칭한 와인을 배송하는 이른바 '소울와인'을 찾아주는 서비스를 제공하고 있다. 주류는 온라인 결제를 못하는 한계를 넘어, 오프라인 매장인 '퍼플독스토어 홍대'를 방문해 결제를 할 수 있도록 다양한 시음과 시향 등 오감 체험을 제공한다.

#푸드애즈 어 서비스 #와인라이프스타일 #오프라인결제 #모객의중요성

purpledog.co.kr/

7) 와이즐리 (한국)

2017년 11월 설립한 와이즐리 김동욱 대표는 유아복 OEM 중개 사업을 통해 OEM 시장의 특징과 독일 면도기 개발 업체와의 파트너십을 시작으로 면도기 구독 서비스를 시작했다. 직접 면도기를 디자인하고 독일 면도기 전문기업에 OEM 생산을 통해 단가를 맞추는 등 한국인 맞춤형 면도기를 개발했으며, 최근 면도용품에서 스킨케어 용품까지 사업 범위를 확장하고 있다.

#패션애즈 어 서비스 #유통혁신 #면도기 #스킨케어

wisely.wiselycompany.com/

8) 런드리고 (한국)

2018년 12월 설립한 의식주컴퍼니가 제공하는 비대면 모바일 세탁 서비스. 오프라인 세탁소를 연결해 빨래를 수거, 배송해준다. 세탁 배달 서비스가 맞닥뜨릴 수 있는 퀄리티와 고객 관리의 한계를 파악, 자동화·시스템화로 비용을 낮추고 최소한의 전문가를 이용하는 '세탁 자체의 내재화'를 통해 집 앞에 빨래를 두고 모바일로 신청하면, 이를 수거해 세탁, 배송까지 원스톱으로 해결하는 세탁 특화 서비스로 시장을 이끌고 있다.

#패션애즈 어 서비스 #빨래혁신 # #스킨케어 #자동화 #비용감소 #중앙처리

laundrygo.com/

9) 필리 (한국)

2018년 7월에 설립한 케어위드의 필리는 부모님 건강에 관심을 갖게 되면서 건강기능식품은 꾸준히 먹어야 효과를 얻을 수 있고 지속성이 유지되기 어렵다는 것에 초점을 맞춰 '맞춤 영양제' 설정을 위한 설문과 매일 영양제 먹는 시간을 잊지 않도록 챙겨줄 수 있는 서비스가 시장에서 적중했다.

#헬스애즈 어 서비스 #비타민 #영양제의발란스 #알림

pilly.kr/

10) 톤28 (한국)

2016년 7월 설립한 톤28은 개인마다 피부 상태가 다르다는 점에 착안했다. '맞춤형 화장품'을 만들기 위해 개인별 T존, O존, U존, N존의 부위별 상태를 측정하여 35년 간의 기후 데이터베이스를 활용한 기후 빅데이터 알고리즘을 연계하여 현재 피부에 필요한 최적의 성분과 비율을 뽑아내어 매 28일 주기로 매달 다른 바를거리를 제공한다.

#패션애즈 어 서비스 #개인화 #맞춤형 #화장품

toun28.com/

11) 미공 (한국)

2017년 1월 설립한 이해라이프스타일은 가구를 추천해도 결국 저렴한 가구를 선택하거나 이사를 다닐 때마다 달라지는 집 구조에 맞춰서 필요한 가구도 달라지는 것을 감안, "원하는 공간을 완성하며 살 수는 없을까?"라는 생각으로 서비스를 시작했고, 오랜 시간 연구하여 데이터분석, 증강현실을 통한 공간예측 서비스와 가구 구독을 통한 새로운 구매방식을 제안하는 미공 서비스를 시작했다

#하우스애즈 어 서비스 #공간동질화 #AR

2hae.net/

12) 라이크핏 (한국)

2018년 8월 설립한 위힐드의 라이크핏은 스마트폰을 기반으로 동작 인식을 통해 제공되는 홈트레이닝 서비스다. 유튜브 영상처럼 일방향적인 영상만 따라하는 기존의 홈트레이닝 서비스를 넘어, 인공지능이 고객이 운동하는 모습을 관찰하고 교정해준다. 사용자가 꾸준히 운동할 수 있도록 미션 기능을 제공하며 동일한 목표를 가진 사람들이 매일 함께 운동할 수 있도록 한다.

#헬스애즈 어 서비스 #챌린지 #비대면 #홈트레이닝

https://www.likefit.me/

13) 스티치픽스 (미국)

2011년 2월 스티치픽스(stitch fix)는 홈페이지에서 옷이 제시되지 않는 서비스로 시작했다. 원하는 스타일을 선택하면 인간 스타일리스트와 함께 협업으로 추천한 의류를 배달해준다. 이 후 개인화된 쇼핑과 스타일링 서비스를 통해 단순히 추천되는 의류가 아니라 어떻게 입는 것이 멋스러운지를 알려주는 서비스로 한 단계 업그레이드된다.

#패션애즈 어 서비스 #추천 #개인화 #코디네이션 #자유

stitchfix.com/

14) 펫코 (미국)

1965년 설립한 펫코는 코로나19 대유행으로 자택에 머무는 시간이 길어지면서 자녀 혹은 본인 만족을 위해 다양한 동물을 키우게 해주거나 용품 구매에 더 많은 돈을 쓰는 식으로 변해가는 미국의 라이프스타일에 주목해 시장점유율을 높인 서비스다.

#헬스애즈 어 서비스 #조이애즈 어 서비스 #펫테크 #역사깊은펫기업

petco.com/

15) 바크박스 (미국)

2011년 12월 설립한 바크앤코는 애완동물용 장난감 디자인을 위해 디즈니 같은 엔터테인먼트 회사 출신이나 레고 같은 장난감 회사 경력직 확보에 집중했다. 그 덕분에 장난감을 가지고 노는 재미의 폭을 넓혔고, 영화와 애니메이션 관련 파트너십도 강화했다. 스쿠디와 같은 기존부터 친숙한 캐릭터의 라이센스 강화로 팻 시장 공략을 이끌었다.

#헬스애즈 어 서비스 #조이애즈 어 서비스 #디즈니 #레고 #캐릭터

barkbox.com/

16) 펠로톤 (peloton, 미국)

2012년 뉴욕에서 설립한 펠로톤은 스마트 스피닝 기구 및 스트리밍 기반 운동 플랫폼 서비스로 콘텐츠를 통해 많은 이용자를 모아 홈트레이닝 서비스의 대표주자가 되었다. 최근에는 '레이브레이크'라는 음악 게임을 도입하면서 새로운 이용자를 유입하거나 '기업 윌니스 프로그램'을 통해 기업 복지 시장에도 진입했다.

#헬스애즈 어 서비스 #웨어러블기기 #빅테크 #게임과음악

onepeloton.com/

17) 허블 (Hubble, 미국)

북미 지역의 4개 제조업체가 콘택트렌즈 시장의 95%를 잠식하던 가운데 허블은 국외의 제조업체를 찾아 FDA에서 승인한 콘택트렌즈 제조사인 St. Shine을 통해 고품질 렌즈를 위탁생산하면서 2016년 11월 공식 론칭을 시작했다. 사용자가 시력 정보를 등록하면 허블이 의사에게 확인 후 월 33달러에 30세트의 렌즈를 제공받는다.

#헬스애즈 어 서비스 #아이웨어 #OEM #저렴하고안전한렌즈

hubblecontacts.com/

18) 스낵네이션 (미국)

2015년 미국 LA에서 설립한 스낵네이션은 사무실의 과자 소비가 많다는 점에 착안했다. 간식 상자를 구성하여 직원 에 맞춰 상자 크기를 선택하면 일반 마트에서 구매하는 것보다 40%가량 저렴하게 공급한다. 무료 샘플을 통해 호기심을 갖게 했으며, 고객사별 담당자를 지정, 고객사 직원들의 선호도를 기록하고 이에 맞춰 과자를 큐레이션한다.

푸드애즈 어 서비스 #스낵 #5천여개종류 #기대감 #건강한제품엄선

snacknation.com/

19) 어니스트컴퍼니 (미국)

2012년 배우인 제시카 알바가 만든 기업으로 믿을 만한 육아용품을 찾는 과정에서 거의 대부분의 제품 등에 유아에게 유해한 화학약품들이 첨가된 것을 발견하고 무독성 기저귀 및 친환경 아기용품 17종을 판매하기 시작하면서 급성장했다.

패션애즈 어 서비스 #기저귀 #피부에민감한 #무독성 #친환경

honest.com/

20) 힘스 (미국)

2017년 설립시 남성의 고민에 대해 철저한 시장조사를 했고, 그 결과 탈모, 피부 질환, 그리고 조루증·발기부전과 같은 성 기능 장애가 주류를 이루고 있음을 발견하였다. 그 고민을 해결하기 위한 유저 리서치부터 프로토타입 테스트까지 고객의 요구에 민첩하게 대응하고 그때그때 주어지는 문제를 풀어나가는 방법을 검증해 최적의 제품을 출시했다

#헬스애즈 어 서비스 #남성 #탈모 #피부질환 #성기능

forhims.com/

21) 고퍼프 (GoPuff, 미국)

2013년 물담배 배달 서비스로 시작한 고퍼프는 간단한 편의점 상품에서 주류, 그리고 생필품까지 고객이 주문하는 상품을 모두 주문 이후 30분 이내에 배송해준다. 최근 우버이츠와 협업을 통해 우버이츠의 고객이 앱을 통해 편의점 상품이나 간단한 비상약품을 주문하면 고퍼프의 네트워크를 통해 물품이 확보되고 배송된다. 이는 도심 곳곳에 있는 고퍼프의 풀필먼트(fullfilment) 센터를 통해 운영되고 있다.

푸드애즈 어 서비스 #편의점 #생필품 #30분 #풀필먼트

gopuff.com/

3. 교육 분야

22) 미네르바 대학 (Minerva University, 미국)

벤처투자자 벤 넬슨이 2010년 설립한 대학교, 첫 졸업생은 2019년 배출했다. 물리적 학교 공간을 없앤 온라인 플랫폼(Active Learning Forum)에서 교육이 진행되며 학생이 중심이 되는 화상 세미나 형식이다. 입학생들은 런던, 서울 등 전 세계 7개의 도시를 돌아가며 기숙하면서 수업을 받는다. 다양한 경험은 물론 학생들 간에도 일반 대학 보다 오히려 더 끈끈한 우정을 쌓을 수 있다.

#러닝애즈 어 서비스 #혁신기업 #미국 #에듀테크 #비대면교육 https://www.minerva.edu/

23) N고등학교 (일본)

일본 IT기업인 드왕고가 설립하여 2016년 개교하였다. 이지메 등 등교의 여러 폐해를 개선하고자 온라인으로만 학교수업이 이루어진다. 입학식은 VR헤드셋으로, 학교 소풍은 RPG게임으로 대신한다. 학생들은 10대에서 80대까지 다양하고, 2020년에는 재학생이 1만5천 명에 달했다. 유명 프로게이머, IT분야에서 주목할 만한 재학생, 졸업생을 배출 중이다.

#러닝애즈 어 서비스 #혁신기업 #일본 #에듀테크 #온라인학교 https://nnn.ed.jp/

24) 뤼이드 (Riiid, 한국)

AI 기반의 TOEIC 학습 '산타토익(Santa TOEIC)'을 개발한 에듀테크 회사로 2014년 설립하였다. 별도의 교재 없이 추천한 문제만으로 학습 효과를 올릴 수 있다. 200만 명 이상 누적 이용자의 문제풀이 데이터를 축적하여 사용자 수준에 맞는 콘텐츠를 추천하고, 동기부여 기능을 제공한다. '2021년 5월 소프트뱅크 비전펀드로부터 2천억을 투자받아 국내 첫 교육 유니콘 기업이 되었다.

#러닝애즈 어 서비스 #혁신기업 #한국 #에듀테크 #영어교육 #인공지능학습 https://www.riiid.co/kr/

25) 에스엠 학교 (SM Inistute, 한국)

SM엔터테인먼트와 종로학원이 투자한 온오프라인 결합형 K-pop 학교로 2020년 설립하였다. K-Pop댄스 수업이 메인으로, 실습과 병행하여 이미지 인식 기술과 인공지능 분석을 통하여 평가하며, 전문강사가 개별적으로 피드백한다. 한류의 붐과 함께 향후 글로벌 교육기관과의 협력을 통한 진출도 준비 중이다. 학교수업은 학생들이 미국 온라인 고등학교에서 콘텐츠를 선택하여 스스로 이수한다.

#러닝애즈 어 서비스 #혁신기업 #한국 #에듀테크 #한류 #실감형교육 sm.inistute/ko

26) Ekylibre (프랑스)

종합농장관리정보시스템을 제공하는 회사로 2015년에 설립되었다. RFID를 통한 센싱, 토양 모니터링을 통해 농작물과 가축의 생산성을 극대화하기 위한 종합 솔루션을 농부들에게 제공한다. 구매/재고/판매관리, 회계, 농장매핑 등의 서비스도 포함한다.

#파밍애즈 어 서비스 #혁신기업 #프랑스 #스마트팜 https://ekylibre.com/

4. 데이터 분야

27) 페이션트라이크미 (Patient like me, 미국)

2004년 설립한 환자 네트워크 및 실시간 연구 플랫폼으로 다양한 임상데이터를 수집 및 활용하고 있다. 사용자(환자)가 자신의 상태(치료 이력, 부작용, 입원, 증상 등)에 대한 실제 데이터를 입력하고, 다른 사람들과 정보를 공유하고 비교한다. 2,900개 이상의 질병에 대한 830,000명 이상의 회원이 가입해 정보를 공유하고 있으며, 이를 기반으로 100여 개 이상의 연구결과가 논문으로 발표되었다. 온라인 커뮤니티 제공을 통해 얻은 익명의 환자 데이터 및 연구 데이터를 의사, 제약사, 보험사 등의 파트너사에 판매하여 수익을 창출하게 되는데, 최근 아스트라제네카(AstraZeneca)나 노바티스(Novartis) 같은 제약회사와 콜라보레이션해 질병에 대한 환자의 인식도나 삶의 질, 비용 분담 등 다양한 주제에 대한 연구를 진행하고 있다. 미국 식품의약국(FDA)과 함께 환자 생성 건강 데이터(patient generated health data, PGHD) 코딩에 대한 연구 수행(2018년) 경험이 있다.

#PGHD#임상데이터#데이터공유 https://www.patientslikeme.com/

28) 인튜이트 (Intuit, 미국)

1984년 설립된 직원 수 약 10,600명의 세무·금융·재무관리 관련 미국의 핀테크 업체로 개인 및 자영업자 등에 대한 세무서비스를 주력으로 하며, 고객 데이터를 분석한 뒤 금융기관들과 제휴하여 대출 중개, 자산관리 등 다양한 서비스를 제공한다. 대표적인 서비스로 개인들에게 온라인에서 세금 신고·환급 관련 서비스를 제공하는 '터보택스', 재무관리 서비스를 제공하는 '민트'가 있다.

#재무#세무#핀테크 https://www.intuit.com/

29) 카카오 데이터 트렌드 (한국)

2020년 7월 거시적 관점에서 다양한 분야의 트렌드를 손쉽게 확인하고 인사이트를 도출할 수 있게 돕고자 하는 서비스를 제공한다. 다음의 통합 검색어 정보를 기간, 기기(PC·모바일), 성별, 나이, 지역 등 다양한 기준으로 살펴볼 수 있으며 최대 5개의 검색어를 동시에 입력해 각 검색어의 데이터를 서로 비교할 수 있고 모든 데이터를 차트 형태를 통해 직관적으로 볼 수 있는 것이 특징이다.

#트렌드#빅데이터#비즈니스플랫폼 https://datatrend.kakao.com/

30) 네이버 데이터랩 (한국)

2016년 1월 네이버 이용자들이 민간기업과 공공기관의 데이터를 활용할 수 있도록 데이터랩 베타버전을 오픈하였다. 급상승 검색어, 검색어 트렌드, 쇼핑 인사이트, 지역통계, 댓글 통계를 제공하고 있다. 네이버 검색 데이터뿐만 아니라 통계청, 공공데이터포털 등이 제공하는 데이터도 정리되어 있어 중소상공인 및 창업자들에게 전문성 있고, 신뢰도 높은 정보를 제공하여 분석적이고 과학적인 사업 방향을 모색하는 데 도움을 주는 것이 특징이다.

#검색어#쇼핑#지역통계#공공데이터 https://datalab.naver.com/

31) 쿠콘 (한국)

2006년 12월 설립되었으며, 핀테크 API 플랫폼 및 비즈니스 정보 제공이 주요 서비스로 국내 150여 개의 금융기관에 서비스하고 있으며, 서비스 상용화 단계에 있는 150여 개의 핀테크 기업도 동사의 개인정보 API를 활용하여 주요 서비스를 구현하는 등 시장에서 우위를 점하고 있다. 40여 국가, 2,000여 기관으로부터 수집 연결하는 50,000여 정보와 지급결제 서비스를, "쿠콘닷넷"을 통해 API 상품으로 제공한다.
#핀테크#지급결제#비즈니스플랫폼

https://www.coocon.net/

5. AI 분야

32) 디스크립트 (Descript, 미국, 2017)

영상 안에 음성을 텍스트로 변환하거나 텍스트 편집으로 영상을 반대로 편집할 수 있는 인공지능 기반 오디오 편집 서비스로 영상 내 오디오 파일 편집 시간을 획기적으로 줄여주는 것이 특징이다. 구글 클라우드의 음성인식 인공지능 서비스를 활용하였으며, 일반 사용자도 쉽게 쓸 수 있는 편리한 오디오 편집툴을 제공한다.
#음성인식#음성편집#인공지능#클라우드 www.descript.com

33) 런웨이엠엘 (Runway ML, 미국, 2018)

콘텐츠 크리에이터가 별도의 코딩 없이 이미지 생성부터 모션캡처, 객체 감지, 몰핑 등 기존 저작 도구에서 지원하지 않는 기능을 머신러닝으로 학습시켜 새로운 콘텐츠를 생성하도록 돕는 서비스로 인공지능이 콘텐츠를 학습에 의해 새롭게 만들어줄 수 있으며, 인공지능에 대한 배경지식이 없어도 쉽게 이용할 수 있는 것이 특징이다.
#콘텐츠크리에이터#인공지능#이미지 www.runwayml.com

34) 에이치투오 에이아이 (H2O.ai, 미국, 2012)

인공지능에 필요한 데이터 전처리, 데이터 특징 선택과 추출, 적절한 알고리즘 선정을 통해 최적화된 모델과 하이퍼파라미터(모델 학습 설정 변수) 등의 결과를 자동화하여 인공지능 모델을 만드는 연산의 과정을 보여주는 서비스로 금융, 의료 등 중간 과정이 중요한 인공지능 서비스 영역에 대해 신뢰성을 부여해줄 수 있는 것이 특징이다.

#XAI#메타AI#인공지능신뢰 www.h2o.ai

35) 엘립시스 헬스 (Ellipsis Health, 이스라엘, 2017)

자연스럽게 이루어지는 3분 이내 음성 데이터를 클라우드 기반 머신러닝으로 분석하여 우울증과 불안 증상 등의 바이탈 사인을 감지해내는 서비스로 사용자에게 별도의 검사과정 없이 자연스럽고 편리하게 제공되는 것이 특징이다.

#음성분석#클라우드#우울증#Healthcare www.ellipsishealth.com

36) 이나호 (Inaho, 일본, 2017)

채소 작물 자동 수확 로봇 서비스로 고령화 및 일손 부족으로 어려움을 겪고 있는 농촌 노동력 문제 해결의 대안이 되고 있으며, 수확하는 노동력의 절감을 이룰 수 있고, 로봇의 비싼 초기 구입비용 대신 사용하는 만큼 받는 구독 서비스다. 비용 및 정기 업데이트를 통해 최신의 서비스를 받을 수 있다.

#로봇#수확로봇#로봇애즈 어 서비스 www.inaho.co

37) 콴다 (Qanda, 한국, 2016)

인공지능 기반 개인별 맞춤형 문제 풀이 서비스로 학생들이 모르는 문제를 사진을 찍어서 전송하면 5초 안에 그 문제에 대한 문제 풀이를 확인할 수 있으며 텍스트 변환 및 최적화된 검색 및 풀이 과정을 제공하여 개인별로 정확한 수준별 지도를 할 수 있는 것이 특징이다.

#인공지능문제풀이#개인화#텍스트인식#맞춤형지도 www.qanda.ai

38) 솔트룩스 (Saltlux, 한국, 1979)

맞춤형 인공지능 플랫폼 애즈 어 서비스로 각 서비스 도메인에 맞는 커스텀AI 서비스와 서비스 사업자의 요청에 따른 온디맨드AI 서비스를 제공한다. 분석, 음성, 시각, 감성 등 약40개 이상의 지능 서비스를 무료로 제공하며, AI 클라우드는 솔트룩스의 인프라 애즈 어 서비스나AWS, Azure 등을 사용할 수 있는 멀티 클라우드를 지원하여 확장성이 높다는 것이 특징이다.

#인공지능플랫폼#온디맨드#클라우드#인공지능서비스 www.saltlux.com

6. XR 분야

39) 마이크로소프트 (Microsoft, 미국)

클라우드 컴퓨팅 사업을 중심으로, 오피스 365, Xbox 게임, 컴퓨터 운영체제 소프트웨어인 윈도우(Window) 등의 사업을 하는 글로벌 기업이다. 세계 최고 수준의 XR 기기인 홀로렌즈를 통해 진일보한 가상·증강현실을 제공하였으며, '이그나이트(Ignite) 2021'에서 클라우드 컴퓨팅 서비스 애저(Azure) 기반의 XR 플랫폼인 '매시(Mesh)' 발표하였다. 매시 플랫폼을 통해 사용자들이 AR 시스템 없이도 가상모임에 참여할 수 있고, 플랫폼과 기기의 종류에 상관없이 3D 콘텐츠 혹은 매시 플랫폼 지원 입(App)을 통해 현실과 가상환경에서 상호 소통 및 협업이 가능한 솔루션을 제공하고 있다.

#VR/AR/MR/XR 서비스 #홀로렌즈 #XR 플랫폼 https://www.microsoft.com/ko-kr/hololens

40) 페이스북 (Facebook, 미국)

미국 캘리포니아주 멘로파크에 본사를 둔 소셜 네트워크 서비스 전문 기업이다. 2004년 2월 '마크 저커버그'에 의해 설립되었으며, 2020년 6월 기준으로 월 실 사용자는 약 27억 명으로 알려져 있는 소셜 네트워크 분야의 대표적인 글로벌 전문기업이다. 2014년 VR 디바이스 기업인 오큘러스를 인수하면서 가상현실 분야의 전 세계적인 열풍을 이끌었으며, 최근 오큘러스 커넥트 6(Oculus Connect 6) 컨퍼런스에서 현실과 가상을 연계한 미래 커뮤니티 플랫폼인 페이스북 호라이즌(Facebook Horizon)을 발표하였다.

#VR/AR/MR/XR 서비스 #소셜네트워크 #오큘러스 #호라이즌 https://www. oculus.com/facebook-horizon/

41) 버넥트 (Virnect, 한국)

버넥트는 AR기술을 활용하여 다양한 산업현장의 디지털 트랜스포메이션을 이끌고 있는 산업용 XR 및 디지털트윈 전문기업이다. AR 원격 협업 솔루션인 'VIRNECT Remote', AR 콘텐츠를 제작하고 배포할 수 있는 'VIRNECT Make', 현장 작업 정보를 AR로 시각화하는 'VIRNECT View' 그리고 AR 서비스를 통합 관리하는 'VIRNECT Workstation' 등의 산업용 XR 및 디지털트윈 제품 및 솔루션을 제공한다.

#VR/AR/MR/XR 서비스 #디지털트윈 #AR 원격협업 #산업용 XR https://www. virnect.com/

42) 네이버제트(주) (Naver Z, 한국)

자회사인 스노우가 제공하는 글로벌 AR 아바타 서비스인 '제페토(ZEPETO)'를 글로벌 서비스로 성장시키기 위하여 별도 법인인 '네이버 Z 코퍼레이션'으로 2020년 5월 분사해 신설되었으며 현재 약 2억 명 이상의 회원을 보유하고 있다. 제페토는 2018년 8월 네이버의 자회사 스노우에서 출시한 AR 아바타 기반 메타버스 플랫폼으로, 얼굴인식, AR, 3D 등의 첨단 디지털 기술을 활용하여 자신만의 개성 있는 3D 아바타로 가상공간에서 소셜 활동을 즐기고 다양한 사람들과 소통할 수 있는 메타버스 솔루션이다. 트렌드에 민감하고 소셜 활동에 적극적인 10대 사이에서 인기가 높다.

#메타버스 #3D 아바타 #AR 아바타 https://www.naverz-corp.com/

성공적인 As A Serive를 위한
체크리스트

-이정헌

많은 스타트업이 애즈 어 서비스로 서비스를 준비하고 있다. 하지만 애즈 어 서비스라고 성공한다는 보장은 없으며, 오히려 새롭기 때문에 실패 확률이 높아지기도 한다.

그렇다면, 애즈 어 서비스를 시작하고 성공하기 위해서 어떠한 점들을 주의하고 고려해야 하는지 검토해볼 필요가 있으며, 그 검토 항목에 대한 해답을 가지고 있어야 시행착오를 줄일 수 있게 된다.

수많은 체크항목이 요구되지만, 그 중에서도 비즈니스 측면에서 애즈 어 서비스 시작 전에 고려해야 하는 최소의 사항에 대한 기본적인 내용만 언급하기로 한다. 참고로 이 장의 모든 사항은 일방적인 주장이 아닌 근거를 가진 자료를 만들어내야 한다는 전제를 가지고 있다.

1. 애즈 어 서비스에 대한 시장조사를 했는가?

애즈 어 서비스의 대상이 되는 잠재시장의 목록을 작성한 후 잠재시장을 몇 개의 조각으로 분리하여 구글링이나 네이버에서 검색한 것이 아닌 실제 서비스 대상이라고 생각되는 목표고객과의 인터뷰와 관찰을 통해 자료를 수집하고 분석한다. 대부분의 스타트업이 이것에 익숙하지 않아 투자심의 시에 질문에 답을 못하는 경우들이 많으므로 체계적으로 치밀하게 준비해야 한다. 여기서 주의할 점은 인터뷰나 설문조사를 했던 고객들이 반응에서 "좋은데요?", "괜찮네요"라는 피드백만 있다면 이는 서비스의 유료화가 어렵다는 것을 의미한다. 나쁜 피드백이라도 상세할수록 고객의 관심이 높아지고 있다는 것을 의미하게 되므로, 서비스를 수정하는 데 도움이 될 수 있다.

기존의 서비스들이 다양한 기능을 제공해주면 고객이 만족할 것이라는 착각에 너무나 많은 기능을 제공하고 있다. 최근에는 너무 많은 정보를 제공해주는 것이 오히려 고객들이 회피하는 현상을 일으키고 있어 기업에서 하고자 하는 애즈 어 서비스가 정확히 무슨 고객의 문제를 해결해주고자 하는지 명확하게 설정하는 게 중요하다.

2. 애즈 어 서비스의 거점시장(또는 수익시장, Serviceable Obtainable Marekt)은 어떻게 되는가?

목표가 되는 시장조사 분석을 통해서 가장 확률이 높고 실행 가능한 시장(거점시장)이 정의되어야 한다. 거점시장은 영역이 좁을수록 시장진입에 성공하기 쉽고, 시장진입 후 빠르게 시장을 잠식하고 지배할 수 있으며, 안정적이고 원활한 자금 확보가 가능해진다. 거점시장을 100% 독식했을 때의 매출 규모를 보수적으로 체크해보아야 한다. 다만 시장 규모 예측은 비즈니스 성공을 위한 가장 기본적인 항목으로 정확해야 하며, 수치적으로 표시되어야 한다. 또한, 그 시장규모를 나타내는 수치의 근거가 객관적이어야 한다.

하지만, 새로운 개념의 서비스를 하는 경우 이 거점시장의 수치를 찾아내는 것은 어려운 일이며, 이를 객관적으로 계산해내는 것 자체가 서비스의 투자가치를 나타내기도 한다. 통상적인 스마트업을 위한 애즈 어 서비스 시장규모는 200억 원에서 1,000억 원 규모가 적합하며, 이보다 큰 시장규모는 대기업들이 시장이 뛰어들 가능성이 큰 시장이라 볼 수 있다.

3. 애즈 어 서비스의 최종사용자가 누구이며, 가상고객을 설명할 수 있는가?

한 개의 거점시장을 선택하고 분석했다면, 이제는 고객을 이해해야 한다. 그 시장에서 비교적 동질성이 강한 핵심 최종사용자에게 초점을 맞추고 다른 잠재고객은 과감히 포기할 줄도 알아야 한다. 특히 서비스 제공자의 입장이 아닌 고객욕구(시장문제)에 기반 한 최종사용자와 구매결정자를 정의하는 것이 중요하다. 다만, 최종사용자와 구매결정자가 다를 수 있다. 간단한 예로 온라인 교육서비스는 서비스를 받는 최종사용자는 학생(자녀)이나 비용을 결제하는 자는 학부모(구매결정자)이기 때문이다. 이와 반대 사례로는 시니어 대상 서비스들은 서비스 대상은 시니어(부모)들이나 구매결정은 MZ세대(자녀)들의 의견을 받기 때문에 MZ 세대들을 대상으로 한 마케팅을 많이 하게 된다.

기술이 접목된 서비스나 상품을 제공하려고 하는 서비스 사업자의 경우 보유하고 있는 모든 지식과 기술을 총동원하여 많은 기능을 넣고, 최고의 기능을 가진 서비스를 만들어내면 고객도 당연히 이 서비스가 최고라고 여길 거라는 착각을 한다. 하지만 현실에서는 너무 많은 기능과 서비스는 오히려 어렵고 불편하다고 느끼게 된다. 이러한 현상은 기업이 알고 있는 지식과 정보에 대해 당연히 고객도 알고 있을 것이라는 가정에서 출발하기 때문이다. 이러한 것을 지식의 저주(the course of knowledge)라고 하는데 아는 것이 많고 정보를 많이 알고 있는 전문가일수록 일반인에게 설명할 때 어려움을 겪는 현상이 생기는 것과 동일한 이치라 할 수 있다.

최종사용자가 정해졌다면 가상고객을 설정해보았는지 확인해보아야 한다. 즉, 가상고객을 구체적으로 설명할 수 있다는 것은 고객을 정확히 이해하고 목표고객의 문제를 개발하고자 하는 애즈 어 서비스로 해결하여 고객만족이라는 목표를 달성할 수 있다는 의미다. 이것을 증빙해보는 것이다. 최종사용자의 모든 특성을 충족시키는 가상고객을 만들긴 쉽지 않지만, 가급적 근사치를 만들어내야 한다. 이러한 가상고객이 요구하는 니즈를 제공하는 서비스가 해결할 수 있다면 비용을 지불하는 서비스를 만들어낼 수 있기 때문이다.

4. 고객이 애즈 어 서비스를 사용하기까지의 사용자 유입 및 서비스 진입 절차를 설명할 수 있는가?

기존에 사라진 서비스들을 보면 고객을 바라볼 때 확대해석하는 경향이 있었다. 고객의 긍정적인 반응을 확대해석하거나 고객이 얻는 가치에 대해서 자만하기도 하였다. 고객이 아직 상품이나 서비스에 대해 맹목적인 신뢰를 할 것이라는 근거 없는 확신을 갖기도 한다. 이러한 현상을 최소화하기 위해선 신규고객이 서비스를 알게 되어 사용하는 데까지의 객관적인 서비스 진입 절차가 있어야 한다. 많은 서비스 제공자들이 고객확보를 위해 무슨 노력을 하시냐는 질문에 SNS, 광고, 이벤트 등 일반적으로 알려진 방법을 대답하지만 이는 투입되는 시간과 비용에 비해 생각보다 못한 결과가 나오는 경우가 대부분이다.

성공적인 애즈 어 서비스를 만들기 위해선 고객이 유입되고 머무를 수 있도록 뛰어난 가치를 지속적으로 제공하는 것이 중요하다. 서비스 진입단계부터 마음에 와 닿는 경험을 하게 해주는 것이 필요하다는 뜻이다. 서비스의 가입, 이용, 갱신 등이 이루어지는 장소와 방법, 시간 등 서비스가 미완성된 상태로 오픈이 되어 첫인상을 안 좋게 하거나, 가입절차가 복잡하게 되어 고객이 서비스 가입 도중 중단하는 등의 사례들은 서비스의 시장진입을 방해하게 된다.

5. 고객에게 제공하는 가치를 수치화할 수 있는가?

고객에게 제공되는 가치(즉, 시간단축 또는 비용절감 아니면 매출증대 등)를 비용을 지불하고 애즈 어 서비스를 사용해서 얻어지는 고객의 이득을 수치로 표현할 수 있어야 한다. 이것은 애즈 어 서비스가 가지는 기술력이나 기능성의 차별성을 말하는 것이 아닌, 서비스를 사용함으로써 고객이 얻는 가치로써 설명되어야 한다. 대부분 우려스러운 것은 앞에서 설정한 가상고객의 니즈(문제)가 존재하기는 하나 굳이 비용(시간)을 들여서까지 해결하고 싶지 않은 경우도 많아 이 부분이 애즈 어 서비스의 시작을 결정하는 중요 요소로 작용하므로 신중한 검토가 필요하고, 이것은 애즈 어 서비스의 유료정책의 성패와도 직결된다.

서비스를 하는 데 있어 서비스에 대한 적정요금을 산정하는 것은 매우 중요하다. 그 이유는 내는 비용 대비 얻은 이득이 훨씬 크지 않는 경우 고객은 서비스 사용을 중단하기 때문이다. 그래서 CVP(Core Value Proposition)를 수치적으로 계산해내야 한다. CVP는 고객에게 제공하는 핵심가치라고 바꿔 말할 수 있다. CVP의 중요요소는 '누구(대상이 되는 고객)에게, 어떤 편익(이익)을, 얼마(요금)에 제공할 것인가?'이다. CVP를 간결하면서도 서비스 매력이 정확히 전달되도록 작성하는 일은 매우 어렵다. 그러나 실제로 짧은 시간에 가치를 명확하고 간결하게 전할 수 없는 애즈 어 서비스라면 고객에게 선택받기 힘들다. 대상 고객들에게 CVP를 보여줬을 때 "이거 괜찮네!" "기대된다!", "꼭 써보고 싶어!"라는 말을 듣게 된다면 가치가 담긴 서비스를 할 가능성이 높아진다.

6. 애즈 어 서비스 시장진입에 성공할 경우 지속적으로 얻을 수 있는 예상수익을 계산해보았는가?

애즈 어 서비스 사업의 성공 열쇠는 지속적인 이용을 약속하는 고객을 많이 확보·유지해 그 기대를 충족시키는 데에 있다. 이 과정이 제대로 이루어지고 있는지를 확인할 수 있는 지표인, 성장에 필요한 KGI(Key Goal Indicator, 핵심목표지표), KPI(Key Performance Indicator, 핵심성과지표)를 세워야 한다.

KGI는 간단히 말해 서비스로 얻어지는 총매출라고 생각해볼 수 있다. 이를테면 '3년 후 총매출을 10억 원으로 올린다'라는 식의 매출 목표다. 이를 전제로 비즈니스 성장과 이익 창출을 위한 KPI를 설계해야 한다. KPI 도출법은 다양하지만 그중에서도 '인풋 KPI'와 '아웃풋 KPI'를 구별해 사용하는 것이 중요하다. 인풋 KPI는 구사하는 전략이 목표 달성으로 이어지고 있는지를 직접적으로 보여주는 지표고, 아웃풋 KPI는 다양한 전략을 실시한 결과를 나타내는 지표다. 애즈 어 서비스 사업을 구축할 때 고려해야 할 중요한 아웃풋 KPI 가운데 하나가 총 고객 수와 고객생애가치(CLV, Customer Lifetime Value)이다. 고객이 회원으로 등록해서 탈퇴할 때까지 서비스 제공자에게 가져다주는 총이익을 나타낸다. 단순화시키면 총 고객 수가 늘어 고객생애가치가 늘어나면 비즈니스 전체 가치는 곱으로 늘어난다. 고객생애가치와 함께 지속적으로 평가해야 할 아웃풋 KPI 지표는 고객만족도와 고객충성도 등이 된다. 아웃풋 KPI 지표를 받쳐주기 위한 인풋 KPI도 도출되어야 한다. 인풋 KPI의 경우 아웃풋 KPI에 영향을 미치는 요인으로 구성된다. 예를 들어, 신규고객 유입수, 고객 한 명당 이용서비스 수, 고객유지율, 재구매율, 서비스당 고객 체류시간, 동시 고객 사용자수 등이다. 애즈 어 서비스의 내용에 따란 다른 인풋 KPI가 설정될 수 있으나, 변하지 않는 것은 아웃풋 KPI와 연계되는 지표로 설정될 수 있어야 한다는 것이다.

7. 애즈 어 서비스 경쟁사의 진입장벽을 만들 수 있는가?

고객 가치를 경쟁자보다 효과적으로 전달하기 위해 필요한 차별적인 핵심 역량은 시장경쟁에서 경쟁서비스와 싸우는 데 있어 힘의 원천이 된다. 성공한 서비스의 핵심 역량은 크게 페이스북의 네트워크 선점효과, 코스트코의 무조건 환불정책, 이마트의 최저가 공급, 카카오택시의 장소와 무관한 사용성 등이라고 볼 수 있다. 하지만 애즈 어 서비스의 경우 특허와 같은 지식재산권, 기존 오프라인 시장에서의 선점위치, 처음 시작한 선도서비스, 그리고 가장 많이 착각하는 제품의 독점 공급 등은 애즈 어 서비스의 진입장벽이 될 수 없다.

기업이 시장에서 마주하는 가장 큰 걸림돌 중 하나가 소비생활의 변화를 거부하는 고객들의 감성이다. 아무리 독창적인 아이디어가 있다고 하더라도 기존의 대안으로 소비활동을 지원하는 유사 경쟁자가 존재한다면 그 경쟁자를 무너뜨리는 데 너무 많은 시간과 비용이 소모되는 경우들이 다반사로 일어난다. 또한, 서비스 제공자가 획기적이라고 제공한 아이디어가 정작 고객의 입장에서는 별다른 만족 없이 흐지부지되는 경우가 허다하다. 그러므로 SWOT 분석을 통해 애즈 어 서비스의 현실적인 위치를 확인하고, 시장 반응이 없을 경우를 대비한 제2, 제3의 계획이 필요하다.

진입장벽을 구축하는 데 있어 마케팅 비용을 예측하는 것도 매우 중요하다. CPA(Cost Per Action, 신규 고객당 획득 비용)도 중요하지만 서비스 자체의 매력이 무엇보다 중요하다. 중요한 아웃풋 KPI 중에 ROI(Return on Investment, 투자수익률)가 있다. ROI를 고려하며 마케팅 투자 의사를 결정해야 사업이 성장하고 수익도 지속적으로 증가한다. 애즈 어 서비스 사업에서 ROI를 다룰 때는 마케팅 비용을 문자 그대로 투자라고 여겨야 한다. 투자 자본을 단기간에 회수하려고 하기보다 장기적인 사업 구축 차원에서 생각해야 하고, 마케팅 비용을 투입하기에 효과적인 방법과 시기를 정하는 것도 진입장벽을 구축하는 중요한 일 중에 하나가 된다.

서비스 진입장벽을 굳건히 하는 데 있어서 앞으로 더 중요해질 것으로 예상되는 분야가 서비스 자체와 loT, AI, AR/VR 등 신기술의 접목이다. '신기술을 사용한 서비스를 구축하고 싶다면 고객의 니즈와 문제점을 해결하면서 동시에 뛰어난 가치와 체험도 제공하는 측면에서 어떻게 활용할 수 있을까?'라는 식으로 접근해야 한다. 그냥, 막연하게 유행하고 있는 메타버스, AI 등의 기술을 접목할 생각이라면, 그 신기술 자체의 적용 이슈가 아닌 이 기술을 적용함으로써 얻어지는 가치가 무엇인지와 고객의 만족도가 얼마나 올라갈지 신기술 적용으로 인한 불만은 발생하지 않을지 등의 조사, 분석이 전제되어야 한다.

8. 최소 기능 서비스를 제작하여 시장 반응을 볼 수 있는가?

모든 것이 정리되었다면 고객의 지불의사에 부합하는 최소 요건 서비스를 정의하고 준비한 자료를 기반으로 수립한 가정을 모두 통합한 시스템 테스트를 진행해보아야 한다. 고객이 모든 기능을 활용하지 못할 것이기 때문에 가급적 고객이 쉽고 편리하게 사용할 수 있는 최소 기능 서비스를 만들어 실제로 고객의 니즈를 만족시킬 수 있는지 구매의사를 보여주는지 확인하는 과정이 있어야 한다. 서비스의 특성상 서비스가 시작됨과 동시에 많은 비용과 인력이 필요해지는 특성을 가지고 있어 이를 사전에 예측하기 위한 최소기능 서비스를 해보는 것을 추천한다.

애즈 어 서비스다!
Being as a Service!

초판 1쇄 발행 2021년 12월 10일
초판 2쇄 발행 2021년 12월 15일

지은이 —— 김경훈, 황선민, 이정헌, 김돈정, 안동욱, 김영권, 박영충
펴낸이 —— 최용범

편집기획 —— 박호진, 윤소진, 예진수
디자인 —— 김태호
마케팅 —— 김학래
관   리 —— 강은선
인   쇄 —— (주)다온피앤피

펴낸곳 —— 페이퍼로드
출판등록 —— 제10-2427호(2002년 8월 7일)
          서울시 동작구 보라매로5가길 7 1322호
          Tel (02)326-0328 | Fax (02)335-0334

이메일 —— book@paperroad.net
페이스북 —— www.facebook.com/paperroadbook

ISBN 979-11-90475-97-6 (03320)